"十四五"职业教育部委级规划教材

# 企业财务会计

## Qiye Caiwu Kuaiji

张雯亭　王彦杉　周纳宇◎主编

中国纺织出版社有限公司

## 图书在版编目（CIP）数据

企业财务会计 / 张雯亭，王彦杉，周纳宇主编. --
北京：中国纺织出版社有限公司，2022.11
ISBN 978-7-5229-0058-2

Ⅰ.①企… Ⅱ.①张… ②王… ③周… Ⅲ.①企业会
计—财务会计—教材 Ⅳ.①F275.2

中国版本图书馆 CIP 数据核字（2022）第 215357 号

责任编辑：闫　婷　责任校对：高　涵　责任印制：王艳丽

中国纺织出版社有限公司出版发行
地址：北京市朝阳区百子湾东里 A407 号楼　邮政编码：100124
销售电话：010—67004422　传真：010—87155801
http://www.c-textilep.com
中国纺织出版社天猫旗舰店
官方微博 http://weibo.com/2119887771
北京通天印刷有限责任公司印刷　各地新华书店经销
2022 年 11 月第 1 版第 1 次印刷
开本：787×1092　1/16　印张：15.25
字数：336 千字　定价：49.80 元

# 《企业财务会计》编委会成员

主　编　张雯亭　湖南环境生物职业技术学院
　　　　王彦杉　湖南环境生物职业技术学院
　　　　周纳宇　湖南环境生物职业技术学院

副主编　朱碧琴　湖南环境生物职业技术学院
　　　　周　玮　湖南环境生物职业技术学院
　　　　易志帅　湖南环境生物职业技术学院

参　编（排序不分先后）
　　　　刘　飘　湖南财经工业职业技术学院
　　　　王　俊　湖南中德安普大数据网络科技有限公司
　　　　胡仕超　湖南中德安普大数据网络科技有限公司
　　　　杜美丽　锡林郭勒职业学院
　　　　王月华　烟台工程职业技术学院
　　　　曹　晶　吉林省经济管理干部学院

# 前言

企业财务会计课程作为高职高专财经类大数据与会计专业核心课程，是专业知识结构中的重要组成部分，也是学习者参加各级会计专业技术资格考试的一门必修课程。

全书改变以往财务会计教材以会计要素为标准进行章节结构划分的传统，以会计专业技术初级资格考试为导向，以"就业面向岗位"的需求为中心，按实际业务进行重塑和划分，全书分为总论和九大业务模块。即货币资金业务会计核算、往来结算业务会计核算、财产物资业务会计核算、无形资产及金融资产业务会计核算、职工薪酬业务会计核算、投融资业务会计核算、纳税业务会计核算、财务成果业务会计核算和财务会计报告。本教材的编写体现了以下特色：

1. 注重"课程思政"，融德于业

教材中的每一个任务业务都设置了"职业法规"和"职业风险点"。"职业法规"是与业务相关的财经法规或内部控制的内容，即法律、法规的现行条例内容。"职业风险点"是法律、法规中明确规定的"不准""不行"的内容，以及在会计实操中容易出错和"踩雷"的风险点。同时，在每一个任务业务中都精选"前导案例"，针对"前导案例"提出相应的讨论和分析的问题，帮助学习者运用所学理论，完成职业素养（即专业技能和职业道德）的塑造和提升。

2. 体现职业性

本教材在设计理念上，遵循"用什么标准""怎么做"的职业性引导，在体例上，除理论知识部分外，还增设了"能力目标""业务简介""前导案例""职业素养养成""专业能力测评"等内容，灵活植入"会计核算的业务流程图"，部分业务案例增加原始单据及案例账证表的呈现，使学习者可以在职业化的情境与氛围中完成"任务"，给学习者以职业真实感、亲近感和获得感。

3. 与会计职业资格证书相适应

根据教育部职业教育与成人教育司发布的《普通高等学校高等职业教育（专科）专业目录及专业简介》，与高职会计类专业衔接对应的职业资格是"初级会计资格"，与之对接的未来岗位职称是"助理会计师"，因此，本教材在内容编排、知识点和重难点把握上与初级会计考试难度、资格评价等级和职业教育人才培养目标相结合。同时，选取近3年初级会计考试的部分真题,对应教材中相应的理论,作为"知识点应用"。

本教材的编写由湖南环境生物职业技术学院的张雯亭老师作为总负责人,主要负责教材的编写框架、教材总体内容设计的拟定,同时具体负责教材总论、模块一、现金流量表(模块九)内容的编写,以及全书内容第一稿和第三稿的校订工作。王彦杉老师负责本教材模块二和模块六的编写工作,以及与企业的沟通联系工作。周纳宇老师负责本教材金融资产业务(模块四)、模块五以及资产负债表(模块九)的编写工作。朱碧琴老师负责本教材模块三、无形资产业务(模块四)、利润表(模块九)的编写工作。周玮老师负责本教材模块八的编写工作。易志帅老师负责本教材模块七的编写工作。教材中的部分原始凭证来自"专一网"平台。

在整个编写过程中,得到了课程组老师和湖南中德安普大数据网络科技有限公司的大力支持,同时在编写的过程中参考了相关的教材和网络资料,在此一并表示诚挚地感谢。

与本教材相配套的数字课程可登录"智慧职教 MOOC 学院"平台,进入"财务会计"课程进行相关学习。教学资源包括课程标准、核心知识点与拓展知识授课视频/音频、习题库与试题库、主题讨论等资源素材,便于学习者学习和教师教学使用。

由于编者水平有限并且时间仓促,书中难免出现错误,欢迎各位同仁及读者提出宝贵意见。

张雯亭

2022 年 9 月于湖南衡阳

# 目录

# 总　论

**【岗位简介】**

《中华人民共和国会计法》规定："各单位应当根据会计业务的需要，设置会计机构，或者在有关机构中设置会计人员并指定会计主管人员；不具备设置条件的，应当委托经批准设立从事会计代理记账业务的中介机构代理记账。"

会计工作岗位的设置必须符合以下原则：

（1）根据本单位会计业务的需要设置会计工作岗位。

（2）符合内部牵制制度。

（3）对会计人员的工作岗位要有计划地进行轮岗。

（4）要建立岗位责任制。

会计工作岗位一般可分为：总会计师（或行使总会计师职权），会计机构负责人或者会计主管人员，出纳，财产物资核算，工资核算，成本费用核算，财务成果核算，资金核算，资本、基金核算，收入、支出、债权债务核算，财产物资收发，增减核算岗位，总账岗位，对外财务会计报告编制岗位，会计电算化岗位，往来结算，总账报表，稽核，档案管理等。

# 任务 1　财务会计概述

**【学习目标】**

（1）知识目标：了解财务会计的概念和职能；掌握会计基本假设和会计基础。

（2）能力目标：能够运用所学知识处理会计岗位职责所要求的会计实务工作。

## 一、财务会计概念的界定

会计是随着人类社会生产的发展和经济管理的需要而产生、发展并不断完善起来的。随着社会生产力的发展、人类文明的不断进步以及经济社会组织的不断变革与发展，会计逐渐从生产活动中独立出来成为一项专门的经济管理活动，其内容和方法等也得到不断的发展。

财务会计是传统的企业会计的传承，它的提出最早起源于美国。1970 年，APB（美国注册会计师协会所属会计原则委员会）发表的第 4 号说明书指出：企业财务会计是会计的一个分支，它着眼于有关财务状况与经营业绩的通用报告即财务报表。因此，现代企业财务会计是以货币为主要计量单位，采用专门的方法和程序，向各相关会计信息使用者提供有关企业财务状况、经营成果、现金流量等会计信息的一项经济管理活动。

## 二、财务会计的目标

我国《企业会计准则——基本准则》中明确提出：企业应当编制财务会计报告，财务会计报告的目标是向财务会计报告使用者提供与企业财务状况、经营成果和现金流量等有关的会计信息，反映企业管理层受托责任履行情况，有助于财务会计报告使用者作出经济决策。因此，财务会计的基本目标是：向财务报告使用者提供企业财务状况、经营成果和现金流量等有关的会计资料和信息，反映企业管理层受托责任履行情况，有助于财务报告使用者作出经济决策，以达到不断提高企事业单位乃至经济社会整体的经济效益和效率的目的和要求。

另外，从企业内部控制和社会整体经济发展的层面看，现代企业财务会计的目标还应包括规范会计行为，保证会计资料真实、完整，加强经济管理和财务管理，提高经济效益，维护社会主义市场经济秩序，为市场在资源配置中起决定性作用和更好发挥政府作用提供基础性保障，实现经济高质量发展。

## 三、财务会计的职能

财务会计作为一项经济管理活动，基本职能主要包括会计核算和会计监督。

### （一）会计核算职能

会计核算职能，是指以货币为主要计量单位，对特定主体的经济活动进行确认、计量、记录和报告。其中：会计确认是指依据会计准则的要求，审核、辨认经济交易或事项的实质，并确定该会计事项的要素归属。会计计量是指以货币为主要计量单位，计量各项经济交易或事项及其结果的过程。会计记录是指对经过会计确认、会计计量的经济交易或事项，依据会计制度的要求进行记录的过程。会计报告是指采用表格和文字等形式，把会计凭证和会计账簿记录的会计信息汇总加工整理，形成反映企业财务状况、经营成果和现金流量等的过程。会计核算贯穿于企业经济活动的全过程，是企业财务会计最基本的职能。

（二）会计监督职能

会计监督职能，是指单位内部的会计机构、会计人员对本单位经济活动的合法性、合理性，以及各会计资料的真实性、完整性所进行的审查和监督。其中：合法性要求审查各项经济交易或事项及其会计核算是否符合国家有关的法律法规的规定以及相关会计制度的要求。合理性要求审查各项财务收支是否符合客观经济规律及企业实际生产经营管理方面的要求。真实性要求审查会计核算是否反映了经济交易业务或事项的真实状况。完整性要求审查会计核算的范围和内容是否全面，是否有遗漏等不完整的情况。

## 职业风险点

会计资料的真实性和完整性，是会计资料最基本的质量要求。以下3种行为都属于会计违法行为，都要受到法律的制裁。

①伪造会计资料，是指以虚假的经济业务事项为内容编造会计资料，即所记录和反映的内容是实际没有发生的经济业务事项或者是与实际发生的经济业务事项严重不符的；②变造会计资料，是指采用涂改、挖补、剪接等手法来改变会计资料的真实内容；③提供虚假的会计资料，是指将有虚假内容的会计资料提供给会计信息的使用者。

【知识点应用】下列各项中，属于变造会计账簿行为的有（    ）。
A. 以虚假的经济业务事项伪造不真实的会计账簿
B. 用涂改手段改变会计账簿的真实内容
C. 用挖补手段改变会计账簿的真实内容
D. 以虚假的原始凭证为依据编造不真实的记账凭证，并据以登记入账
【解析】BC。进行会计监督的依据主要有：①财经法律、法规、规章；②会计法律、法规和国家统一会计制度；③各省、自治区、直辖市财政厅（局）和国务院业务主管部门根据《中华人民共和国会计法》和国家统一会计制度制定的具体实施办法或者补充规定；④各单位根据《会计法》和国家统一会计制度制定的单位内部会计管理制度；⑤各单位内部的预算、财务计划、经济计划、业务计划等。

会计核算与会计监督是相辅相成、辩证统一的。会计核算是会计监督的基础，没有会计核算提供的各种系统性会计资料和会计信息，会计监督就失去了依据；会计监督又是会计核算质量的保障，只有核算没有监督，就难以保证会计核算的质量。

## （三）财务会计的拓展职能

### 1. 预测经济前景职能

预测经济前景职能，是指根据会计信息，定量或者定性地分析判断经济活动的发展变化规律，以此来调节企业未来经济活动，提高经济效益。

### 2. 参与经济决策职能

参与经济决策职能，是指根据会计信息，采用一定的方法，对各相关方案进行经济可行性分析，为各会计信息使用者提供与其决策相关的信息。

### 3. 评价经营业绩职能

评价经营业绩职能，是指利用各会计资料，采用适当的方法，对企业一定期间内的经营状况进行定量及定性对比分析，并作出真实、客观的综合评判。

## 四、财务会计的基本假设

财务会计基本假设，又称财务会计的基本前提，是指对会计核算时间和空间范围以及所采用的主要计量单位等所作的合理假定，它是组织和开展财务会计工作必须具备的前提条件。财务会计基本假设对于履行会计职能、实现会计目标等具有重要的作用和意义，其内容主要包括会计主体、持续经营、会计分期和货币计量。

### （一）会计主体

会计主体，是指会计工作服务的特定对象，即会计人员为谁记账、算账和报账。在进行会计核算之前，会计人员必须要明确会计主体，在进行会计核算时都应围绕着这一特定主体的经济活动展开，并将其与其他会计主体区别开来，也就是说，财务会计所反映的应是一个特定会计主体的经济业务，而不是其他会计主体的经济业务，也不是企业所有者的业务活动。

从财务会计的角度来看，会计主体应是一个独立核算的经济实体，是需要单独反映财务状况与经营成果、编制独立财务会计报告的实体。

### （二）持续经营

持续经营，是指作为会计主体的企业，在可以预见的未来，将会按既定的目标持续经营下去，不会停业，也不会大规模地削减业务。在持续经营假设下，会计确认、计量、记录和报告都要着眼于企业的可持续发展，采用非清算基础。

财务会计以会计主体持续经营为前提，并在此基础上进行会计估计并选择相应的会计原则和会计方法。

### （三）会计分期

对于企业而言，在可以预见的未来是持续经营的，企业不能等到其所有经营结束时才进行会计核算，为了定期及时向财务报告使用者提供有关企业财务状况、经营成果和现金流量的相关信息，必须要将持续不断的生产经营活动划分为一个个较短的经营期间。因此，会计分期，就是将作为会计主体的企业持续经营的生产经营活动划分为一个个连续的、长短相同的期间。

我国《企业会计准则——基本准则》规定：会计期间分为会计年度和中期。中期，是指短于一个完整的会计年度的报告期间，如月度、季度、半年度等。

**【知识点应用】**根据《会计法》的规定，下列各项中，属于我国法定会计年度期间的是（　　）。

A. 公历1月1日起至12月31日止

B. 公历4月1日起至3月31日止

C. 公历7月1日起至6月30日止

D. 由企业根据经营特点自行确定的会计年度期间

**【解析】**A

### （四）货币计量

货币计量，是指会计主体在会计确认、计量、记录和报告时主要以货币作为计量单位，来反映会计主体的生产经营活动过程及其结果。企业的经济活动是复杂多样的，为了综合反映企业的各类经济活动，实现财务会计的目的，在对各类经济业务或事项进行会计核算时，需要有一个统一的计量尺度。货币作为商品的一般等价物，是衡量一般商品价值的共同尺度，相较于其他计量单位，如重量、长度、容积、台、件等，只能从一个侧面反映企业的生产经营状况，难以对不同性质、不同种类、不同质量的交易或事项按照统一的计量单位进行会计确认、计量、记录和报告，也难以汇总和比较，货币具有全面、综合反映企业的生产经营情况及其结果的作用。当然，采用货币计量单位进行会计核算和会计监督并不排斥采用其他计量单位，其他计量单位可以对货币计量单位进行必要的补充和说明。例如，原材料的实物量度（吨、千克等）可以补充说明原材料的储存、耗费等经管责任的落实状况。

企业在日常经营活动中可能会运用到多种货币，在这种情况下，进行会计核算时要选择其中一种货币作为会计本位币来进行统一的计量。在我国，原则上应以人民币作为会计本位币。会计本位币又分为记账本位币和报告本位币。记账本位币是会计记账时的统一计量尺度，报告本位币是编制会计报表时的统一计量尺度。当涉及非记账本位币业务时，需要采用汇率折算为记账本位币登记入账；在编制合并财务报表时如果涉及外币财务报表，需要首先将以外币反映的财务报表折算为以报告本位币反映的财务报表，再进行合并。

**【知识点应用】**对于业务收支以人民币以外的货币为主的单位，下列说法中错误的是（　　）。

A. 可以选定一种外币为记账本位币

B. 可以选择人民币为记账本位币

C. 编制的财务会计报告不用折算为人民币

D. 编制的财务会计报告应当折算为人民币

**【解析】**C。

### 五、财务会计的基础

#### (一) 权责发生制

权责发生制，是指会计主体在一定期间内发生的经济业务或事项，应以是否取得经济权利、或是否承担经济责任为标准，来进行会计确认。具体来说，就是发生的经济利益的流入和流出是否要计入某个会计期间，不是以是否在该期间内收到或付出现金为标志，而是要依据收入是否归属该期间的成果、费用是否由该期间负担来确定。

在会计实务中，企业交易或者事项的发生时间与相关款项的收付时间并不一定完全一致。例如，本期款项已经收到，但销售并未实现而不能确认为本期的收入；或者款项已经支付，但与本期的生产经营活动无关而不能确认为本期的费用。根据权责发生制，凡是当期已经实现的收入和已经发生或者应当负担的费用，无论款项是否收付，都应当作为当期的收入和费用，计入利润表；凡是不属于当期的收入和费用，即使款项已在当期收付，也不应当作为当期的收入和费用。

我国《企业会计准则——基本准则》规定：企业的会计确认、计量和报告应当采用权责发生制。

#### (二) 收付实现制

收付实现制，也称现收现付制，是以款项是否实际收到或付出作为确定本期收入和费用的标准。采用收付实现制会计处理基础，凡是本期实际收到的款项，不论其是否属于本期实现的收入，都作为本期的收入处理；凡是本期实际付出的款项，不论其是否属于本期负担的费用，都作为本期的费用处理。

【业务实操】典型经济业务举例（表0-1）

表0-1　典型经济业务举例

| 收入和费用的业务内容 | 举　　例 | 权责发生制确认方法<br>（以应收应付为标准） | 收付实现制确认方法<br>（以实收实付为标准） |
|---|---|---|---|
| ①先期预收款后期实现的收入 | 1月预收上半年出租房屋租金7 200元存入银行 | 1~6月每月确认收入1 200元（7 200÷6） | 将7 200元全部确认为1月的收入 |
| ②先期预付款后期负担的费用 | 1月用银行存款支付全年报刊订阅费2 400元 | 1~12月每月确认费用200元（2 400÷12） | 将2 400元全部确认为1月的费用 |
| ③先期实现后期收款的收入 | 1、2、3月每月向购货单位供货3 000元。货款计9 000元于3月末一次收到 | 1、2、3月每月各确认收入3 000元 | 将9 000元全部确认为3月的收入 |
| ④先期发生后期支付的费用 | 1~3月使用银行借款，每月应负担利息500元。全部利息计1 500元于3月一次用银行存款支付 | 1、2、3月每月各确认费用500元 | 将1 500元全部确认为3月的费用 |

续表

| 收入和费用<br>的业务内容 | 举　例 | 权责发生制确认方法<br>（以应收应付为标准） | 收付实现制确认方法<br>（以实收实付为标准） |
|---|---|---|---|
| ⑤本期实现本期收款的收入 | 3月10日销售产品，货款30 000元，3月20日收到存入银行 | 将30 000元全部确认为3月的收入 | 同权责发生制 |
| ⑥本期发生本期付款的费用 | 3月15日用银行存款300元购入企业管理部门使用的办公用品 | 将300元全部确认为3月的费用 | 同权责发生制 |

在我国，企业会计一般由管理会计和财务会计构成，其中企业财务会计一般采用权责发生制。政府会计由预算会计和财务会计构成，其中，预算会计采用收付实现制，国务院另有规定的，依照其规定；财务会计采用权责发生制。

【专业能力测评】智慧职教平台知识点自测。

# 任务 2　会计信息质量要求

**【学习目标】**

（1）知识目标：掌握会计信息质量要求。

（2）能力目标：能够按照会计信息质量要求进行会计信息的确认、计量、记录和报告。

**【前导案例】**

孔子生活在 2000 多年前，是我国古代的思想家、教育家，儒家学派创始人。他曾被任为委吏，担任管理仓库的会计，也就是我们今天所说的会计岗位，2000 多年前的他就提出了："会计当而已矣"。

会计信息质量，是指会计信息符合会计法律、会计准则等规定要求的程度。保证会计信息质量有利于降低各会计信息使用者之间的信息不对称风险；有利于有效约束企业管理层的行为，提高企业经营管理的效率；有利于投资者甄别其投资的优劣进而作出正确的投资决策；有利于债权人作出授信决策；有利于提高经济和资本市场的运作效率等。

会计信息质量要求主要包括客观性、相关性、可理解性、可比性、实质重于形式、重要性、谨慎性和及时性等。

## 一、客观性

客观性要求企业应当以实际发生的经济业务或者事项为依据进行会计确认、计量、记录和报告，它包括真实性和可靠性两层含义。

真实性是指会计报告所反映的结果应当同企业实际的财务状况和经营成果一致。每一项会计记录都要有合法、真实的凭证为依据，不能将不存在的交易或者事项进行确认、计量、记录和报告，且账证、账账、账表和账实之间相互一致。

可靠性是指以客观事实为依据，不受主观意志左右，保证会计信息是中立的、无偏的。可靠性要求会计人员在进行会计职业判断和会计政策选择时保持中立的、无偏的立场，不得为了达到某种事先设定的结果或效果，通过选择或列示有关会计信息以影响信息使用者的决策和判断。例如：在资产负债表日对应收款项的账面价值进行评估时，财务人员必须要基于应收款项的信用减值迹象的客观事实来进行职业判断并获得评估结果，如果是迫于股东或管理层的压力，通过操纵利润的方式来确认、计量、记录和报告信用减值损失，则财务报告中的应收款项的账面价值就是不客观的，违背了会计信息可靠性要求。

## 二、相关性

相关性要求会计信息应当与信息使用者的经济决策需要相关，即会计信息使用者可以利用会计信息对企业过去、现在或者未来的情况作出评价或者预测，从而作出有关的经济决策。只要是与使用者的经济决策相关的会计信息，企业都应当在财务会计报告中予以充分披露。

会计信息的相关性有助于信息使用者评价企业过去的决策，证实或者修正过去的有关预测，具有反馈价值；同时有助于信息使用者依据会计信息预测企业未来的财务状况、经营成果和现金流量，具有预测价值。例如：将资产信息分为流动资产和非流动资产，有助于信息使用者评价和预测企业的资产流动性和支付能力；将负债分为流动负债和非流动负债，有助于信息使用者评价和预测企业的短期偿债能力和长期偿债能力。

### 三、可理解性

可理解性又称明晰性，要求会计信息清晰明了，便于信息使用者理解和使用。即：要求会计信息应当使用明确、贴切的语言和简明扼要、通俗易懂的文字，数据记录和文字说明应能一目了然地反映出交易或事项的来龙去脉，不得含糊其辞。例如：对于财务会计报表中计提减值准备的资产项目，在财务会计报表的正表中采用净额列示的，应在附注中说明相应已计提减值准备的金额；财务会计报表中汇总合并列报的项目，如资产负债表中的货币资金、存货等项目，应在附注中逐项列示说明明细核算信息。

### 四、可比性

可比性要求会计信息应当相互可比。主要包括两层含义：

#### （一）同一企业不同时期具有可比性

同一企业在不同时期的会计信息要具有可比性，要求同一企业在不同时期发生的相同或者相似的交易或者事项，应当采用一致的会计政策，不得随意变更。但是，如果原来采用的会计程序和方法已不符合客观性和相关性的要求，企业可以按照会计制度的相关规定变更会计政策，有关变更的情况，应当在报表附注中予以说明。

保持同一企业不同时期会计信息的可比性，有助于会计信息使用者了解企业财务状况、经营成果和现金流量的变化趋势，从而作出正确的经济决策。同时，还可以防止人为操纵会计指标，粉饰企业的财务状况和经营成果。

#### （二）不同企业相同会计期间具有可比性

不同企业同一会计期间发生的相同或者相似的交易或事项，应当采用规定的会计政策，确保会计信息口径一致、相互可比。

保持不同企业相同时期会计信息的可比性，有助于会计信息使用者了解不同企业的财务状况、经营成果和现金流量及其差异，比较分析产生差异的原因，从而全面、客观地评价不同企业的优劣，作出相应决策。

### 五、实质重于形式

实质重于形式要求企业应当按照交易或者事项的经济实质进行会计确认、计量、记录和报告，不能仅仅以交易或事项的法律形式为依据。

在实际工作中，企业发生交易或事项的经济实质与法律形式并不是始终保持一致的，在有些情况下，交易或事项的法律形式并不能完全反映其经济实质。例如：企业融资租入的资产（经营租赁除外），虽然从法律形式上讲企业并不拥有其所有权，但是从经济实质来看，企业能够控制租入资产所创造的未来经济利益，在会计确认、计量、记录和报告中就应当将该项租入的资产视为企业的资产，在资产负债表中进行填列。

【知识点应用】下列关于企业会计信息质量要求中实质重于形式的表述，正确的有（    ）。

A. 应以实际发生的交易或事项为依据进行会计确认、计量、记录和报告

B. 应按照交易或事项的经济实质进行会计确认、计量、记录和报告

C. 不应仅以交易或者事项的法律形式为依据

D. 应仅以交易或者事项的法律形式为依据

【解析】BC。选项 A，属于可靠性的要求；选项 D，实质重于形式要求企业应当按照交易或事项的经济实质进行会计确认、计量、记录和报告，不应仅以交易或者事项的法律形式为依据。

## 六、重要性

重要性要求会计信息应当能够反映与企业财务状况、经营成果和现金流量等有关的重要交易或事项。

在会计实务中，如果某项会计信息的省略或者错报会影响投资者等财务报告使用者的决策，该信息就具有重要性，应作为会计确认、计量、记录和报告的重点；反之，则可以采用简化的会计处理程序和方法，且在会计报表上也不必详细列示。例如：企业发生的某些支出金额较小，从支出的受益期来看，可能需要在若干会计期间内进行分摊，但根据重要性要求，可以一次性计入当期损益，如低值易耗品可以采用一次摊销法或分次摊销法摊销，尚未摊销的部分作为周转材料合并列入资产负债表存货项目，而不作为单独项目列报。

重要性的应用需要依赖职业判断，企业应当根据其所处环境和实际情况，从项目的功能、性质和金额大小等多方面来加以判断。

【知识点应用】下列对重要性的表述不正确的是（    ）。

A. 对于重要的会计事项，必须按照规定的会计方法和程序进行处理，并在财务报告中予以充分、准确地披露

B. 对于次要的会计事项，在不影响会计信息真实性和不至于误导财务报告使用者作出正确判断的前提下，可进行适当简化处理

C. 要求企业提供的会计信息应当反映与企业财务状况、经营成果和现金流量有关的所有重要交易或者事项

D. 在评价某些项目的重要性时，不应依赖于会计人员的职业判断

【解析】D。在评价某些项目的重要性时，应依赖于会计人员的职业判断。

## 七、谨慎性

谨慎性要求企业对交易或事项进行会计确认、计量、记录和报告时应当保持应有

的谨慎，即不应高估资产或者收益、也不应低估负债或者费用。

在市场经济环境下，企业的生产经营活动面临着许多风险和不确定性，如果企业高估资产或收益、低估费用会使得利润虚增，可能会导致会计信息使用者高估企业盈利能力而盲目乐观，作出不切合实际的决策；如果低估负债，可能会诱导会计信息使用者高估企业的偿债能力，作出不准确或不恰当的决策。例如：企业对可能发生的资产减值损失计提资产减值准备、对售出商品很可能发生的保修义务、环保责任等确认预计负债，就体现了会计信息质量的谨慎性要求。

【知识点应用】企业对已发生减值的固定资产计提减值准备，体现了(　　)要求。

A. 实质重于形式　　　　B. 重要性　　　　C. 谨慎性　　　　D. 可比性

【解析】C。计提资产减值准备体现了谨慎性要求，但如果是为了调节利润计提减值准备属于滥用会计政策，不符合谨慎性要求。

## 八、及时性

及时性要求企业对于已经发生的交易或事项，应当及时进行确认、计量、记录和报告，不得提前或延后。

会计信息的价值会随着时间的流逝而逐渐降低，因此，会计信息具有时效性。为了保证会计信息的时效性，一方面要求会计人员要及时记录会计信息，即在交易或者事项发生后，及时对交易或事项进行确认、计量和记录；另一方面要求会计人员要按照国家规定的有关时限，及时编制财务报告，并按规定时间传递给财务报告使用者。

【职业素养养成】

分小组对前导案例进行讨论：2000多年前，孔子所说的"会计当而已矣"体现了哪些会计信息质量要求？

【专业能力测评】智慧职教平台知识点自测。

# 任务 3　会计法律与会计职业道德

**【学习目标】**

（1）知识目标：了解我国会计法律制度的构成；掌握会计法律规范；理解会计制度的法律责任；掌握会计职业道德规范及其内容。

（2）能力目标：能够运用所学知识处理会计岗位职责所要求的会计实务工作。

**【前导案例】**

2018 年 6 月 2 日，上海市某餐饮公司收到一张法院传票，经询问得知：2016 年 10 月，该餐饮公司向某石油液化气公司采购了 3 万余元石油液化气，2017 年 12 月 31 日已付清所有款项。但此次收到的传票是该石油液化气公司要求这家餐饮公司支付 2016 年 10 月采购的石油液化气 3 万余元。在法庭审理中，该餐饮公司作为被告承认购货事实，但坚称已经支付了该笔货款，并提供原告（石油液化气公司）开具的发票为证。原告认为，这笔款项至今未付，其理由是被告提供的发票上加盖的财务章不是该公司的，并拿来了财务章当庭对照。这时，被告才发现发票上财务专用章的供货商名称为"某某液化气站"，比原告名称"某某石油液化气站"少了"石油"两个字。

——资料来源：《财经法规与职业道德》 苏丽芳，王菁，刘艳春

## 一、会计法律制度

### （一）会计法律制度的概念

会计法律制度，是指国家权力机关和行政机关制定的，关于会计工作的法律、法规、规章和规范性文件的总称，简称会计法规。会计法律制度是调整会计关系的法律规范。会计关系的主体为会计机构和会计人员，客体为与会计工作相关的具体事务。为了保证会计工作的有序进行，国家通过制定一系列会计法律制度，来调整和规范各种会计关系。

### （二）会计法律制度的构成

我国的会计法律制度体系包括会计法律、会计行政法规、会计部门规章、地方性会计法规和会计规范性文件。

1. 会计法律

会计法律是指由全国人民代表大会及其常务委员会经过一定立法程序制定的有关会计工作的法律，属于会计法律制度中层次最高的法律规范，是制定其他会计法规的依据，也是指导会计操作的最高准则。我国目前有两部会计法律，即《中华人民共和国会计法》（以下简称《会计法》）和《中华人民共和国注册会计师法》（以下简称《注册会计师法》）。

　　会计法，有广义和狭义之分。广义的会计法是指国家权力机关和行政机关制定的各种会计法规性文件的总称，包括会计法律、会计行政法规、国家统一的会计制度、地方性会计法规等。狭义的会计法仅是指国家最高权力机关通过一定的立法程序，颁发施行的会计法律。

　　《注册会计师法》是我国中介行业的第一部法律，主要对注册会计师行业管理体制、注册会计师考试和注册会计师事务所组织形式和业务范围以及法律责任等进行了系统规范，其目的是发挥注册会计师在社会经济活动中的鉴证和服务作用，加强对注册会计师的管理，维护社会公共利益和投资者的合法权益，促进我国社会主义市场经济的健康发展。

　　会计法律，具有以下特点：①只能由具有国家立法权的中华人民共和国全国人民代表大会及其常务委员会制定，其他机关无权制定或修改；②规定的是会计工作中重要的、带有根本性的事项。如《中华人民共和国会计法》规定，"各单位必须设置会计账本，并保证其真实、完整""任何单位或者个人不得以任何方式授意、指使、强令会计机构、会计人员伪造、变造会计凭证、会计账本和其他会计资料，提供虚假财务会计报告"等；③是制定会计行政法规、会计规章、地方性会计法规、会计规范性文件的依据。

　　2. 会计行政法规

　　会计行政法规是指国务院制定并发布，或者国务院有关部门拟订并经过国务院批准发布，调整经济活动中某些方面会计关系的法律规范。会计行政法规制定的依据是《会计法》，其法律效力仅次于会计基本法。我国当前施行的会计行政法规有《总会计师条例》和《企业财务会计报告条例》。

　　《总会计师条例》是对《会计法》中有关规定的细化和补充。主要规定了单位总会计师职责、权限、任免、奖惩，以及规定了国有大中型企业和国有资产占控股地位或者主导地位的大中型企业，不得设置总会计师。

　　《企业财务会计报告条例》是对《会计法》中有关财务会计报告的规定的细化，其主要规定了企业财务会计报告的构成、编制和对外提供的要求、法律责任等。

　　3. 会计部门规章

　　会计部门规章是指国家主管会计工作的行政部门即财政部以及其他相关部委根据法律和国务院的行政法规、决定、命令，在本部门的权限范围内制定的、调整会计工作中某些方面内容的国家统一的会计准则制度和规范性文件，包括国家统一的会计核算制度、会计监督制度、会计机构和会计人员管理制度及会计工作管理制度。如财政部发布的《企业会计准则——基本准则》《财政部门实施会计监督办法》《代记账管理办法》等。另外，国务院其他部门根据其职责权限制定的会计方面的规范性文件也属于会计部门规章，但必须报国务院财政部门审核或备案。

　　会计部门规章不得与宪法、会计法律和会计行政法规相违背，其法律效力低于宪法、会计法律和会计行政法规。

　　4. 地方性会计法规

　　地方性会计法规是指由省、自治区、直辖市人民代表大会或常务委员会在同宪法、会计法律、行政法规和国家统一的会计准则制度不相抵触的前提下，根据本地区情况制定发布的关于会计核算、会计监督、会计机构和会计人员以及会计工作管理的规范性文件。如《浙江省会计工作管理办法》《云南省会计条例》等。另外，实行计划单列市、经济特区的人民代表大会及其常务委员会在宪法、会计法律、会计行政法规允许的范围内也可制定会计规范性文件。

5. 会计规范性文件

会计规范性文件，是指主管全国会计工作的行政部门，即国务院财政部门，就会计工作中某些方面所指定的会计法律制度。如财政部发布的《企业会计准则第 1 号——存货》第 38 项具体准则、《小企业会计制度》以及《会计基础工作规范》，财政部与国家档案局联合发布的《会计档案管理办法》等。

## 二、会计法律责任

会计法律责任是指违反会计法律或其他有关法律规定所应承担的法律后果。它是会计法不可缺少的重要组成部分，是保障会计法律得以遵守与执行的关键所在。就我国法律规范体系对会计法律责任规定而言，其形式包括行政责任、刑事责任与民事责任。

### （一）行政责任

行政责任是我国会计法律责任的主要形式，包括行政处分与行政处罚。行政处分是指国家工作人员违反行政法律规范所应承担的一种行政法律责任，行政处罚是指特定的行政主体（如财政部门）基于一般行政管理职权，对违反行政法上的强制性义务或者扰乱行政管理秩序的人所实施的一种行政制裁措施。会计行政处罚包括警告、罚款、吊销会计专业人员资格证书等处罚形式。

### （二）刑事责任

刑事责任是最具威慑力的制裁形式，适用于严重危害公共安全和社会秩序的犯罪行为。在我国，如果会计信息的严重失真已经达到了"公害"的地步，则要被追究刑事责任。长期以来，刑事责任的规定主要适用于会计人员、单位负责人伪造或者毁损会计资料以进行偷逃税或者贪污、挪用犯罪，给公司财产造成重大损失的情形。

### （三）民事责任

在平等主体间的会计关系中，如果提供信息一方违反会计法规的行为给对方造成了巨大的经济损失，则需要承担会计民事责任。在我国，随着社会主义市场经济的发展，会计法律关系性质越来越多元化，民事责任也正在成为会计法律责任的一种重要形式。

## 三、会计职业道德

### （一）会计职业道德概述

会计职业道德，是指会计人员在会计工作中应当遵循的、体现会计职业特征的、调整会计职业关系的职业行为准则和规范。具体包括会计职业理想、会计职业责任、会计职业技能、会计工作态度、会计工作作风和会计职业纪律等。

在现代市场经济和现代企业制度环境条件下，如实反映受托责任履行情况的诚实性和可靠性是会计的基本职责，因此，会计职业道德的核心是诚信。诚信是诚实、守信、真实的总称，即实事求是、真实客观、不弄虚作假，它要求会计人员客观公正、遵守统一会计制度，言行一致，表里如一，不做假账，忠诚为人，以诚待人。

### （二）会计职业道德的内容

会计职业道德的主要内容可概括为爱岗敬业、诚实守信、廉洁自律、客观公正、坚持准则、提高技能、参与管理、强化服务8个方面。

1. 爱岗敬业

会计人员在会计工作中应当遵守职业道德，树立良好的职业品质，保持严谨的工作作风，严守工作纪律，努力提高工作效率和工作质量。会计人员应当要正确认知会计职业，树立职业荣誉感；热爱会计工作，敬重会计职业；安心会计工作和工作岗位，一丝不苟；忠于职守，尽心尽力，尽职尽责。

2. 诚实守信

会计人员应当保守本单位的商业秘密。除法律规定和单位领导人同意外，不能私自向外界提供或者泄露单位的会计信息。会计人员在工作中应当执业谨慎，不为利益所诱惑，保密守信，信誉至上。

3. 廉洁自律

会计人员要做到公私分明，清正廉洁，不贪不占，保持清白；遵纪守法，一身正气；坚持职业标准，严格进行自我约束，自觉抵制不良欲望的侵袭和干扰。

4. 客观公正

会计人员办理会计事务应当以客观事实为依据，依法依规办事；实事求是，不偏不倚；公正处理企业利益相关者和社会公众的利益关系，保持应有的独立性。

5. 坚持准则

会计人员应当按照会计法律、法规和国家统一会计制度规定的程序和要求进行会计工作，保证所提供的会计信息合法、真实、准确、及时、完整，始终坚持按法律、法规和国家统一的会计制度的要求进行会计核算，实施会计监督。

6. 提高技能

会计人员应当具有不断提高会计专业技能的意识和愿望，不断增强提高专业技能的自觉性和紧迫感；具有勤学苦练的精神和科学的学习方法，刻苦钻研，不断进取，提高业务技能水平。

7. 参与管理

会计人员应当充分发挥会计在企业经营管理中的职能作用，努力钻研相关业务，全面熟悉本单位经营活动和业务流程，主动提出合理化建议，充分发挥决策支持的功能作用，积极参与管理，促进企业可持续高质量健康发展。

8. 强化服务

会计人员应当熟悉本单位的生产经营和业务管理情况，运用掌握的会计信息和会计方法，为改善单位内部管理、提高经济效益服务。

【知识点应用】下列各项企业会计人员行为中，属于遵守客观公正会计职业道德的有（　　）。

A. 在企业发生严重亏损时，坚持按照会计准则要求计提资产减值准备

B. 面对众多利益相关者始终保持不偏不倚的客观态度

C. 在处理利益相关者关系时保持应有的独立性

D. 坚持以合法有效的原始凭证为依据进行会计处理

【解析】ABCD。客观公正要求会计人员端正态度，以客观事实为依据，依法依规办事；实事求是，不偏不倚；公正处理企业利益相关者和社会公众利益关系，保持应有的独立性。

### 四、会计职业道德与会计法律制度的关系

会计职业道德与会计法律制度既有联系也有区别。

#### （一）会计职业道德与会计法律制度的联系

会计职业道德与会计法律制度在内容上相互渗透、相互吸收；在作用上相互补充、相互协调。会计职业道德是会计法律制度的重要补充，会计法律制度是会计职业道德的最低要求，是会计职业道德的基本制度保障。

#### （二）会计职业道德与会计法律制度的区别

（1）性质不同。会计法律制度通过国家权力强制执行，具有很强的他律性；会计职业道德通过行业行政管理部门规范和会计从业人员自觉执行，具有内在的控制力，可以约束会计人员的内在心理活动，具有职业的更高目标及更强的自律性。

（2）作用范围不同。会计法律制度侧重于调整会计人员的外在行为和结果的合法化，具有较强的客观性；会计职业道德不仅调整会计人员的外在行为，还调整会计人员内在的精神世界，作用范围更加广泛。

（3）表现形式不同。会计法律制度是通过一定的程序由国家立法部门或行政管理部门制定、颁布的，其表现形式是具体的、明确的成文规定。会计职业道德出自会计人员的职业生活和职业实践，其表现形式既有成文的规范，也有不成文的规范。

（4）实施保障机制不同。会计法律制度依靠国家强制力保证其贯彻执行。会计职业道德主要依靠行业行政管理部门监管执行和职业道德教育、社会舆论、传统习惯和道德评价来实现。

（5）评价标准不同。会计法律制度以法律规定为评价标准，会计职业道德以行业行政管理规范和道德评价为标准。

【职业素养养成】

分小组对前导案例进行以下几个方面的分析、讨论。

（1）从会计法律制度的角度分析被告餐饮公司是否要支付 3 万余元款项给原告？

（2）作为财务人员，在此类业务中，应如何更好地保证职业规范？

【专业能力测评】智慧职教平台知识点自测。

# 模块一　货币资金业务会计核算

## 【业务简介】

会计核算中，货币资金业务可以具体地划分为三个业务，即库存现金业务；银行存款业务；其他货币资金业务。在会计实务中，涉及该项业务的部门比较多，例如，采购部门采购物资等需要支付货币资金、销售部门销售商品会收到货币资金、管理部门购买办公用品等支付的货币资金、各部门职工发生的差旅费，等等，因此，企业内部各部门、职工等只要发生了与企业生产经营相关的货币资金的收付业务，财务部门都要对其进行会计核算。

货币资金业务会计核算的流程如图 1-1 所示：

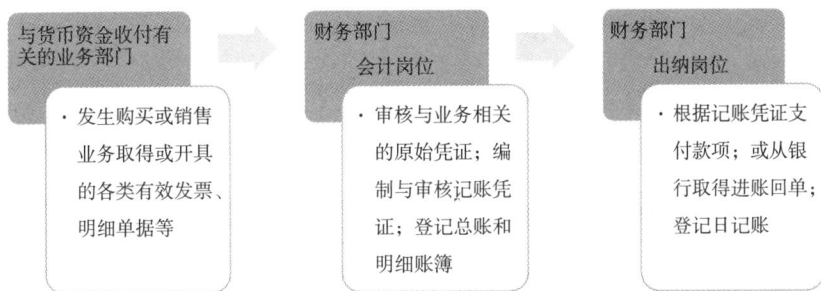

与货币资金收付有关的业务部门

- 发生购买或销售业务取得或开具的各类有效发票、明细单据等

财务部门
会计岗位

- 审核与业务相关的原始凭证；编制与审核记账凭证；登记总账和明细账簿

财务部门
出纳岗位

- 根据记账凭证支付款项；或从银行取得进账回单；登记日记账

**图 1-1　货币资金业务会计核算典型业务流程图**

# 任务1  库存现金业务

**【学习目标】**

（1）知识目标：掌握现金管理的基本要求；掌握库存现金业务的核算与现金清查业务的核算。

（2）能力目标：能够按现金结算要求使用和管理现金。

**【前导案例】**

芜湖××畜牧有限公司（以下简称"芜湖××"）是上市公司××食品集团股份有限公司（以下简称"××股份"）在安徽省的一家全资子公司，主要从事畜禽的养殖业务。2020年初，××股份的一位出纳方某被曝在2015年1月至2018年8月期间通过收取公司客户、养户及员工现金而不缴存公司账户，或者以缴存个人账户后不转入公司账户的方式侵占公司资产，总计金额达1 204.71万元。××股份的财务人员在2018年5月份，发现芜湖××的资金异常后，成立了财务专项清查工作小组，查实后，已向当地公安局经侦大队报案。

——资料来源：新浪财经

## 一、库存现金概念的界定

库存现金是指存放于企业财会部门、由出纳人员经管的现钞。库存现金是企业流动性最强的资产。企业必须严格遵守《现金管理暂行条例》等有关现金管理制度，正确进行现金收支的核算，监督现金使用的合法性与合理性。

## 二、现金管理制度

### （一）现金的使用范围

根据国务院颁布的《现金管理暂行条例》的规定，开户单位可以在下列范围内使用现金：①职工工资、津贴；②个人劳务报酬；③根据国家规定颁发给个人的科学技术、文化艺术、体育比赛等各种奖金；④各种劳保、福利费用以及国家规定的对个人的其他支出；⑤向个人收购农副产品和其他物资的价款；⑥出差人员必须随身携带的差旅费；⑦结算起点（1 000元）以下的零星支出；⑧中国人民银行确定需要支付现金的其他支出。

除第5、第6项外，开户单位支付给个人的款项，超过使用现金限额的部分，应当以支票或者银行本票支付；确需全额支付现金的，经开户银行审核后，予以支付现金。

**【知识点应用】**根据《现金管理暂行条例》的规定下列支出可以使用现金的有（  ）。

A. 支付差旅费 2 000 元　　　　B. 从供销社收购农副产品价值 10 000 元

C. 购买办公用品 500 元　　　　D. 支付材料款 1 500 元

【解析】AC。《现金管理暂行条例》规定：支付差旅费可以使用现金，所以支付差旅费 2 000 元可以用现金支付。购买办公用品的 500 元在结算起点以下，所以也可以使用现金支付。

### （二）现金结算的基本要求

（1）开户单位在销售活动中，不得对现金结算给予比转账结算优惠待遇；不得只收现金而拒收支票、银行本票和其他转账结算凭证。

（2）单位必须严格遵守开户银行核定的库存现金限额。现金使用的限额是指为保证开户单位日常零星开支的需要，允许单位保留现金的最高数额。

### 职业法规

根据《现金管理暂行条例实施细则》的规定：现金使用的限额，由开户行根据单位的实际需要核定。一般按照单位 3~5 天日常零星开支所需确定，边远地区和交通不便地区的开户单位的库存现金限额，可按多于 5 天但不得超过 15 天的日常零星开支的需要确定。经核定的库存现金限额，开户单位必须严格遵守，单位因生产或业务变化确实需要增加或减少现金使用的限额时，须先向开户银行提出申请，批准后再作调整。

（3）单位应当建立健全现金账目，逐笔记载现金收付。账目应当做到日清月结，账款相符。

（4）实行大额现金支付登记备案制度。根据中国人民银行 1997 年 4 月发布的《大额现金支付登记备案规定》：凡在商业银行、城市商业银行、农村信用社开设账户的机关、团体、企业、事业单位、其他经济组织、个体工商户以及外国驻华机构，除工资性支出和农副产品采购所用现金支出外，提取现金超过中国人民银行各地区分行确定的大额现金数量标准的，要填写有关大额现金支取登记表格。同时，开户银行要建立台账，实行逐笔登记，并于季后 15 日内报送中国人民银行当地支行备案。

【知识点应用】某木材公司地处偏远山区，每日现金零星支付需要量为 3 000 元，根据现金管理的有关规定，该单位的库存现金限额应该为（　　　）。

A. 不超过 3 000 元　　　　B. 不超过 9 000 元

C. 不超过 15 000 元　　　　D. 不超过 45 000 元

【解析】D。偏远地区和交通不便地区的开户单位的库存现金限额，可按多于 5 天但不得超过 15 天日常零星开支的需要确定，因此该公司的库存现金应不超过 3 000×15＝45 000（元）。

### （三）现金收支的基本要求

（1）开户单位现金收入应当于当日送存开户银行。当日送存确有困难的，由开户银行确定送存时间。

（2）开户单位支付现金，可以从本单位库存现金限额中支付或者从开户银行提取，不得从本单位的现金收入中直接支付（即坐支）。因特殊情况需要坐支现金的，应当事先报经开户银行审查批准，由开户银行核定坐支范围和限额。坐支单位应当定期向开户银行报送坐支金额和使用情况。

（3）开户单位在规定的现金使用范围内从开户银行提取现金，应当写明用途，由本单位财会部门负责人签字盖章，经开户银行审核后，予以支付现金。

（4）因采购地点不固定，交通不便，生产或者市场急需，抢险救灾以及其他特殊情况必须使用现金的，开户单位应当向开户银行申请，由本单位财会部门负责人签字盖章，经开户银行审核后，予以支付现金。

**（四）库存现金的内部控制**

（1）建立库存现金岗位责任制。一般来说，企业的库存现金的收付及现金日记账的登记工作是由出纳岗位负责。在实践操作中，出纳人员不得兼任稽核、会计档案保管和收入、支出、费用及债权债务账目的登记工作，也不能由一人办理库存现金业务的全过程，且应定期进行岗位轮换。会计岗位负责登记记账凭证和总分类账簿，不得兼管现金。

（2）实行授权审批制度。未经授权的部门和人员一律不得办理库存现金业务。

（3）加强有关印章管理。财务专用章由专人进行保管，财务主管、出纳等个人印章由本人或授权人进行管理，严禁一人保管现金收支款项所需的全部印章。

（4）加强有关票据管理。与库存现金有关票据的相关管理必须要明确管理人员、职责范围和要求。

（5）加强内部监督检查。实施内部稽核，对库存现金要进行定期的盘点核对工作，保证账实、账账相符。

### 三、库存现金业务核算

为了反映和监督企业库存现金的收入、支出和结存情况，企业应当设置"库存现金"科目，借方登记企业库存现金的增加，贷方登记企业库存现金的减少，期末借方余额反映期末企业实际持有的库存现金的金额。现金核算程序见图1-2。

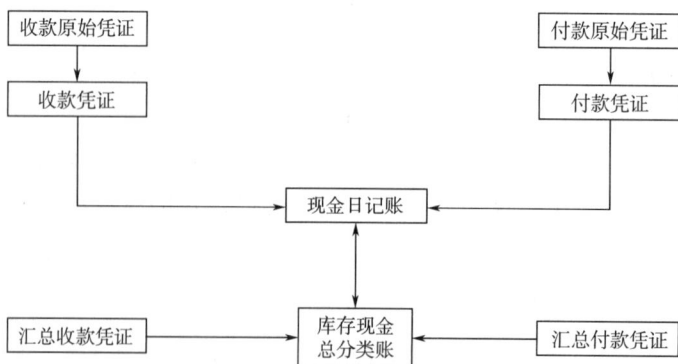

图1-2 现金核算程序

**【业务实操】典型经济业务举例**

**例1-1**　业务描述：湖南表里如一玻璃有限公司2019年05月27日，提取现金。

**【解析】**会计人员根据现金支票存根（图1-3），做如下会计分录：

借：库存现金　　　　　　　　　　　　　　　　　　　　　　　1 000

　　贷：银行存款　　　　　　　　　　　　　　　　　　　　　　1 000

**图1-3　现金支票存根**

（业务资料来自"专一网——湖南职业院校技能抽查平台"）

**例1-2**　业务描述：9月7日，湘环公司销售部业务员李义填写"借支单"预支差旅费2 000元，财务部用现金付讫。

**【解析】**会计人员根据《借支单》，做如下会计分录：

借：其他应收款——李义　　　　　　　　　　　　　　　　　　2 000

　　贷：库存现金　　　　　　　　　　　　　　　　　　　　　　2 000

## 四、库存现金清查

为了加强现金的管理，确保账实相符，企业应当按规定对库存现金进行清查。清查内容包括：①由出纳人员于每日营业终了时进行账款核对；②企业组织专人进行定期或不定期的清查，一般采用实地盘点法。

对库存现金的清查，必须以现金管理的有关规定为依据。

## 🎯 ————————— 职业风险点

不准用不符合财务会计制度规定的凭证顶替库存现金，不准单位之间相互借用现金，不准谎报用途套用现金，不准利用存款账户代其他单位和个人存入或者支取现金，不准将单位收入的现金以个人名义存入储蓄，不准保留账外公款（即小金库）。

库存现金清查的结果应当及时编制现金盘点报告表，列明现金的账存数、实存数、差异额及原因。对于在清查中发现的现金盘盈或盘亏，要根据现金盘点报告表，及时进行相应的账务处理。

### （一）现金盘盈

（1）批准前：

借：库存现金

　贷：待处理财产损溢——待处理流动资产损溢

（2）批准后：

借：待处理财产损溢——待处理流动资产损溢

　贷：其他应付款（应支付给有关个人或单位的金额）

　　　营业外收入（无法查明原因造成的溢余金额）

### （二）现金盘亏

（1）批准前：

借：待处理财产损溢——待处理流动资产损溢

　贷：库存现金（盘亏的现金金额）

（2）批准后：

借：其他应收款（责任人赔偿或保险公司赔偿的金额）

　　管理费用（无法查明原因造成的短缺金额）

　贷：待处理财产损溢——待处理流动资产损溢

**【业务实操】典型经济业务举例**

**例 1-3**　业务描述：湖南千禧服饰贸易有限公司，8 月 1 日，出纳进行现金盘点，发现实际现金数额比账面数额少了 50 元，发生了现金短款。出纳将盘点结果填写了“库存现金盘点表”（图 1-4、图 1-5）。

**库存现金盘点表**

单位：湖南千禧服饰贸易有限公司　　　　2019 年 8 月 01 日

| 票面额 | 张数 | 金额 | 票面额 | 张数 | 金额 |
|---|---|---|---|---|---|
| 壹佰元 | 50 | 5000.00 | 伍元 | 5 | 25.00 |
| 伍拾元 | 20 | 1000.00 | 壹元 | 21 | 21.00 |
| 贰拾元 | 10 | 200.00 | 伍角 | | |
| 壹拾元 | 10 | 100.00 | 壹角 | | |
| | | | | | |
| 合计（大写）：人民币陆仟叁佰肆拾陆元整整　　¥6346.00 | | | | | |
| 现金账面余额：¥6396.00 | | | | | |
| 加：收入凭证未记账： | | | | | |
| 减：付出凭证未记账： | | | | | |
| 调整后现金账面余额：¥6346.00 | | | | | |
| 实点现金：¥6346.00 | | | | | |
| 长款（+）： | | | | | |
| 短款（-）：¥50.00 | | | | | |
| 处理意见 | | | | | |

部门主管：邓元　　监盘：谭晶　　盘点：刘然　　出纳：刘然



**图 1-4　库存现金盘点表**

（业务资料来自“专一网——湖南职业院校技能竞赛平台”）

**库存现金盘点表**

单位：湖南千禧服装贸易有限公司　　　　2019 年 8 月 01 日

| 票面额 | 张数 | 金额 | 票面额 | 张数 | 金额 |
|---|---|---|---|---|---|
| 壹佰元 | 50 | 5000.00 | 伍元 | 5 | 25.00 |
| 伍拾元 | 20 | 1000.00 | 壹元 | 21 | 21.00 |
| 贰拾元 | 10 | 200.00 | 伍角 | | |
| 壹拾元 | 10 | 100.00 | 壹角 | | |
| | | | | | |

合计（大写）：人民币陆仟叁佰肆拾陆元整整　　¥6346.00

现金账面余额：¥6396.00

加：收入凭证未记账　：

减：付出凭证未记账　：

调整后现金账面余额　：¥6346.00

实点现金　：¥6346.00

长款（+）　：

短款（-）　：¥50.00

处理意见

无法查明原因同意调账

2019.8.3

部门主管：邓元　　监盘：谭晶　　盘点：刘然　　出纳：刘然



**图 1-5　库存现金盘点表**

（业务资料来自“专一网——湖南职业院校技能竞赛平台”）

【解析】根据库存现金盘点表，会计人员编制了如下会计分录：

借：待处理财产损溢——待处理流动资产损溢　　50

　贷：库存现金　　50

**例 1-4**　承例 1-3，8 月 3 日，公司对现金短缺给出处理意见：无法查明原因，允许调账。

【解析】根据处理意见，会计人员编制了如下会计分录：

借：管理费用——现金短缺　　50

　贷：待处理财产损溢——待处理流动资产损溢　　50

**【职业素养养成】**

分小组对前导案例进行以下几个方面的分析、讨论。

(1) 芜湖××的出纳人员挪用公款事件中，违反了哪些法律法规?

(2) 在企业的现金管理中，应如何规避此类风险?

(3) 作为财务人员，在处理现金业务中，应如何更好地保证职业规范?

**【专业能力测评】**智慧职教平台知识点自测。

# 任务 2　银行存款业务

**【学习目标】**

（1）知识目标：了解银行结算账户的相关规定；熟悉银行结算制度；掌握银行存款业务的核算以及银行存款清查的方法。

（2）能力目标：能够按要求办理各类银行结算账户的开立、变更和撤销；能够正确填写银行结算凭证；能按规定要求规范编制"银行存款余额调节表"。

**【前导案例】**

2004 年 12 月，受某市司法机关的委托，宁夏青铜峡市审计局对某公司财务人员涉嫌贪污公款案进行查证，在审查中发现：2003 年 4 月份和 5 月份的银行存款余额调节表记载着同样的三笔未达账项的调整记录，即企业已付，银行未付的 5 801.22 元、7 314.35 元和 8 927.19 元，这三笔存在于企业银行存款日记账中已支付的款项信息，直到 6 月底才和银行对账单对上，且 4 月和 5 月的企业银行存款日记账的月末余额均为负数。查阅银行对账单，上述三笔款项分别于 6 月 5 日、11 日、25 日用现金支票付讫。随即，审计人员查阅记账凭证，发现这三笔款项分别支付给了西安、兰州和宝鸡三个外省的厂家，经核对该记账凭证所附的原始票据，又对支付存款的 25 张银行存款票据加总，金额与记账凭证反映的银行存款支出数相差 22 042.76 元，正好等于上述三笔款项的合计数。为什么省外的厂商的回款不用汇款而用现金支付？为什么既没有支票存根也没有收款收据？为什么记账凭证与票据不符？审计人员通过进一步地审查，发现根本不存在上述三笔经济业务，上述三笔款项系财务人员先在 3 月份虚挂往来账，而不记明细账，导致应付账款总账与明细账余额不符。又在 4 月份编制虚假的付款会计记录，使应付账款总账与明细账一致，进而导致银行未达账项的形成，最后在 6 月份取出现金。

## 一、银行存款概念的界定

银行存款是企业存放在银行或其他金融机构的货币资金，它是企业除库存现金之外流动性最强的资产。企业必须严格遵守《人民币银行结算账户管理办法》《中华人民共和国票据法》《支付结算办法》等有关银行存款的管理制度，正确进行银行存款收支的核算，监督银行存款使用的合法性与合理性。

## 二、银行结算账户管理

银行结算账户是指银行为存款人开立的办理资金收付结算的人民币活期存款账户。其中："银行"是指在中国境内经中国人民银行批准经营支付结算业务的政策性银行、商业银行（含外资独资银行、中外合资银行、外国银行分行）等金融机构。"存款人"是指在中国境内开立银行结算账户的机关、团体、部队、企业、事业单位、其他组织

(以下统称单位)、个体工商户和自然人。

## (一) 银行结算账户的分类

### 1. 按存款人不同分类

银行结算账户可以分为单位银行结算账户和个人银行结算账户。❶

单位银行结算账户,是指存款人以单位名称开立的银行结算账户。个体工商户凭营业执照以字号或经营者姓名开立的银行结算账户,也纳入单位银行结算账户管理。

个人银行结算账户,是指存款人凭个人身份证件,以自然人名称开立的银行结算账户。

### 2. 按用途不同分类

单位银行结算账户按用途不同可以分为基本存款账户、一般存款账户、专用存款账户和临时存款账户。

基本存款账户是存款人因办理日常转账结算和现金收付需要开立的银行结算账户。

一般存款账户是存款人因借款或其他结算需要,在基本存款账户开户银行以外的银行营业机构开立的银行结算账户。

专用存款账户是存款人按照法律、行政法规和规章,对其特定用途资金进行专项管理和使用而开立的银行结算账户。

临时存款账户是存款人因临时需要并在规定期限内使用而开立的银行结算账户。

## (二) 银行结算账户的使用要求

### 1. 基本存款账户

基本存款账户是存款人的主办账户。存款人日常经营活动的资金收付及其工资、奖金和现金的支取,应通过该账户办理。

### 2. 一般存款账户

一般存款账户用于办理存款人借款转存、借款归还和其他结算的资金收付。该账户可以办理现金缴存,但不得办理现金支取。

【知识点应用】某房地产开发公司在 X 银行开有基本存款账户。2018 年 7 月 2 日,该公司因贷款需要又在 Y 银行开立了一般存款账户 (账号:998123668989)。同日,该公司财务人员签发了一张现金支票 (出票人账户为 998123668989),并向 Y 银行提示付款,要求提取现金 3 万元。Y 银行工作人员对支票审查后,拒绝为该公司办理现金支取业务。请分析 Y 银行工作人员的做法是否正确。

【解析】正确。一般存款账户是因借款转存、借款归还和其他结算需要而开立的银行结算账户。本例中,该公司在 Y 银行开立了一个一般存款账户。按照我国现行账户管理规定,一般存款账户可以办理现金缴存,但不得办理现金支取。Y 银行工作人员严格执行账户管理规定,不予办理现金支取的做法是正确的。

### 3. 专用存款账户

专用存款账户用于办理各项专用资金的收付。单位银行卡账户的资金必须由其基

---

❶ 本教材银行存款业务涉及的会计主体为单位银行结算账户。

本存款账户转账存入。该账户不得办理现金收付业务。

## 📄 ——————— 职业法规

《人民币银行结算账户管理办法》规定：财政预算外资金、证券交易结算资金、期货交易保证金和信托基金专用存款账户不得支取现金。基本建设资金、更新改造资金、政策性房地产开发资金、金融机构存放同业资金账户需要支取现金的，应在开户时报中国人民银行当地分支行批准。粮、棉、油收购资金、社会保障基金、住房基金和党、团、工会经费等专用存款账户支取现金应按照国家现金管理的规定办理。收入汇缴账户除向其基本存款账户或预算外资金财政专用存款账户划缴款项外，只收不付，不得支取现金。业务支出账户除从其基本存款账户拨入款项外，只付不收，其现金支取必须按照国家现金管理的规定办理。

4. 临时存款账户

临时存款账户用于办理临时机构以及存款人临时经营活动发生的资金收付。临时存款账户的有效期最长不得超过两年。临时存款账户支取现金，应按照国家现金管理的规定办理。

【知识点应用】存款人不得申请开立临时存款账户的情形是（　　　）。

A. 设立临时机构　　　　　　　　　B. 异地临时经营活动

C. 注册验资　　　　　　　　　　　D. 临时借款

【解析】D。临时借款应当开立的是一般存款账户。

### 三、银行存款的内部控制

（1）建立银行存款岗位责任制。一般来说，企业的银行存款的收付及银行存款日记账的登记工作是由出纳岗位负责。在实践操作中，出纳人员不得兼任稽核、会计档案保管和收入、支出、费用及债权债务账目的登记工作，也不能由一人办理银行存款业务的全过程，例如：银行对账单的获取、银行存款余额调节表的编制等工作不应由出纳同时完成，如确需出纳人员办理上述工作的，应指定其他人员定期进行审查和监督。

（2）实行授权审批制度。未经授权的部门和人员一律不得办理银行存款业务。

（3）加强有关印章管理。财务专用章由专人进行保管，财务主管、出纳等个人印章由本人或授权人进行管理，严禁一人保管现金收支款项所需的全部印章。

（4）加强有关票据管理。与银行存款有关票据的相关管理必须要明确管理人员、职责范围和要求。

（5）加强内部监督检查。实施内部稽核，对银行存款要进行定期的盘点核对工作，每月至少核对一次，保证账实相符、账账相符。

### 四、银行存款业务核算

为了反映和监督企业银行存款的收入、支出和结存情况，企业应当设置"银行存款"科目,借方登记企业银行存款的增加,贷方登记企业银行存款的减少,期末借方余额反映期末企业实际持有的银行存款的金额。银行存款核算程序见图1-6。

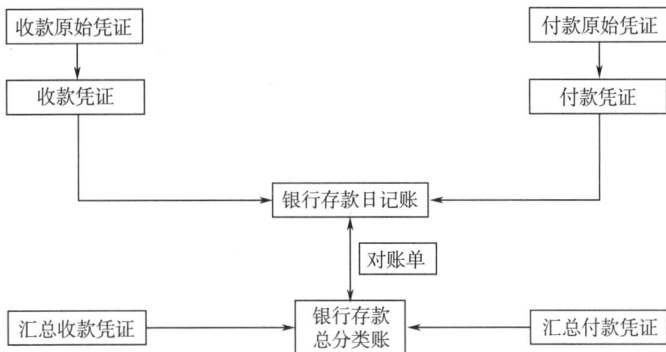

图1-6 银行存款核算程序

【业务实操】典型经济业务举例

**例1-5** 业务描述:4月12日,宁夏朵晴伞业有限公司将3月份向银川丰瑞雨伞配件有限公司购买的材料款予以支付。

【解析】会计人员根据开户行的支付回单(图1-7),做如下会计分录:

图1-7 支付回单

(业务资料来自"专一网——湖南职业院校技能抽查平台")

借:应付账款——丰瑞公司 500 000

贷:银行存款 500 000

## 五、银行存款的清查

为了加强银行存款的管理,确保账实相符,企业应当按规定对银行存款进行清查。

清查的内容包括：①指定专人定期核对银行账户，每月至少核对一次；②指派对账人员以外的其他人员进行审核，确定银行存款账面余额与银行对账单余额是否相符。

银行存款的清查方法，是将本单位银行存款日记账的账簿记录与开户银行的对账单进行逐笔核对，以此查明银行存款的实有数额。对发生的错账、漏账及时查清更正，再与银行的对账单逐笔核对。如果二者余额相符，通常说明没有错误；如果二者余额不相符，则可能是企业或银行一方或双方记账过程有错误，也有可能存在未达账项。

所谓未达账项，是指企业与其开户银行之间，对同一笔款项的收付业务因记账时间的不一致，而发生的一方收到凭证并已入账，另一方未收到凭证而未能入账的款项。未达账项一般分为以下4种情况：

（1）企业已收款已记账，银行未收款未记账的款项。例如：企业将收到的购货单位开出的转账支票送存银行并且入账，但是，因银行尚未办妥转账收款手续而没有入账。

（2）企业已付款已记账，银行未付款未记账的款项。例如：企业将开出的转账支票已经入账，但是，因收款单位尚未到银行办理转账手续或银行尚未办妥转账付款手续而没有入账。

（3）银行已收款已记账，企业未收款未记账的款项。例如：企业委托银行代收的款项，银行已经办妥收款手续并且入账，但是，因收款通知尚未到达企业而使企业没有入账。

（4）银行已付款已记账，企业未付款未记账的款项。例如：企业应付给银行的借款利息，银行已经办妥付款手续并且入账，但是，因付款通知尚未到达企业而使企业没有入账。

上述4种情况的存在，都会使企业银行存款日记账的余额与银行开出的对账单的余额不符。所以，在进行银行存款清查时，如果存在未达账项，应当编制"银行存款余额调节表"，并督促有关人员及时办理结算手续或记账手续。

银行存款清查的步骤如下：

（1）根据经济业务、结算凭证的种类、号码和金额等资料，逐日逐笔核对银行存款日记账和银行对账单，凡双方都有记录的，用铅笔在金额旁打上记号"√"；

（2）找出未达账项（即银行存款日记账和银行对账单中没有打"√"的款项）；

（3）根据找出的未达账项编制"银行存款余额调节表"，并计算出调整后的余额（假设未达账项全部入账，银行存款日记账与银行对账单的余额应相等）；

（4）将调整平衡的"银行存款余额调节表"（表1-1），经主管会计签章后，送达开户银行。

### 表1-1　银行存款余额调节表

编制单位：　　　　　　　　　　年　　月　　日　　　　　　　　　　金额：元

| 项目 | 余额 | 项目 | 余额 |
| --- | --- | --- | --- |
| 银行存款日记账余额 | | 银行对账单余额 | |
| 加：银行已收，企业未收 | | 加：企业已收，银行未收 | |
| 减：银行已付，企业未付 | | 减：企业已付，银行未付 | |
| 调整后银行存款日记账余额 | | 调整后银行对账单余额 | |

银行存款余额调节的公式如下：

企业银行存款日记账余额+银行已收企业未收款−银行已付企业未付款=银行对账单存款余额+企业已收银行未收款−企业已付银行未付款

【业务实操】典型经济业务举例

例1-6　湖南表里如一玻璃有限公司2019年05月01日至2019年05月31日银行存款日记账账面记录和银行对账单记录如下账单所示（图1-8）：

### 银行存款日记账

| 2019年 月 | 日 | 凭证 字 | 号 | 摘要 | 对方科目 | 借方金额 | 贷方金额 | 借或贷 | 余额 |
|---|---|---|---|---|---|---|---|---|---|
| 5 | 1 | 记 |  | 期初余额 |  |  |  | 借 | 376500.00 |
| 5 | 1 | 记 | 7 | 购买财务软件 | 无形资产 |  | 200000.00 | 借 | 176500.00 |
| 5 | 6 | 记 | 10 | 支付办公费 | 管理费用 |  | 500.00 | 借 | 176000.00 |
| 5 | 10 | 记 | 12 | 发放工资 | 应付职工薪酬 |  | 61000.00 | 借 | 115000.00 |
| 5 | 14 | 记 | 15 | 采购原材料 | 原材料、应交税费 |  | 50000.00 | 借 | 65000.00 |
| 5 | 15 | 记 | 17 | 收到欠款 | 应收账款 | 11000.00 |  | 借 | 76000.00 |
| 5 | 22 | 记 | 25 | 支付招待费 | 销售费用 |  | 800.00 | 借 | 75200.00 |
| 5 | 25 | 记 | 30 | 捐款 | 营业外支出 |  | 50000.00 | 借 | 25200.00 |
| 5 | 26 | 记 | 33 | 收到货款 | 主营业务收入、应交税费 | 200000.00 |  | 借 | 225200.00 |
| 5 | 31 | 记 | 39 | 收到员工还款 | 其他应收款 | 2000.00 |  | 借 | 227200.00 |
| 5 | 31 |  |  | 本月合计 |  | 213000.00 | 362300.00 | 借 | 227200.00 |
| 5 | 31 |  |  | 本年累计 |  | 213000.00 | 362300.00 | 借 | 227200.00 |

（财务主管　复核　记账）

### 中国建设银行客户存款对账单

网点号：0025　　币种：人民币　　单位：元　　2019年5月
账号：4300850124597012 5694　户名：湖南表里如一玻璃有限公司　　上期余额：376500.00

| 日期 | 业务产品种类 | 凭证种类 | 凭证号 | 对方户名 | 摘要 | 借方发生额 | 贷方发生额 | 余额 | 记账信息 |
|---|---|---|---|---|---|---|---|---|---|
| 5-4 | 转账收入 | 0 | 0 | 湖南千韵商贸有限公司 | 0190105030158 |  | 100,000.00 | 476,500.00 | 00150000001 |
| 5-7 | 转账支出 | 0 | 0 | 湖南长街办公用品有限公司 | 0190105030159 | 500.00 |  | 476,000.00 | 00150000001 |
| 5-10 | 转账支出 | 0 | 0 | 工资批量 | 0190105030159 | 61,000.00 |  | 415,000.00 | 00150000001 |
| 5-15 | 转账支出 | 0 | 0 | 长沙远程玻璃有限公司 | 0190105030159 | 50,000.00 |  | 365,000.00 | 00150000001 |
| 5-15 | 转账收入 | 0 | 0 | 湖南新科商贸有限公司 | 0190105030159 |  | 11,000.00 | 376,000.00 | 00150000001 |
| 5-22 | 转账支出 | 0 | 0 | 岳阳家庭餐饮有限公司 | 0190105030159 | 800.00 |  | 375,200.00 | 00150000001 |
| 5-25 | 转账支出 | 0 | 0 | 湖南省红十字协会 | 0190105030159 | 50,000.00 |  | 325,200.00 | 00150000001 |
| 5-26 | 转账收入 | 0 | 0 | 湖南新宇商贸有限公司 | 0190105030158 |  | 200,000.00 | 525,200.00 | 00150000001 |
| 5-31 | 对公收费 | 0 | 0 |  | 对公收费明细入账 | 50.00 |  | 525,150.00 | 00150000001 |

截止：2019年5月31日　账户余额（额度）：525,150.00　　保留余额：0　冻结余额：0　透支余额：0　可用余额（额度）：525,150.00
截止：2019年5月31日　账户可用余额（额度）：525,150.00　　打印次数：1　验证码：70164970261　打印日期：2019年5月31日
请仔细核对发生额明细及账户余额，如有疑问请与我行联系。

图1-8　银行存款日记账和银行对账单记录

（业务资料来自"专一网——湖南职业院校技能抽查平台"）

【解析】出纳人员根据对银行存款日记账和银行对账单记录的逐笔核对，发现出现了未达账项，根据未达账项编制"银行存款余额调节表"（表1-2）。

**表1-2　银行存款余额调节表**

编制单位：湖南表里如一玻璃有限公司　　　　2019年5月31日　　　　金额：元

| 项目 | 余额 | 项目 | 余额 |
|---|---|---|---|
| 银行存款日记账余额 | 227 200 | 银行对账单余额 | 525 150 |
| 加：银行已收，企业未收 | 100 000 | 加：企业已收，银行未收 | 2 000 |
| 减：银行已付，企业未付 | 50 | 减：企业已付，银行未付 | 200 000 |
| 调整后银行存款日记账余额 | 327 150 | 调整后银行对账单余额 | 327 150 |

## 职业风险点

注意："银行存款余额调节表"只是为了核对账目，不能作为调整企业银行存款账面记录的记账依据。

**【职业素养养成】**

分小组对前导案例进行以下两个方面的分析、讨论。

（1）"银行存款余额调节表"的编制在企业的货币资金管理中起着怎样的作用？

（2）作为财务人员，在进行银行存款清查中，应如何更好地保证职业规范？

**【专业能力测评】** 智慧职教平台知识点自测。

# 任务3 其他货币资金业务

**【学习目标】**

（1）知识目标：了解其他货币资金的范围；熟悉其他货币资金的管理；掌握其他货币资金业务的核算。

（2）能力目标：能够正确填写各类票据和银行结算凭证；能够按要求使用各类结算方式办理资金结算；能够正确使用第三方支付工具办理结算。

**【前导案例】**

太原某公司的业务员杨某将以自己为收款人的1张银行汇票抵押给某物资公司的胡某用以购油。胡某假冒杨某，持汇票到北务信用社，要求将汇票金额转为3个月定期存款。该信用社在汇票上被背书人处填写北务信用社和委托收款字样（背书人签章处为空白），通过票据交换系统提交顺义工行，在解付汇票款项之前先行垫付汇票金额，并以现金方式支付给"提示付款人"。顺义工行在汇票上无背书人签章、没有填写实际结算金额的情况下，将汇票款项解付。事发后，太原某公司以顺义工行和北务信用社未尽审查义务错误付款为由，向法院提起诉讼，要求两位被告赔偿损失。

——资料来源：110法律咨询网

## 一、其他货币资金概念的界定

其他货币资金是指企业除库存现金、银行存款以外的其他各种货币资金。其他货币资金也是企业可以作为支付手段的货币，但因其存在形式和支付方式有别于库存现金和银行存款，在管理上也有所不同，因此，会计上将其他货币资金单独进行会计核算。

其他货币资金的范围主要包括：银行汇票存款、银行本票存款、信用卡存款、信用证保证金存款、存出投资款和外埠存款、第三方支付等。

企业必须严格遵守《中华人民共和国票据法》《支付结算办法》等有关管理制度，正确进行其他货币资金收支的核算，监督其他货币资金使用的合法性与合理性。

## 二、其他货币资金的管理

### （一）银行汇票存款

银行汇票是出票银行签发的，由其在见票时按照实际结算金额无条件支付给收款人或者持票人的票据。银行汇票存款是指企业为取得银行汇票按照规定存入银行的款项。

银行汇票的出票银行为银行汇票的付款人。单位和个人各种款项的结算均可使用银行汇票。银行汇票可以用于转账，填明"现金"字样的银行汇票可以用于支取现金。

企业在使用银行汇票进行结算时，应遵守以下规定：

（1）申请人使用银行汇票，应向出票银行填写"银行汇票申请书"，填明收款人名称、汇票金额、申请人名称、申请日期等事项并签章，签章为其预留银行的签章。

（2）申请人应将银行汇票和解讫通知一并交付给汇票上记明的收款人。

## 职业风险点

收款人受理银行汇票时，应审查下列事项：①银行汇票和解讫通知是否齐全、汇票号码和记载的内容是否一致；②收款人是否确为本单位或本人；③银行汇票是否在提示付款期限内；④必须记载的事项是否齐全；⑤出票人签章是否符合规定，是否有压数机压印的出票金额，并与大写出票金额一致；⑥出票金额、出票日期、收款人名称是否更改，更改的其他记载事项是否由原记载人签章证明。

（3）收款人受理申请人交付的银行汇票时，应在出票金额以内，根据实际需要的款项办理结算，并将实际结算金额和多余金额准确、清晰地填入银行汇票和解讫通知的有关栏内。未填明实际结算金额和多余金额或实际结算金额超过出票金额的，银行不予受理。

（4）银行汇票的实际结算金额不得更改，更改实际结算金额的银行汇票无效。

（5）收款人可以将银行汇票背书转让给被背书人。

（6）在银行开立存款账户的持票人向开户银行提示付款时，应在汇票背面"持票人向银行提示付款签章"处签章，签章须与预留银行签章相同，并将银行汇票和解讫通知、进账单送交开户银行。银行审查无误后办理转账。

### （二）银行本票存款

银行本票是银行签发的，承诺自己在见票时无条件支付确定的金额给收款人或者持票人的票据。银行本票存款是指企业为了取得银行本票按规定存入银行的款项。

单位和个人在同一票据交换区域需要支付各种款项，均可以使用银行本票。银行本票可以用于转账，注明"现金"字样的银行本票可以用于支取现金。企业在使用银行本票进行结算时，应遵守以下规定：

（1）申请人使用银行本票，应向银行填写"银行本票申请书"，填明收款人名称、申请人名称、支付金额、申请日期等事项并签章。申请人和收款人均为个人需要支取现金的，应在"支付金额"栏先填写"现金"字样，后填写支付金额。

（2）申请人或收款人为单位的，不得申请签发现金银行本票。

（3）申请人应将银行本票交付给本票上记明的收款人。

## 职业风险点

收款人受理银行本票时，应审查下列事项：①收款人是否确为本单位或本人；

②银行本票是否在提示付款期限内；③必须记载的事项是否齐全；④出票人签章是否符合规定，不定额银行本票是否有压数机压印的出票金额，并与大写出票金额一致；⑤出票金额、出票日期、收款人名称是否更改，更改的其他记载事项是否由原记载人签章证明。

（4）收款人可以将银行本票背书转让给被背书人。

（5）持票人对注明"现金"字样的银行本票需要委托他人向出票银行提示付款的，应在银行本票背面"持票人向银行提示付款签章"处签章，记载"委托收款"字样、被委托人姓名和背书日期以及委托人身份证件名称、号码、发证机关。被委托人向出票银行提示付款时，也应在银行本票背面"持票人向银行提示付款签章"处签章，记载证件名称、号码及发证机关，并同时交验委托人和被委托人的身份证件及其复印件。

（6）持票人超过提示付款期限不获付款的，在票据权利时效内向出票银行作出说明，并提供本人身份证件或单位证明，可持银行本票向出票银行请求付款。

（7）申请人因银行本票超过提示付款期限或其他原因要求退款时，应将银行本票提交到出票银行，申请人为单位的，应出具该单位的证明；申请人为个人的，应出具该本人的身份证件。出票银行对于在本行开立存款账户的申请人，只能将款项转入原申请人账户；对于现金银行本票和未在本行开立存款账户的申请人，才能退付现金。

（8）银行本票丧失，失票人可以凭人民法院出具的其享有票据权利的证明，向出票银行请求付款或退款。

## （三）信用卡存款

信用卡是指商业银行向个人和单位发行的，凭以向特约单位购物、消费和向银行存取现金，且具有消费信用的特制载体卡片。信用卡存款是指企业为取得信用卡而存入银行信用卡专户的款项。凡在中国境内金融机构开立基本存款账户的单位可申领单位卡。单位卡可申领若干张，持卡人资格由申领单位法定代表人或其委托的代理人书面指定和注销。

**职业法规**

中国人民银行《支付结算办法》规定：单位卡账户的资金一律从其基本存款账户转账存入，不得交存现金，不得将销货收入的款项存入其账户。单位卡一律不得支取现金。

## （四）信用证保证金存款

信用证是指银行根据进口人（买方）的请求，开给出口人（卖方）的一种保证承担支付货款责任的书面凭证。信用证保证金存款是指采用信用证结算方式的企业为取得信用证而按规定存入银行信用证保证金专户的款项。

信用证只限于转账结算，不得支取现金。在信用证内，银行授权出口人在符合信用证所规定的条件下，以该行或其指定的银行为付款人，开具不得超过规定金额的汇票，并按规定随附装运单据，按期在指定地点收取货物。

信用证支付的一般程序是：①进出口双方当事人应在买卖合同中，明确规定采用信用证方式付款；②进口人向其所在地银行提出开证申请，填写开证申请书，并交纳一定的开证押金或提供其他保证，请银行（开证银行）向出口人开出信用证；③开证银行按申请书的内容开立以出口人为受益人的信用证，并通过其在出口人所在地的代理行或往来行（统称通知行）把信用证通知出口人；④出口人在发运货物，取得信用证所要求的装运单据后，按信用证规定向其所在地行（可以是通知行，也可以是其他银行）议付货款；⑤议付行议付货款后即在信用证背面注明议付金额。

## （五）存出投资款

存出投资款是指企业为购买股票、债券、基金等根据有关规定存入证券公司指定银行开立的投资款专户的款项。

## （六）外埠存款

外埠存款是指企业为了到外地进行临时或零星采购，而汇往采购地银行并在采购地银行开立采购专户的款项。

汇出款项时，须填列汇款委托书，加盖"采购资金"字样。除采购员差旅费可以支取少量现金外，一律转账，该采购专户只付不收。

## （七）第三方支付

第三方支付是一种新型的支付手段和方式，通过这种新型的模式将互联网技术与传统金融支付有机结合，是对传统银行支付模式的创新和融合。它是指非金融机构作为收、付款人的支付中介所提供的网络支付、预付卡发行与受理、银行卡收单以及中国人民银行确定的其他支付服务（此定义来自中国人民银行《非金融机构支付服务管理办法》），即是一个集线上、线下于一体，能够提供移动支付、电话支付、预付卡支付于一体的综合支付服务工具。

目前第三方支付机构主要有两种模式：

（1）金融型支付企业。是指以银联商务、快线、易宝支付、汇付天下、拉卡拉等为典型代表的独立第三方支付模式，是立足于企业端的金融型支付企业。

（2）互联网支付企业。是指以支付宝、财付通等为典型代表的依托于自有的电子商务网站并提供担保功能的第三方支付模式，以在线支付为主，是立足于个人消费者端的互联网型支付企业。

【知识点应用】（初级会计师考试 2019 年真题）下列各项中，企业应通过"其他货币资金"科目核算的有(　　)。

A. 用银行本票采购办公用品的款项

B. 汇往异地银行开立采购专户的款项

C. 存入证券公司指定账户的款项

D. 存入银行信用证保证金专户的款项

【解析】ABCD。

### 三、其他货币资金业务核算

为了反映和监督其他货币资金的收支和结存情况，企业应当设置"其他货币资金"科目，借方登记其他货币资金的增加，贷方登记其他货币资金的减少，期末余额在借方，反映企业实际持有的其他货币资金的金额。"其他货币资金"科目应当按照其他货币资金的种类设置明细科目进行核算。

（1）办理其他货币资金业务时：

借：其他货币资金（交存银行的金额、向证券公司实际划出的金额等）

　　贷：银行存款

（2）支付款项时：

借：原材料/管理费用等（用于购买原材料、办公用品等情况）

　　应交税费——应交增值税（进项税额）

　　贷：其他货币资金

（3）收到退回款项时：

借：银行存款（实际退回的金额）

　　贷：其他货币资金

【知识点应用】下列各项中，应通过"其他货币资金"科目核算的有（　　　）。

A. 企业将款项汇往外地开立的采购专用账户

B. 用银行本票购买办公用品

C. 销售商品收到商业汇票

D. 用银行汇票购入原材料

【解析】ABD。

【业务实操】典型经济业务举例

例1-7　业务描述：2019年4月5日，公司行政部报销购买展厅装饰品费用580元，原始凭证如图1-9所示。

图1-9

图 1-9　原始凭证

（业务资料来自"专一网——湖南职业院校技能抽查平台"）

【解析】会计人员根据审核无误的原始凭证（图 1-9），编制如下会计分录：

借：管理费用——展厅装饰费　　　　　　　　　　　　　　　　　　580

　　贷：其他货币资金——支付宝账号　　　　　　　　　　　　　　　　580

【职业素养养成】

分小组对前导案例进行以下几个方面的分析、讨论。

（1）太原某公司以顺义工行和北务信用社未尽审查义务错误付款为由，向法院提起诉讼，要求两位被告赔偿损失，是否正确？

（2）作为财务人员，在进行其他货币资金业务中，应如何更好地保证职业规范？

【专业能力测评】智慧职教平台知识点自测。

# 模块二 往来结算业务会计核算

## 【业务简介】

会计核算中，往来结算业务可以具体地划分为以下几项业务，即应收票据业务、应收及应付账款业务、预收及预付账款业务、其他应收及其他应付款业务。在会计实务中，涉及该项业务的部门比较多，例如：销售部门赊销商品时会产生应收账款或应收票据、采购部门在赊购原材料时会产生应付账款、个别交易业务需要预先收取货款时会产生预收账款、各部门职工预支的差旅费时会产生其他应收款等。

往来结算业务会计核算的流程如图 2-1 所示：

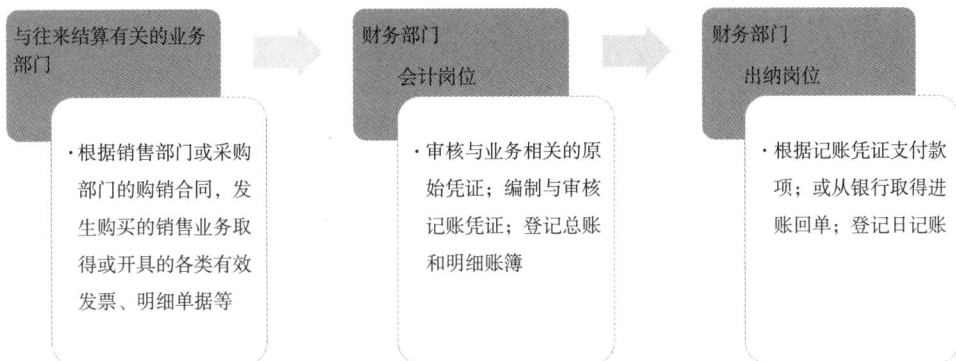

| 与往来结算有关的业务部门 | 财务部门 会计岗位 | 财务部门 出纳岗位 |
|---|---|---|
| ·根据销售部门或采购部门的购销合同，发生购买的销售业务取得或开具的各类有效发票、明细单据等 | ·审核与业务相关的原始凭证；编制与审核记账凭证；登记总账和明细账簿 | ·根据记账凭证支付款项；或从银行取得进账回单；登记日记账 |

图 2-1　往来结算业务会计核算业务流程图

# 任务1 应收票据业务

**【学习目标】**

（1）知识目标：了解票据结算的相关制度要求；理解应收票据结算的含义及确认；掌握应收票据的确认、计量、贴现等含义及其账务处理程序。

（2）能力目标：熟悉往来业务核算岗位的职责，能够熟练判别应收票据的真实性与合规性，并准确完成承兑、贴现等相关业务的账务处理。

**【前导案例】**

成都××钴镍材料股份有限公司（以下简称××钴镍），前身是陕西××镍钴金属有限公司（以下简称陕西××），成立于2004年12月31日，从事有色金属的生产和加工。王某（××钴镍董事长）授意陕西××通过陕西盛×、陕西青××、陕西天×向关联方划转资金，陕西××与三家公司之间无真实交易。陕西××通过天慕××、臻泰××、陕西盛×、陕西青××、陕西天×与关联方进行资金划转，2013年末关联方占用余额8.2亿元，2014年末占用余额11.54亿元，截至2015年6月30日占用余额13.29亿元。

为掩盖关联方长期占用资金的事实，王某安排人员搜集票据复印件，将无效票据入账充当还款。××钴镍2013年应收票据的期末余额为13.25亿元，其中13.19亿元为无效票据。××钴镍2014年应收票据的期末余额为13.64亿元，其中13.62亿元为无效票据。2015年上半年应收票据的期末余额为11亿元，其中10.99亿元为无效票据。

××钴镍实控人王某、父亲王应某、妹妹王某分别担任董事长、副董事长、董事，王氏家族实质拥有上市公司的控制权。上市公司控股股东非法占用上市公司巨额资金，上市公司内部控制名存实亡，实控人家长式管理，独立董事、监事会没有有效的监督、制衡实控人的财务造假行为。

——资料来源：问天票据网

## 一、应收票据概述

应收票据是指企业因销售商品、提供服务等而收到的商业汇票。商业汇票是一种由出票人签发的，委托付款人在指定日期无条件支付确定金额给收款人或者持票人的票据。在我国，商业汇票的付款期限最长不得超过6个月，因此，会计核算上，我国的应收票据属于流动资产的范畴。

根据承兑人不同，商业汇票分为商业承兑汇票和银行承兑汇票。商业承兑汇票是指由付款人签发并承兑，或由收款人签发交由付款人承兑的汇票。银行承兑汇票是指由在承兑银行开立存款账户的存款人（即出票人）签发，由承兑银行承兑的票据。企业申请使用银行承兑汇票时，应向其承兑银行交纳手续费。

**【知识点应用】**按现行制度规定，下列各项中，通过"应收票据"科目核算的有（　　　）。

A. 银行汇票存款　　　　　　　　B. 商业承兑汇票

C. 银行本票存款　　　　　　　　D. 银行承兑汇票

【解析】BD。应收票据是指企业因销售商品、提供服务等而收到的商业汇票。商业汇票分为商业承兑汇票和银行承兑汇票。

## 二、应收票据业务的会计核算

为了反映和监督应收票据取得以及票据到期收款等情况，企业应当设置"应收票据"科目，借方登记取得的应收票据的面值，贷方登记到期收回票款或到期前向银行贴现的应收票据的票面金额，期末借方余额反映企业持有的商业汇票的票面金额。

### （一）取得应收票据和收回到期票款

（1）因企业销售商品、提供劳务等而收到开出、承兑的商业汇票：

借：应收票据（票面金额）

　　贷：主营业务收入等

　　　　应交税费——应交增值税（销项税额）等

（2）商业汇票到期收回款项时，应按实际收到的金额：

借：银行存款（实际收到的金额）

　　贷：应收票据

（3）因债务人抵偿前欠货款而取得的应收票据：

借：应收票据

　　贷：应收账款

### （二）转让应收票据

在实际中，企业可以将其持有的商业汇票背书转让。背书是指在票据背面或者粘单上记载有关事项并签章的票据行为。背书转让的，则背书人应当承担票据责任。

一般情况下，企业将持有的商业汇票背书转让以取得所需物资时，按应计入取得物资成本的金额，借记"在途物资""材料采购""原材料""库存商品"等科目，按照增值税专用发票上注明的可抵扣的增值税税额，借记"应交税费——应交增值税（进项税额）"科目，按商业汇票的票面金额，贷记"应收票据"科目，如有差额，借记或贷记"银行存款"等科目。

借：原材料/在途物资/材料采购等（取得存货的成本，计划/实际）

　　应交税费——应交增值税（进项税额）（可抵扣的进项税）

　　贷：应收票据

　　　　银行存款（倒挤差额，也有可能在借方反映）

【知识点应用】（初级会计师考试 2019 年真题）甲公司为增值税一般纳税人，存货按实际成本进行日常核算。2019 年 12 月 18 日，购入一批原材料，取得并经税务机关认证的增值税专用发票上注明的价款为 270 000 元，增值税税额为 35 100 元，材料验收入库。甲公司背书转让面值 300 000 元、不带息的银行承兑汇票结算购料款，不足部分以银行存款补付。下列各项中，甲公司采购材料相关会计科目处理正确的是（　　）。

A. 贷记"银行存款"科目 5 100 元　　　　B. 贷记"应收票据"科目 300 000 元

C. 贷记"应收票据"科目 305 100 元　　　　D. 借记"原材料"科目 270 000 元

【解析】ABD。本题考查的是企业外购原材料的会计处理。甲公司背书转让银行承兑汇票结算购料款，应减少应收票据，不足部分通过银行存款核算，甲公司应编制的会计分录下：

借：原材料　　　　　　　　　　　　　（选项 D 正确）270 000

　　应交税费——应交增值税（进项税额）　　　　　　　　35 100

　　贷：应收票据　　　　（选项 B 正确，选项 C 错误）300 000

　　　　银行存款　　　　　　　　　　　（选项 A 正确）5 100

（三）应收票据贴现

对于票据贴现，企业通常应按实际收到的金额，借记"银行存款"科目，按应收票据的票面金额，贷记"应收票据"科目，按其差额，借记或贷记"财务费用"科目。票据实际贴现金额的计算公式：

实付贴现金额＝票据到期值－贴现利息

票据贴现利息的计算分两种情况：

（1）不带息票据贴现：

贴现利息＝票据面值×贴现率×贴现期

（2）带息票据的贴现：

贴现利息＝票据到期值×贴现率×贴现天数/360

其中贴现天数为自银行向贴现单位支付贴现票款日起至汇票到期日前一天止的天数（贴现天数＝贴现日到票据到期日实际天数－1）。

借：银行存款（票据到期值扣除贴现息后的净额）

　　财务费用

　　贷：应收票据

（四）应收票据到期

在实务中，票据的期限一般有按月表示和按日表示两种。按月表示是指票据的期限不考虑各月份实际天数多少，统一按次月对应日为整月计算，即以到期月份中与出票日相同的那一天为到期日，当签发承兑票据的日期为某月月末时，统一以到期月份的最后一日为到期日。按日表示是指票据的期限不考虑月数，统一按票据的实际天数计算，从出票日起按实际经历的天数计算，但出票日和到期日只能计算其中一天。

（1）若为不带息商业汇票，到期收回时：

借：银行存款（到期值＝票据面值）

　　贷：应收票据（票据面值）

（2）若为带息商业汇票，到期收回时：

借：银行存款（到期值＝票据面值+票据利息）

　　贷：应收票据（票据账面余额）

　　　财务费用（尚未计提利息部分）

（3）付款人无力支付票款的核算：

借：应收账款

　贷：应收票据（票据账面余额）

　　　财务费用（尚未计提利息部分）

**【业务实操】典型经济业务举例**

　　**例 2-1**　业务描述：甲企业为了周转资金。于 7 月 5 日将某客户 6 月 16 日签发的带息商业承兑汇票向开户银行贴现。该票据面值为 150 000 元，年利率为 5%，期限为 60 天。银行的贴现率为 6%。已知该企业于每月末计提应收票据的利息。

　　**【解析】** 会计人员根据以上条件，做如下会计处理：

（1）收到票据时：

| | |
|---|---|
| 借：应收票据 | 150 000 |
| 　贷：应收账款 | 150 000 |

（2）6 月 30 日计提利息 = 150 000×5%×15/360 = 312.50（元）。

| | |
|---|---|
| 借：应收票据 | 312.50 |
| 　贷：财务费用 | 312.50 |

（3）贴现到期价值 = 150 000×（1+5%×60/360）= 151 250（元）。

贴现期 = 60-19 = 41（天）

贴现利息 = 151 250×6%×41/360 = 1 033.54（元）

贴现净额 = 151 250-1 033.54 = 150 216.46（元）

（4）贴现日的会计分录。

| | |
|---|---|
| 借：银行存款 | 150 216.46 |
| 　财务费用 | 1 033.54 |
| 　贷：应收票据 | 151 250 |

　　**例 2-2**　业务描述：某企业对某票据利息收入采用会计期末和票据到期分别确认的处理方法。该企业于 10 月 1 日销售商品 400 000 元（其中，价款 344 828 元，增值税 55 172 元），并于当日签发承兑日为 10 月 1 日、面值为 400 000 元、利率为 4.8%、期限为 6 个月、到期日为第二年 4 月 1 日的银行承兑汇票。

　　**【解析】** 会计人员根据以上条件，做如下会计处理：

| | |
|---|---|
| 借：应收票据 | 400 000 |
| 　贷：主营业务收入 | 344 828 |
| 　　　应交税费——应交增值税（销项税额） | 55 172 |

　　**例 2-3**　业务描述：承例 2-2，年末计提商业汇票的应计利息 4 800 元。

　　**【解析】** 当年应计利息 = 400 000×4.8%/12×3 = 4 800（元）。

| | |
|---|---|
| 借：应收票据 | 4 800 |
| 　贷：财务费用 | 4 800 |

　　**例 2-4**　业务描述：第二年 4 月 1 日，上述票据到期，票款全部收妥入账，共计 409 600 元。

　　**【解析】** 会计人员根据以上条件，做如下会计处理：

借：银行存款                                                            409 600

  贷：应收票据                                               404 800

      财务费用                                            4 800

如果该票据为商业承兑汇票，票据到期时，付款人账户资金不足，由银行退票：

借：应收账款                                               409 600

  贷：应收票据                                               409 600

**【职业素养养成】**

分小组对前导案例进行以下 3 个方面的分析、讨论。

（1）××钴镍董事长用无效票据掩盖侵占资金事件中，违反了哪些法律法规？

（2）在企业的应收票据管理中，应如何规避此类风险？

（3）作为财务人员，在处理应收票据业务中，应如何更好地保证职业规范？

**【专业能力测评】** 智慧职教平台知识点自测。

# 任务 2　应收账款业务

**【学习目标】**

（1）知识目标：理解应收账款的概念，理解坏账准备计提的一般规定；掌握应收账款及坏账准备相关业务的会计核算。

（2）能力目标：能够结合应收账款管理现状协助信用管理部门制定科学合理的信用政策，加速应收账款的收回，合理进行应收账款管理。

**【前导案例】**

据文号〔2021〕16 号，××网在 2007～2016 年财务造假，其间，××网报送、披露的 IPO 文件及 2010 年至 2016 年年报存在虚假记载。经查，××网在这期间虚增收入 18.72 亿元，虚增利润 17.37 亿元，即虚增的收入大多转化成了利润。例如 2013 年虚增利润 1.99 亿元、虚增利润 1.93 亿元。

在首次发行阶段（2007～2009 年），××网通过虚构业务及虚假回款等方式虚增业绩以满足上市发行条件，并持续到上市后。2010 年上市后，××网除了利用自有资金循环和串通"走账"虚构业务收入外，还通过伪造合同、以未实际执行框架合同或单边确认互换合同的方式继续虚增业绩。

此外，××网还存在未按规定披露关联交易、未披露为××控股等公司提供担保事项等相关违规操作。基于此，证监会××网合计罚款 2.41 亿元、对贾某亭合计罚款 2.41 亿元。公司相关责任人被处以 3 万元至 60 万元不等的罚款。

长达十年的财务造假，每年虚增收入几乎全部转化为当年的利润，××网、贾某的财务造假行为，性质极为恶劣。

————资料来源：经理人网

## 一、应收账款概念的界定

应收账款是指企业因销售商品、提供服务等经营活动，应向购货单位或接受服务单位收取的款项。应收账款是企业因销售商品或提供劳务而产生的一项债权，且该项债权属于在一年内收回的短期债权。会计上，将应收账款列为流动资产进行核算。它主要包括企业销售商品或提供服务等应向有关债务人收取的价款、增值税及代购货单位垫付的包装费、运杂费等。

## 二、取得应收账款业务会计核算

为了反映和监督应收账款的增减变动及其结存情况，企业应设置"应收账款"科目，借方登记应收账款的增加，贷方登记应收账款的收回及确认的坏账损失，期末借方余额反映企业尚未收回的应收账款；如果期末余额在贷方，则表示为企业预收的账款。

借：应收账款（应收金额）

　　贷：主营业务收入等

　　　　应交税费——应交增值税（销项税额）

**【业务实操】典型经济业务举例**

**例 2-5**　业务描述：湖南嘉嘉实木家具有限公司 2019 年 4 月 3 日，出售家具给湖南城中镇家具城，暂未收到货款。

**【解析】**会计人员根据购销合同及专用发票（图 2-2），做如下会计分录：

| | |
|---|---|
| 借：应收账款 | 2 757 200 |
| 　　贷：主营业务收入——实木床 | 1 440 000 |
| 　　　　　　　　　　——屏风 | 1 000 000 |
| 　　　　应交税费——应交增值税（销项税额） | 317 200 |

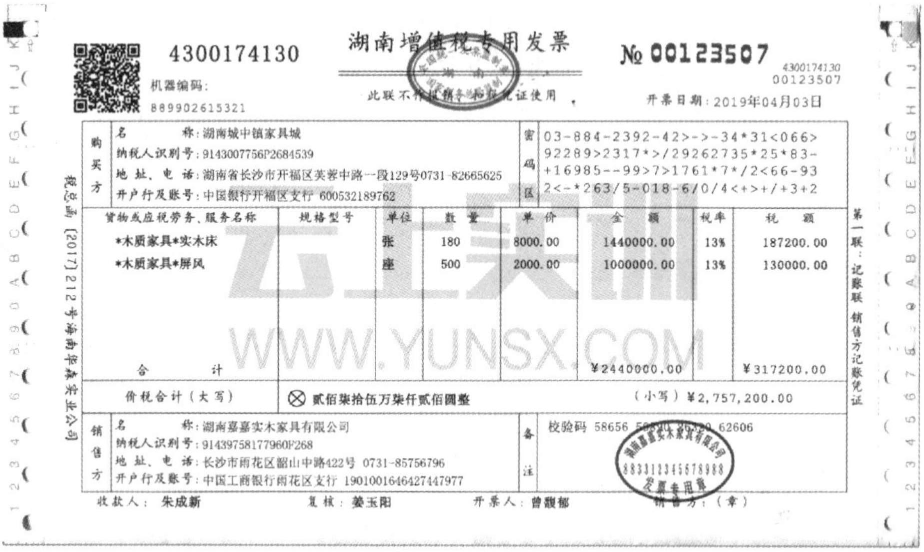

湖南增值税专用发票

4300174130　　№ 00123507

4300174130
00123507

机器编码：889902615321

此联不作报销、扣税凭证使用

开票日期：2019年04月03日

购买方
名　　称：湖南城中镇家具城
纳税人识别号：9143007756P2684539
地址、电话：湖南省长沙市开福区芙蓉中路一段129号0731-82665625
开户行及账号：中国银行开福区支行 600532189762

密码区
03-884-2392-42>->-34*31<066>
92289>2317*>/29262735*25*83-
+16985--99>7>1761*7*/2<66-93
2<-*263/5-018-6/0/4<+>+/+3+2

| 货物或应税劳务、服务名称 | 规格型号 | 单位 | 数量 | 单价 | 金额 | 税率 | 税额 |
|---|---|---|---|---|---|---|---|
| *木质家具*实木床 | | 张 | 180 | 8000.00 | 1440000.00 | 13% | 187200.00 |
| *木质家具*屏风 | | 座 | 500 | 2000.00 | 1000000.00 | 13% | 130000.00 |
| 合　计 | | | | | ¥2440000.00 | | ¥317200.00 |
| 价税合计（大写） | ⊗贰佰柒拾伍万柒仟贰佰圆整 | | | | （小写）¥2,757,200.00 | | |

销售方
名　　称：湖南嘉嘉实木家具有限公司
纳税人识别号：91439758177960F268
地址、电话：长沙市雨花区韶山中路422号 0731-85756796
开户行及账号：中国工商银行雨花区支行 1901001646427447977

备注：校验码 58656 [illegible] 62606

收款人：朱成新　　复核：姜玉阳　　开票人：曾馥郁　　销售方：（章）

第一联：记账联　销售方记账凭证

税总函〔2017〕212号海南华森实业公司

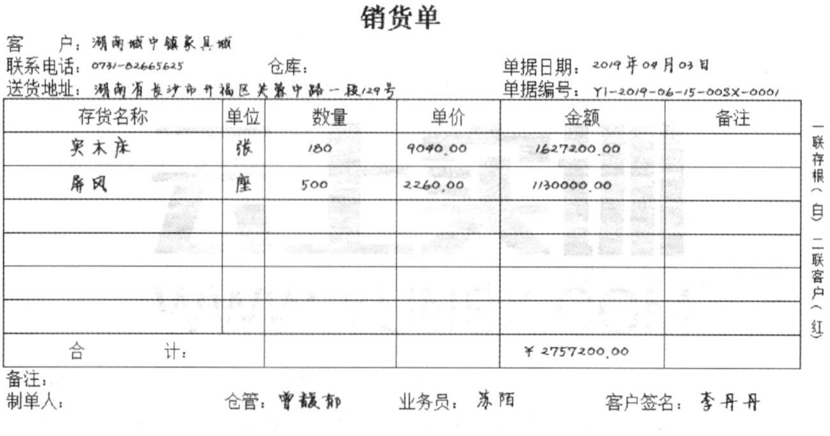

**销货单**

客　　户：湖南城中镇家具城

联系电话：0731-82665625　　仓库：　　单据日期：2019年04月03日

送货地址：湖南省长沙市开福区芙蓉中路一段129号　　单据编号：YI-2019-06-15-00SX-0001

| 存货名称 | 单位 | 数量 | 单价 | 金额 | 备注 |
|---|---|---|---|---|---|
| 实木床 | 张 | 180 | 9040.00 | 1627200.00 | |
| 屏风 | 座 | 500 | 2260.00 | 1130000.00 | |
| | | | | | |
| | | | | | |
| | | | | | |
| | | | | | |
| 合　　计： | | | | ¥2757200.00 | |

一联存根（白）　二联客户（红）

备注：

制单人：　　仓管：曹馥郁　　业务员：苏陌　　客户签名：李丹丹

## 商品购销合同

甲方（购货方）：　湖南城中镇家具城

乙方（销货方）：　湖南嘉嘉实木家具有限公司

根据《中华人民共和国合同法》及有关法律、法规规定，甲、乙双方本着平等、自愿、公平、互惠互利和诚实守信的原则，就产品供销的有关事宜协商一致订立本合同，以便共同遵守。

一、合同价款及付款方式：

本合同总价款为人民币　贰佰柒拾伍万集仟贰佰圆整　（¥2,757,200.00　元），签订合同后款项于 2019 年 4 月 30 日之前　支付。

二、产品质量：

1、乙方保证所提供的产品货真价实，来源合法，无任何法律纠纷和质量问题，如果乙方所提供产品与第三方出现了纠纷，由此引起的一切法律后果均由乙方承担。

2、如果甲方在使用上述产品过程中，出现产品质量问题，乙方负责调换，若不能调换，予以退还。

三、违约责任

1、甲乙双方均应全面履行本合同的约定，一方违约给另一方造成损失的，应当承担赔偿责任。

2、乙方未按合同约定供货的，按延迟供货的部分款，每延迟一日承担货款的万分之五违约金，延迟 10 日以上的，除支付付违约金外，甲方有权解除合同。

3、甲方未按照合同约定的期限结算的，应按照中国人民银行有关延期付款的规定，延迟一日，需支付结算货款的万分之五的违约金，延迟 10 日以上的，除支付违约金外，乙方有权解除合同。

4、甲方不得无故拒绝接货，否则应当承担由此造成的损失和运输费用。

5、合同解除后，双方应当按照本合同的约定进行对账和结算，不得矛难。

四、其他约定事项

本合同一式两份，自双方签字之日起生效。如果出现纠纷，双方均可向有管辖权的人民法院提起诉讼。

五、其它事项：

甲方：湖南城中镇家具城　　　　　　　乙方：湖南嘉嘉实木家具有限公司

签约代表：　　　　　　　　　　　　　签约代表：

开户银行：中国银行开福豪支行　　　　开户银行：中国工商银行　　北区支行

账号：6005321897　　　　　　　　　账号：9010016464274479

2019 年 04 月 　 日　　　　　　　　2019 年 04 月 04 日

图 2-2　专用发票、销货单及购销合同

（业务资料来自"专一网——湖南职业院校技能抽查平台"）

公司实际收到款项时，编制以下会计分录：

借：银行存款　　　　　　　　　　　　　　　　　　　　　　　　　2 757 200

　贷：应收账款　　　　　　　　　　　　　　　　　　　　　　　　　　　2 757 200

## 三、应收账款减值

企业的各项应收款项，可能会因债务人拒付、破产、死亡等信用缺失原因而使部分或全部无法收回。这类无法收回的应收款项通常称为坏账。企业因坏账而遭受的损失称为坏账损失。应收款项减值有两种核算方法，即直接转销法和备抵法。我国企业会计准则规定，应收款项减值的核算应采用备抵法。小企业会计准则规定，应收款项减值采用直接转销法。

### （一）直接转销法

采用直接转销法时，日常核算中应收款项可能发生的坏账损失不进行会计处理，只有在实际发生坏账时，才作为坏账损失计入当期损益。其优点在于账务处理简单，将坏账损失在实际发生时确认为损失符合其偶发性特征和小企业经营管理的特点；但运用此种方法，只有当坏账实际发生时，才将其确认为当期损益，导致资产和各期损益不实；另外，在资产负债表上，应收账款是按账面余额而不是按账面价值反映，这在一定程度上高估了期末应收款项。

按照小企业会计准则规定确认应收账款实际发生的坏账损失，应当按照可收回的金额：

借：银行存款（可收回金额）
    营业外支出——坏账损失（差额）
  贷：应收账款（账面余额）等

### （二）备抵法

备抵法是采用一定的方法按期确定预期信用损失计入当期损益，作为坏账准备，待坏账损失实际发生时，冲销已计提的坏账准备和相应的应收款项。采用这种方法，需要对预期信用损失进行复杂的评估和判断，履行预期信用损失的确定程序。

坏账准备的账务处理：企业应当设置"坏账准备"科目，核算应收款项的坏账准备计提、转销等事项。"坏账准备"科目的贷方登记当期计提的坏账准备、收回已转销的应收账款而恢复的坏账准备，借方登记实际发生的坏账损失金额和冲减的坏账准备金额，期末贷方余额，反映企业已计提但尚未转销的坏账准备。

坏账准备计算公式如下：

当期应计提的坏账准备＝当期按应收款项计算的坏账准备金额－（或＋）"坏账准备"科目的贷方（或借方）余额

（1）计提坏账准备。按照应收款项应减记的金额：

借：信用减值损失——计提的坏账准备
  贷：坏账准备

冲减多计提的坏账准备时，则做上述相反分录。

【知识点应用】某企业年末"应收账款"科目借方余额为100万元，其中明细科目借方余额合计为120万元、贷方余额合计为20万元；年末"坏账准备——应收账款"科目贷方余额为10万元。不考虑其他因素，该企业年末资产负债表中"应收账款"项目"期末余额"栏应填列的金额为(      )万元。

A. 110                B. 100                C. 120                D. 90

【解析】A。本题考查的是资产负债表中"应收账款"项目期末余额的填列。"应收账款"项目应根据"应收账款"和"预收账款"两个科目所属明细科目期末借方余额合计数，减去"坏账准备"科目中相关坏账准备期末余额后的金额分析填列，本题中，不存在预收账款，所以，"应收账款"项目"期末余额"填列金额＝120－10＝110（万元），选项A正确；选项B错误，误按"应收账款"科目总账余额填列；选项C错误，未扣除"坏账准备"科目贷方余额；选项D错误，误用"应收账款"科目总账余额扣除"坏账准备"科目贷方余额后的金额填列。

（2）转销坏账。企业确实无法收回的应收款项按管理权限报备批准后作为坏账转销时，应当冲减已计提的坏账准备。企业实际发生坏账损失时：

借：坏账准备
　贷：应收账款
　　　其他应收款等

## 职业风险点

谨防通过应收账款虚增企业利润；坏账确认不及时，使得应收账款账面价值虚高，影响企业财务报表的完整性、真实性；坏账的核销缺乏相应的审批流程，未经授权的核销可能产生违规风险。

（3）收回已确认坏账并转销应收款项。已确认并转销的应收款项以后又收回的，应当按照实际收到的金额增加坏账准备的账面余额。已确认并转销的应收款项以后又收回的，应先恢复客户声誉：

借：应收账款/其他应收款等
　贷：坏账准备
同时：
借：银行存款
　贷：应收账款/其他应收款

## 职业风险点

应收账款周期设置不合理，导致应收账款资金占用比重过高，对企业资金周转产生不良影响；缺乏科学合理的信用审批制度，增加企业坏账产生的风险；对于应收账款后续管理，各职能部门未进行明确的责任划分，易导致各部门互相推卸责任，增加坏账风险；未将应收账款回款情况与员工绩效挂钩，导致应收账款缺乏有效后续管理；未能及时进行可收回性分析及账龄分析表编制工资，可能导致应收账款未能及时收回，造成企业经济损失。

**【业务实操】典型经济业务举例**
**例2-6**　业务描述：2020年12月31日，甲公司对应收丙公司的账款进行减值测试，其对丙公司应收账款的余额合计为 1 000 000 元，甲公司根据丙公司的资信情况确定应计提 100 000 元坏账准备。请编制 2020 年年末计提坏账准备的会计分录：

【解析】根据上述信息，甲公司会计人员编制了如下会计分录：

借：信用减值损失——计提的坏账准备　　　　　　　　　　　　　　100 000
　　贷：坏账准备　　　　　　　　　　　　　　　　　　　　　　　　100 000

**例 2-7**　业务描述：承例 2-6，2021 年 5 月，甲公司应收丙公司的销货款实际发生坏账损失 30 000 元。

【解析】确认坏账损失时，甲公司会计人员编制了如下会计分录：

借：坏账准备　　　　　　　　　　　　　　　　　　　　　　　　　30 000
　　贷：应收账款　　　　　　　　　　　　　　　　　　　　　　　　30 000

**例 2-8**　业务描述：承例 2-7，假设甲公司 2021 年末应收丙公司的账款余额为 1 200 000 元，经减值测试，甲公司应计提 120 000 元坏账准备。

【解析】补计提该坏账准备时，甲公司会计人员编制了如下会计分录：

借：信用减值损失——计提的坏账准备　　　　　　　　　　　　　　50 000
　　贷：坏账准备　　　　　　　　　　　　　　　　　　　　　　　　50 000

**例 2-9**　业务描述：承例 2-8，甲公司 2021 年 4 月 20 日，收到 2020 年已转销的坏账 20 000 元，已存入银行。

【解析】转销该坏账准备时，甲公司会计人员编制了如下会计分录：

借：应收账款　　　　　　　　　　　　　　　　　　　　　　　　　20 000
　　贷：坏账准备　　　　　　　　　　　　　　　　　　　　　　　　20 000
借：银行存款　　　　　　　　　　　　　　　　　　　　　　　　　20 000
　　贷：应收账款　　　　　　　　　　　　　　　　　　　　　　　　20 000

【职业素养养成】

分小组对前导案例进行以下几个方面的分析、讨论。

（1）××网虚增收入及利润事件中，违反了哪些法律法规？

（2）在企业的应收账款管理中，应如何规避此类风险？

（3）作为财务人员，在处理应收账款业务中，应如何更好地保证职业规范？

【专业能力测评】智慧职教平台知识点自测。

# 任务3　预付账款与其他应收款项业务

**【学习目标】**

（1）知识目标：掌握预付账款取得、多余退回以及补付不足业务的账务处理方法；掌握其他应收款科目适用业务类型以及核算方法。

（2）能力目标：能熟练掌握预付账款及其他应收款的适用情况并掌握其账务处理程序；能够合理规划预付账款的规模。

**【前导案例】**

2012年8月，湖南证监局进行常规稽查，从银行流水中查了资金流向，对照后发现虚增。某企业可以编造收入和利润，但这些都要与"资产"相对应，一般而言，企业虚增利润在资产负债表中会表现为虚增资产或者虚减负债。

根据之前发布的公告，2012年上半年，某企业虚增利润4 023万元，与虚增资产总额4 057万元几乎相等。而某企业主要在预付账款和在建工程两个资产科目上虚增，分别为4 469万元和8 036万元。对于应收账款，却仅虚增876万元，某企业并没有采取虚应收账款这种较常见的造假手段。

可以估计，在公司的销售数字中，有不少是通过虚增销售收入和相应的现金流后，再虚假地投入到在建工程、预付账款中去。某企业的虚假销售本质上是自己销售给自己，只是借了别人公司的名义而已。

——资料来源：《环球企业家》

## 一、预付账款

预付账款是指企业按照合同规定预付的款项，如预付的材料、商品采购款、在建工程价款等。

为了反映和监督预付账款的增减变动及其结存情况，企业应当设置"预付账款"科目。"预付账款"科目的借方登记预付的款项及补付的款项，贷方登记收到所购物资时，根据有关发票账单记入"原材料"等科目的金额及收回多付款项的金额，期末余额在借方，反映企业实际预付的款项；如果期末余额在贷方，则反映企业应付或应补付的款项。预付款项情况不多的企业，可以不设置"预付账款"科目，而将预付的款项通过"应付账款"科目核算。

企业根据购货合同的规定向供应单位预付款项时：

借：预付账款

　贷：银行存款

企业收到所购物资：

借：材料采购/原材料/库存商品等（购入物资成本的金额）

　　应交税费——应交增值税（进项税额）（可抵扣进项税额）

贷：预付账款

当预付价款小于采购货物所需支付的款项时，应将不足部分补付：

借：预付账款

　　贷：银行存款

当预付价款大于采购货物所需支付的款项时，对收回的多余款项：

借：银行存款

　　贷：预付账款

## 职业风险点

谨防通过利用"预付账款"虚构销售合同，将所支付货款占为己有；禁止通过"预付账款"科目进行资金的转移，私设小金库等；在日常工作中，未对"预付账款"设立详细的台账，对其增减变动没有进行及时的记录，使公司对于所购货品缺乏有效的后续跟踪，可能造成生产延误等情况。

**【业务实操】典型经济业务举例**

**例 2-10** 业务描述：甲公司为一般增值税纳税人，向乙公司（同为一般增值税纳税人）采购材料 5 000 公斤，每公斤单价 10 元，所需支付的款项总额 50 000 元。按照合同规定向乙公司预付货款的 50%，验收货物后补付其余款项。

**【解析】** 预付 50% 的货款时，乙企业会计人员做如下会计分录：

借：预付账款——乙公司　　　　　　　　　　　　　　　　　25 000

　　贷：银行存款　　　　　　　　　　　　　　　　　　　　　25 000

**例 2-11** 业务描述：收到乙公司发来的 5 000 公斤材料，验收无误，增值税专用发票记载的货款为 50 000 元。增值税税额为 8 500 元，以银行存款补付所欠款项 33 500 元。

**【解析】** 验收货物时，乙企业会计人员做如下会计分录：

借：原材料　　　　　　　　　　　　　　　　　　　　　　　　50 000

　　应交税费——应交增值税（进项税额）　　　　　　　　　　　8 500

　　　贷：预付账款——乙公司　　　　　　　　　　　　　　　58 500

借：预付账款——乙公司　　　　　　　　　　　　　　　　　　33 500

　　贷：银行存款　　　　　　　　　　　　　　　　　　　　　33 500

## 二、其他应收款

其他应收款是指企业除应收票据、应收账款、预付账款、应收股利和应收利息以外的其他各种应收及暂付款项。其主要内容包括：应收的各种赔款、罚款，如因企业财产等遭受意外损失而应向有关保险公司收取的赔款等；应收的出租包装物租金；应向职工收取的各种垫付款项，如为职工垫付的水电费、应由职工负担的医药费、房租费等；存出保证金，如租入包装物支付的押金；其他各种应收、暂付款项。

为了反映和监督其他应收账款的增减变动及其结存情况，企业应当设置"其他应收款"科目进行核算［按照对方单位（或个人）设置明细科目］，其借方登记其他应收款的增加，贷方登记其他应收款的收回，期末余额一般在借方，反映企业尚未收回的其他应收款项。

企业发生各种其他应收款项时：

借：其他应收款

　　贷：库存现金/银行存款/固定资产清理等

收回其他各种应收款项时：

借：库存现金/银行存款/应付职工薪酬等

　　贷：其他应收款

【知识点应用】（初级会计师考试 2020 年真题）下列各项中，企业应通过"其他应收款"科目核算的有（　　）。

A. 应向客户收取的租出包装物租金　　　　B. 应向客户收取的赊销商品价款

C. 应向保险公司收取的财产意外损失赔款　　D. 应向职工收取代垫的水电费

【解析】ACD。本题考查的是其他应收款的核算范围。其他应收款核算的主要内容包括：应收的各种赔款（选项 C 正确）、罚款；应收的出租包装物租金（选项 A 正确）；应向职工收取的各种垫付款项（选项 D 正确）；存出保证金等；应向客户收取的赊销商品价款记入"应收账款"科目（选项 B 错误）。

【业务实操】典型经济业务举例

例 2-12　业务描述：乙企业现金盘点时发现库存现金短缺 351 元，经批准需由出纳员赔偿 200 元，其余短缺无法查明原因。

【解析】库存现金短缺时，乙企业会计人员做如下会计分录：

（1）将账簿金额按实际盘点金额进行调整：

借：待处理财产损溢　　　　　　　　　　　　　　　　　　　　　　351

　　贷：库存现金　　　　　　　　　　　　　　　　　　　　　　　351

（2）报经批准后：

借：其他应收款（责任人赔偿）　　　　　　　　　　　　　　　　　200

　　　管理费用（无法查明原因的现金短缺）　　　　　　　　　　　151

　　贷：待处理财产损溢　　　　　　　　　　　　　　　　　　　　351

【职业素养养成】

分小组对前导案例进行以下两个方面的分析、讨论。

（1）某企业财务造假事件中，违反了哪些法律法规？

（2）作为财务人员，在处理预收账款业务中，应如何更好地保证职业规范？

【专业能力测评】智慧职教平台知识点自测。

# 任务4 应付及预收款项业务

**【学习目标】**

（1）知识目标：掌握应付票据的类型、使用规则及结算特点；掌握应付票据结算方式及预收款项的账务处理程序。

（2）能力目标：熟练运用应付票据结算方式增加企业现金流，提高企业资金利用率；能够通过对预收账款的合理规划，减少企业存货熟练、降低生产成本。

**【前导案例】**

案例1：某机械设备有限公司在2020年12月以修缮办公楼为由，虚构提供劳务的单位，并伪造相应的维修合同，将自己虚构的50万元办公楼修缮费列为管理费用进行账务处理，同时增加应付账款金额，使得12月的利润虚减，进而降低公司企业所得税额，达到了企业偷逃税的目的。

案例2：某食品有限公司的业务员吴某在采购原材料时，以建立长期合作为名，诱使对方公司协助其虚增采购金额，原本采购价款为80万元，但实际开票金额为100万元，虚增的20万元价款在货款支付到达供应商账户时，双方按约定进行均分，使得该食品有限公司的财产受到损失。

## 一、应付账款

### （一）应付账款概述

应付账款是指企业因购买材料、商品或接受服务等经营活动而应付给供应单位的款项。

实务工作中，入库前应对所购入材料、商品的金额、品种、数量和质量等进行验收确保与合同规定的条款相符；根据材料、商品与票据达到时间的不同，可分为以下两种情况：

1. 材料、发票同时到达

待材料验收入库后，根据发票账单登记入账，确认应付账款。

2. 材料已到，发票未到

企业应付材料、商品供应单位的债务已经成立，在会计期末，为了反映企业的负债情况，需要将所购材料、商品和相关的应付账款暂估入账，待下月月初用红字将上月月末暂估入账的应付账款予以冲销，此类情况的会计分录如下：

（1）暂估入库时：

借：原材料

　　贷：应付账款——入库未达账款

（2）拿到发票时，首先冲回已经暂估入库的原材料：

借：原材料（红字）
　　贷：应付账款——入库未达账款（红字）
然后，根据发票金额入账：
借：原材料
　　应交税费——应交增值税（进项税额）
　　贷：应付账款

## 职业风险点

　　禁止通过隐瞒应付账款调节企业财务报表数据；不得通过应付账款管理漏洞，骗取企业重复支付以非法获取资金；合理安排付款计划，避免因付款不及时、付款金额不足产生债务违约等法律风险；谨防将应纳入"收入"范畴的业务，记录在"预付账款"项下进行收入调节，以达到逃税漏税的目的。

### （二）应付账款业务核算

　　企业应设置"应付账款"科目核算应付账款的发生、偿还、转销等情况。该科目的贷方登记应付未付项的增加，借方登记应付未付款项的减少，期末贷方余额反映企业尚未支付的应付账款余额，本科目可按债权人设置明细科目进行明细核算。

1. 发生应付账款

　　企业购入材料、商品或接受服务等所产生的应付账款，应按应付金额入账购入材料、商品等验收入库，但货款尚未支付，根据有关凭证（发票账单、随货同行发票上记载的实际价款或暂估价值）：

借：材料采购/在途物资/原材料/库存商品等
　　应交税费——应交增值税（进项税额）（可抵扣进项税）
　　贷：应付账款（应付金额）

　　企业接受供应单位提供服务而发生的应付未付款项，根据供应单位的发票账单所列金额：

借：生产成本
　　管理费用等
　　应交税费——应交增值税（进项税额）
　　贷：应付账款

**【业务实操】典型经济业务举例**

　　**例2-13**　业务描述：甲企业为增值税一般纳税人。2020年6月1日，从A公司购入一批材料，增值税专用发票上注明的价款为100 000元，增值税税额为13 000元；同时，对方代垫运费1 000元、增值税税额90元，已收到对方开具的增值税专用发票。材料验收入库（该企业材料按实际成本进行日常核算），款项尚未支付。7月10日，甲企业以银行存款支付购入材料相关款项114 090元。

　　**【解析】**根据以上业务情况，甲企业会计人员应编制如下会计分录：

（1）确认应付账款：

借：原材料　　　　　　　　　　　　　　　　　　　　　101 000

　　应交税费——应变增值税（进项税额）　　　　　　　　13 090

　　　贷：应付账款——A 公司　　　　　　　　　　　　　114 090

（2）偿还应付账款：

借：应付账款——A 公司　　　　　　　　　　　　　　　114 090

　　贷：银行存款　　　　　　　　　　　　　　　　　　　114 090

2. 偿还应付账款

企业偿还应付账款或开出商业汇票抵付应付账款时：

借：应付账款

　　贷：银行存款

　　　　应付票据

实务中，企业外购电力、燃气等动力一般通过"应付账款"科目核算，即在每月付款时先作暂付款处理：

借：应付账款（增值税专用发票上注明的价款）

　　应交税费——应交增值税（进项税额）（可抵扣进项税）

　　贷：银行存款

月末按照外购动力的用途分配动力费时：

借：生产成本/制造费用/管理费用等

　　贷：应付账款

3. 转销应付账款

应付账款一般在较短期限内支付，但有时由于债权单位撤销或其他原因而使应付账款无法清偿，企业对于确实无法支付的应付账款应予以转销，按其账面余额计入营业外收入，借记"应付账款"科目，贷记"营业外收入"科目。

【知识点应用】下列各项中，企业应通过"营业外收入"科目核算的有（　　　）。

A. 盘盈周转材料　　　　　　　　　B. 转销确实无法清偿的应付账款

C. 转让商品使用权的使用费收入　　D. 无法查明原因的现金溢余

【解析】BD。本题考查的是"营业外收入"科目的核算范围。盘盈周转材料应冲减管理费用，选项 A 错误；转销确实无法清偿的应付账款应通过"营业外收入"科目核算，选项 B 正确；转让商品使用权的使用费收入应通过"其他业务收入"科目核算，选项 C 错误；无法查明原因的现金溢余应通过"营业外收入"科目核算，选项 D 正确。

## 职业风险点

应付账款管理职责未经明确划分，导致其管理混乱，影响企业资金支付安全；未对应付票据等进行及时、完整地记录，易导致企业重复支付，造成企业资产损失；应付款项的支付未经相应的审批流程，影响企业资产安全；未对付款计划进行合理地规划，供货方可能扣押货物，影响企业的生产经营活动；预付款项未经规定的审批流程，影响企业资产保全目的。

## 二、应付票据

应付票据是指企业购买材料、商品和接受服务等而开出、承兑的商业汇票，包括商业承兑汇票和银行承兑汇票。

应付票据的会计处理与应付账款原理相同，除企业因开出银行承兑汇票而支付的银行承兑汇票手续费，应当计入当期财务费用支付手续费时，按照确认的手续费，借记"财务费用"科目。

如企业开具的商业汇票到期支付票据款时，根据开户银行的付款通知：

借：应付票据

　　贷：银行存款

转销应付票据的会计处理根据汇票种类不同分为两种：

（1）应付商业承兑汇票到期，如企业无力支付票款，由于商业汇票已经失效，企业应将应付票据按账面余额转作应付账款：

借：应付票据

　　贷：应付账款

（2）应付银行承兑汇票到期，如企业无力支付票款，则承兑银行先行代为支付同时作为对企业的短期贷款处理：

借：应付票据

　　贷：短期借款

**【业务实操】典型经济业务举例**

**例2-14** 业务描述：某企业3月1日购入原材料一批，买价为10 000元，增值税为1 300元，共计11 300元，原材料已验收入库，采用商业汇票结算方式进行结算。该企业签付一张商业汇票，付款期限为3个月。6月1日用银行存款支付票据款11 300元。

**【解析】** 根据以上业务情况，甲企业会计人员应编制如下会计分录：

（1）3月1日签付商业承兑汇票。

借：原材料 　　　　　　　　　　　　　　　　　　　　　　　　10 000

　　应交税费——应交增值税（进项税额） 　　　　　　　　　　 1 300

　　贷：应付票据 　　　　　　　　　　　　　　　　　　　　　 11 300

（2）6月1日支付票据款。

借：应付票据 　　　　　　　　　　　　　　　　　　　　　　　11 300

　　贷：银行存款 　　　　　　　　　　　　　　　　　　　　　 11 300

（3）假定该商业汇票为商业承兑汇票，6月1日商业汇票到期时该企业无力支付票据款。

借：应付票据 　　　　　　　　　　　　　　　　　　　　　　　11 300

　　贷：应付账款 　　　　　　　　　　　　　　　　　　　　　 11 300

（4）假定该商业汇票为银行承兑汇票，6月1日商业汇票到期时该企业无力支付票据款。

借：应付票据　　　　　　　　　　　　　　　　　　　11 300

　　贷：短期借款　　　　　　　　　　　　　　　　　　11 300

### 三、预收账款

预收账款是指企业按照合同规定预收的款项。

企业应设置"预收账款"科目，核算预收账款的取得、偿付等情况。该科目贷方登记发生的预收账款金额，借方登记企业冲销的预收账款金额；期末贷方余额，反映企业预收的款项，如为借方余额，反映企业尚未转销的款项。本科目一般应按照客户设置明细科目进行明细核算。

#### （一）取得预收账款

企业预收款项时，按实际收到的全部预收款：

借：库存现金/银行存款

　　贷：应交税费——应交增值税（销项税额）

　　　　预收账款（差额）

#### （二）偿付预收账款

企业分期确认有关收入时，按照实现的收入：

借：预收账款

　　贷：主营业务收入/其他业务收入

企业收到客户补付款项时：

借：库存现金/银行存款

　　贷：预收账款

　　　　应交税费——应交增值税（销项税额）

退回客户多预付的款项时：

借：预收账款

　　贷：库存现金/银行存款

预收款业务不多的企业，可以不单独设置"预收账款"科目，其所发生的预收款，可通过"应收账款"科目核算。

【知识点应用】预收账款情况不多的企业可以不设"预收账款"科目，而将预收的款项直接计入的科目是(　　)。

A. 应收账款　　　　　　　　　　　　B. 预付账款

C. 其他应付款　　　　　　　　　　　D. 应付账款

【解析】A。预收款业务不多的企业，可以不单独设置"预收账款"科目，其所发生的预收款，可通过"应收账款"科目核算。

【职业素养养成】

分小组对前导案例进行以下几个方面的分析、讨论。

(1) 某机械设备有限公司虚增应付账款偷税事件和某食品有限公司的吴某虚增应

付账款谋取私利的事件中，违反了哪些法律法规？

（2）在企业的应付账款管理中，应如何规避此类风险？

（3）作为财务人员，在处理应付账款业务中，应如何更好地保证职业规范？

**【专业能力测评】**智慧职教平台知识点自测。

# 模块三　财产物资业务会计核算

**【业务简介】**

会计核算中，财产物资业务主要分为存货业务、固定资产业务。在会计实务中，涉及该项业务的部门比较多，例如，采购部门审核并经办存货的采购；仓储部门对存货进行存储管理；生产、行政管理、销售等部门根据需要向仓库领用原材料等各类存货物资；资产管理部门负责固定资产的购置及日常管理等。因此，企业内部各部门只要发生了与企业财产物资的取得、验收、仓储、发出、盘点、处置等相关的经济业务，财务部门都要对其进行会计核算。

财产物资业务会计核算的流程如图3-1所示：

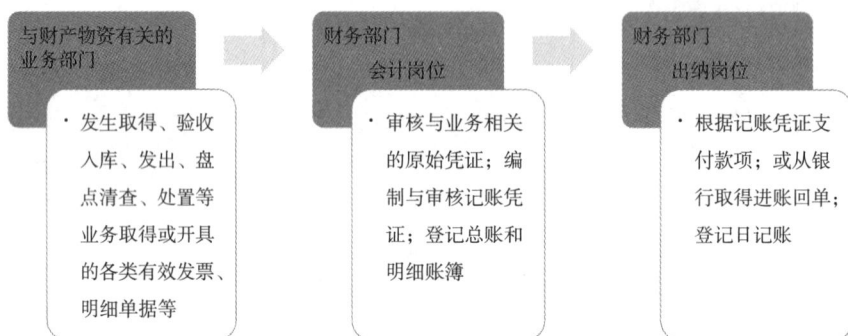

| 与财产物资有关的业务部门 | 财务部门会计岗位 | 财务部门出纳岗位 |
|---|---|---|
| ·发生取得、验收入库、发出、盘点清查、处置等业务取得或开具的各类有效发票、明细单据等 | ·审核与业务相关的原始凭证；编制与审核记账凭证；登记总账和明细账簿 | ·根据记账凭证支付款项；或从银行取得进账回单；登记日记账 |

**图3-1　财产物资业务会计核算业务流程图**

# 任务 1　存货业务

## 【学习目标】

（1）知识目标：理解存货的初始确认和计量、理解存货减值的判断；掌握原材料取得和发出业务、存货清查、存货减值的会计核算。

（2）能力目标：能准确判断和审核存货相关经济业务的原始单据，编制正确的记账凭证，并登记总账和明细账。

## 【前导案例】

某市地税稽查局在 2003 年税收财务大检查中，发现某五金厂 2002 年上半年和下半年对存货成本采用了不同的计价方法。上半年产成品的存货成本采用先进先出法，销售实现后，按账面存货成本结转产品销售成本。但是 2002 年 7 月开始，原材料价格上涨，导致产成品成本上涨，在未经税务机关批准情况下，擅自改变存货计价方法而采用了加权平均法。

——资料来源：《中国税务报》2003，10

## 一、存货概述

存货是指企业在日常活动中持有以备出售的产品或商品、处在生产过程中的在产品、在生产过程或提供劳务过程中储备的材料或物料等。一般而言，存货在短期内会被消耗或销售出去，具有较为明显的流动性，会计上把它归属为流动资产。

企业在对某项资产进行是否属于存货的确认时，需要考虑以下 3 个条件：①存货的概念；②与该存货相关的经济利益很可能流入企业；③该存货的成本能够可靠地计量。

## 职业风险点

对存货的确认，应以所有权的归属而不以物品的存放地点为依据。以下几种情况需要特别注意：①所有权以及相应的风险和报酬以及转移的物品，即使暂时存放于本企业，也不能将其作为本企业的存货进行核算；②未转移所有权以及风险和报酬的物品，即使未存放于企业，也应将其作为本企业的存货进行核算。

根据不同的标准，存货的分类有所不同。以经济内容为标准，存货可以分为：原材料、在产品、半成品、产成品、周转材料等。以取得方式为标准，存货可以分为：外购存货、自制存货、委托加工存货、投资者投入存货、接受捐赠存货、非货币性资产换入存货、债务重组取得存货等。以存放地点为标准，存货可以分为：在库存货、在途存货、在产存货、待售存货等。

## 二、存货的初始计量

存货的初始成本也称为初始入账价值。根据我国《企业会计准则》的规定，存货应当按照成本进行初始计量。存货的成本包括采购成本、加工成本和其他成本。

### （一）采购成本

采购成本，包括购买价款、相关税费、运输费、装卸费、保险费以及其他可归属于存货采购成本的费用。

（1）购买价款是指企业购入的材料或商品的发票账单上列明的价款，但不包括按照规定可以抵扣的增值税进项税额。

（2）相关税费是指企业购买存货发生的进口关税、消费税、资源税和不能抵扣的增值税进项税额以及相应的教育费附加等应计入存货采购成本的税费。

（3）其他可归属于存货采购成本的费用是指采购成本中除上述各项以外的可归属于存货采购的费用，如存货采购过程中发生的仓储费、包装费、运输途中的合理损耗、入库前的挑选整理费用等。

### （二）加工成本

加工成本是指在存货的加工过程中发生的追加费用，包括人工以及按照一定方法分配的制造费用。

### （三）其他成本

其他成本是指除采购成本、加工成本以外的，使存货达到目前场所和状态所发生的其他支出。为特定客户设计产品所发生的、可直接认定的产品设计费用应计入存货的成本，但是企业设计产品发生的设计费用通常应计入当期损益。

## 三、存货的取得和发出业务的会计核算

存货所涉及的内容很多，因此，本教材仅以最为典型的存货——原材料为例说明存货取得和发出的会计核算方法。

### （一）原材料的取得业务

原材料的取得方式通常有两种：外购原材料、委托加工原材料。其会计核算的方法也分为两种：实际成本计价和计划成本计价。

1. 外购原材料——实际成本计价

为了核算实际成本法下外购原材料的取得成本，企业应设置的"原材料"和"在途物资"科目。其中："原材料"科目用以核算企业库存的各种材料，包括原料及主要材料、辅助材料、外购半成品、修理用备件、包装材料、燃料等的计划成本和实际成本。借方登记已验收入库的材料的实际成本或计划成本，贷方登记材料的发出和消耗成本，期末借方余额反映在库的材料累计成本。"在途物资"科目用以核算企业购入但尚未到达或尚未验收入库的各种物资的采购和入库情况。借方登记尚未验收入库的材料的采购成本，贷方

登记已验收入库转入“原材料”科目的成本，期末借方余额反映在途的各类物资的成本。

在实际中，外购原材料因为收到结算凭证与材料验收入库的时间存在不一致，一般会出现以下 3 种情况：

（1）结算凭证到达的同时，材料验收入库。

借：原材料（购买价款+相关税费+运输费+装卸费+保险费）

　　应交税费——应交增值税（进项税额）（按规定可以抵扣的增值税进项税额）

　贷：银行存款/其他货币资金

（2）结算凭证先到，材料后验收入库。

借：在途物资（购买价款+相关税费+运输费+装卸费+保险费）

　　应交税费——应交增值税（进项税额）（按规定可以抵扣的增值税进项税额）

　贷：银行存款/其他货币资金

（3）材料先验收入库，结算凭证后到。

出现这种情况，如果在同一个会计期间内，在收到结算凭证之前，可以暂不作会计处理。但是如果会计期末仍未收到结算凭证，则需要根据购货清单或采购合同上的价格进行暂估入账，下月初用红字冲回，待取得结算凭证后，再据以入账。

A. 会计期末：

借：原材料（暂估价值）

　贷：应付账款——暂估应付账款

B. 下月初：

借：原材料（红字）

　贷：应付账款——暂估应付账款（红字）

C. 收到结算凭证：

借：原材料（购买价款+相关税费+运输费+装卸费+保险费）

　　应交税费——应交增值税（进项税额）（按规定可以抵扣的增值税进项税额）

　贷：银行存款/其他货币资金

**【业务实操】典型经济业务举例**

**例 3-1**　业务描述：2019 年 5 月 4 日，湖南表里如一玻璃有限公司购入一批原材料，材料已验收入库，货款已转入对方银行账户。入库单、银行回单、增值税专用发票见图 3-2。

入　库　单　　100202

2019 年 05 月 04 日

| 编号 | 成品名称 | 单位 | 规格 | 数量 | 单价 | 金额 百 | 十 | 万 | 千 | 百 | 十 | 元 | 角 | 分 | 附注 |
|---|---|---|---|---|---|---|---|---|---|---|---|---|---|---|---|
| 1 | 实木镜框 | 个 | | 30000 | 35.00 | 1 | 0 | 5 | 0 | 0 | 0 | 0 | 0 | 0 | |
| 2 | 镜片 | 米 | | 35000 | 30.00 | 1 | 0 | 5 | 0 | 0 | 0 | 0 | 0 | 0 | |
| 3 | 万向轮 | 根 | | 80000 | 5.00 | | 4 | 0 | 0 | 0 | 0 | 0 | 0 | 0 | |
| | | | | | | | | | | | | | | | |
| | | | | | | | | | | | | | | | |
| | | | | | | | | | | | | | | | |
| 合计 | 贰佰伍拾零万零仟零佰零拾零元零角零分 | | | | | ¥2,500,000.00 | | | | | | | | | |

记账 赵[illegible]　　保管 戚宇　　制票　　交货人 马乐

图 3-2

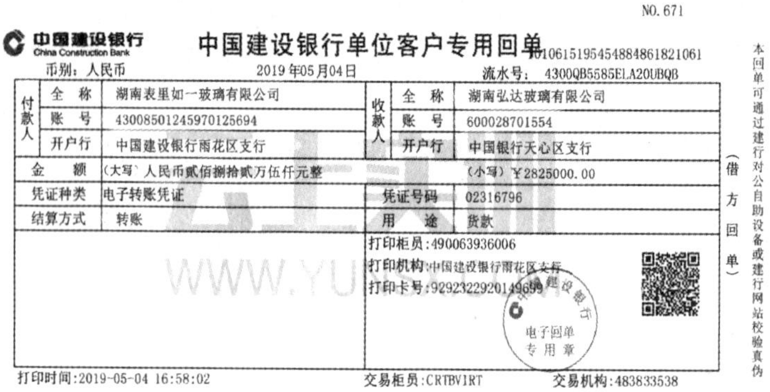

NO.671

中国建设银行 China Construction Bank　中国建设银行单位客户专用回单　№10615195454884861821061

币别：人民币　2019年05月04日　流水号：4300QB5585ELA20UBQB

| | | | | | |
|---|---|---|---|---|---|
| 付款人 | 全称 | 湖南表里如一玻璃有限公司 | 收款人 | 全称 | 湖南弘达玻璃有限公司 |
| | 账号 | 43008501245970125694 | | 账号 | 600028701554 |
| | 开户行 | 中国建设银行雨花区支行 | | 开户行 | 中国银行天心区支行 |
| 金额 | | （大写）人民币贰佰捌拾贰万伍仟元整 | | | （小写）¥2825000.00 |
| 凭证种类 | | 电子转账凭证 | 凭证号码 | | 02316796 |
| 结算方式 | | 转账 | 用途 | | 货款 |

打印柜员：490063936006
打印机构：中国建设银行雨花区支行
打印卡号：9292322920149659

（借方回单）

本回单可通过建行对公自助设备或建行网站校验真伪

电子回单专用章

打印时间：2019-05-04 16:58:02　交易柜员：CRTBVIRT　交易机构：483833538

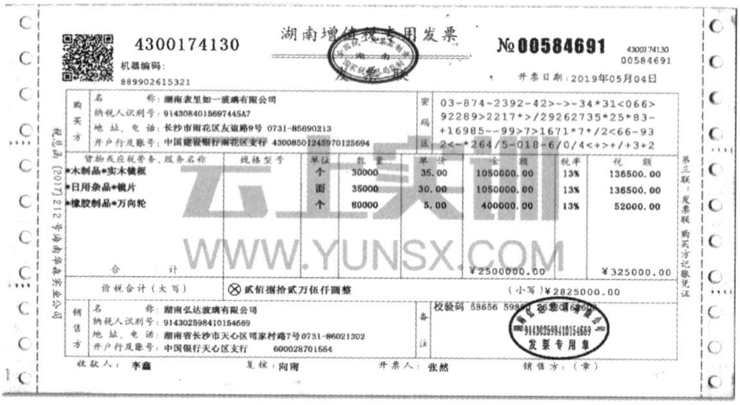

4300174130　湖南增值税专用发票　№00584691　4300174130 00584691

机器编号：889902615321　开票日期：2019年05月04日

购买方　名称：湖南表里如一玻璃有限公司
纳税人识别号：91430840156974457
地址、电话：长沙市雨花区友谊路9号 0731-85690213
开户行及账号：中国建设银行雨花区支行 43008501245970125694

密码区：03-874-2392-42>->-34*31<066> 92289>2217*>/29262735*25*83- +16985--99>7>1671*7*/2<66-93 2<-*264/5-018-6/0/4<+>+/+3+2

| 货物或应税劳务、服务名称 | 规格型号 | 单位 | 数量 | 单价 | 金额 | 税率 | 税额 |
|---|---|---|---|---|---|---|---|
| *木制品*实木镜框 | | 个 | 30000 | 35.00 | 1050000.00 | 13% | 136500.00 |
| *日用杂品*镜片 | | 面 | 35000 | 30.00 | 1050000.00 | 13% | 136500.00 |
| *橡胶制品*万向轮 | | 个 | 80000 | 5.00 | 400000.00 | 13% | 52000.00 |
| 合计 | | | | | ¥2500000.00 | | ¥325000.00 |

价税合计（大写）⊗贰佰捌拾贰万伍仟圆整　（小写）¥2825000.00

销售方　名称：湖南弘达玻璃有限公司
纳税人识别号：914302598410154669
地址、电话：湖南省长沙市天心区司家村路7号0731-86021302
开户行及账号：中国银行天心区支行 600028701554

备注：校验码 58656 59850 ……

收款人：李鑫　复核：向南　开票人：张然　销售方：（章）

第三联：发票联 购买方记账凭证

发票专用章 914302598410154669

**图 3-2　入库单、银行回单、增值税专用发票**

（业务资料来自“专一网——湖南职业院校技能抽查平台”）

【解析】会计人员根据增值税专用发票、入库单、银行回单等相关原始凭证，编制了如下会计分录：

| | |
|---|---|
| 借：原材料——实木镜框 | 1 050 000 |
| 　　　　——镜片 | 1 050 000 |
| 　　　　——万向轮 | 400 000 |
| 　应交税费——应交增值税（进项税额） | 325 000 |
| 贷：银行存款 | 2 825 000 |

**例 3-2**　业务描述：湖南千禧服装贸易有限公司 8 月 3 日从广东希瑞纺纱有限公司采购一批价税合计 4 783 200 元的材料，材料还未入库，已支付货款（图 3-3）。

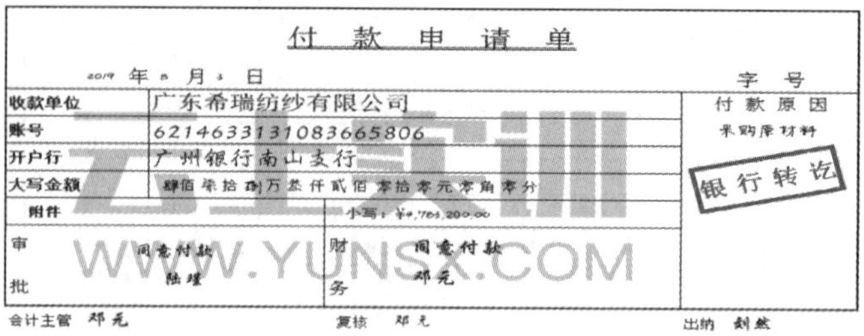

付款申请单

2019年8月3日　字　号

| | | |
|---|---|---|
| 收款单位 | 广东希瑞纺纱有限公司 | 付款原因 |
| 账号 | 6214633131083665806 | 采购原材料 |
| 开户行 | 广州银行南山支行 | |
| 大写金额 | 肆佰柒拾捌万叁仟贰佰零拾零元零角零分 | 银行转讫 |
| 附件 | 小写：¥4,783,200.00 | |
| 审批 | 同意付款 陆瑾 | 财务 同意付款 邓元 |

会计主管　邓元　复核　邓元　出纳　刘然

ICBC 中国工商银行 业务回单（付款） 凭证

日期：2019年08月03日　　　　　　　　　　　　回单编号：1524700001

付款人户名：湖南千禧服装贸易有限公司　　　付款人开户行：中国工商银行长沙市岳麓支行
付款人账号：1901025139985236526
收款人户名：广东希瑞纺纱有限公司　　　　　收款人开户行：广州银行南山支行
收款人账号：6214633131083665806
金额合计（大写）：人民币肆佰柒拾捌万叁仟贰佰元整　小写：RMB4,783,200.00
业务（产品）种类：跨行转账　凭证种类：0000000　凭证号码：0000000000000
摘要：采购材料　　　　　　　　　　　用途：　　　　　币种：人民币
交易机构：0190010180　记账柜员：00132　交易代码：52139　渠道：网上银行

附言：

支付交易序号：56123078　报文种类：普通贷记业务　委托日期：2019-08-03
业务类型（种类）：普通汇兑　指令编号：HQP1070013780　提交人：0920101905200002.c.1901

最终授权人：

本回单为第1次打印，注意重复　打印日期：2019年08月03日　打印柜员：9　验证码：249F6AERFB001

## 商品购销合同

甲方（购货方）：湖南千禧服装贸易有限公司

乙方（销货方）：广东希瑞纺纱有限公司

根据《中华人民共和国合同法》及有关法律、法规规定，甲、乙双方本着平等、自愿、公平、互惠互利和诚实守信的原则，就产品供销的有关事宜协商一致订立本合同，以便共同遵守。

一、合同价款及付款方式：

本合同总价款为人民币 肆佰柒拾捌万叁仟贰佰元整 （¥4,783,200.00元）。

二、产品质量：

1、乙方保证所提供的产品货真价实，来源合法，无任何法律纠纷和质量问题，如果乙方所提供产品与第三方出现了纠纷，由此引起的一切法律后果由乙方承担。

2、如果甲方在使用上述产品过程中，出现产品质量问题，乙方负责调换，若不能调换，予以退还。

三、违约责任

1、甲乙双方均应全面履行本合同约定，一方违约给另一方造成损失的，应当承担赔偿责任。

2、乙方未按合同约定供货的，按延迟供货的部分款，每延迟一日承担货款的万分之五违约金，延迟 10 日以上的，除支付违约金外，甲方有权解除合同。

3、甲方未按照合同约定的期限结算的，应按照中国人民银行有关延期付款的规定，延迟一日，需支付结算货款的万分之五的违约金延迟 10 日以上的，除支付违约金外，乙方有权解除合同。

4、甲方不得无故拒绝接货，否则应当承担由此造成的损失和运输费用。

5、合同解除后，双方应当按照本合同的约定进行对账和结算，不得刁难。

四、其他约定事项

本合同一式两份，自双方签字之日起生效。如果出现纠纷，双方均可向有管辖权的人民法院提起诉讼。

五、其它事项

甲方：湖南千禧服装贸易有限公司　　　　　乙方：广东希瑞纺纱有限公司

签约代表：　　　　　　　　　　　　　　　签约代表：

开户银行：中国工商银行长沙市岳麓支行　　开户银行：广州银行南山支行

账号：1901025139985236526　　　　　　　账号：6214633131083665806

2019 年 8 月 03 日　　　　　　　　　　　2019 年 08 月 03 日

图 3-3

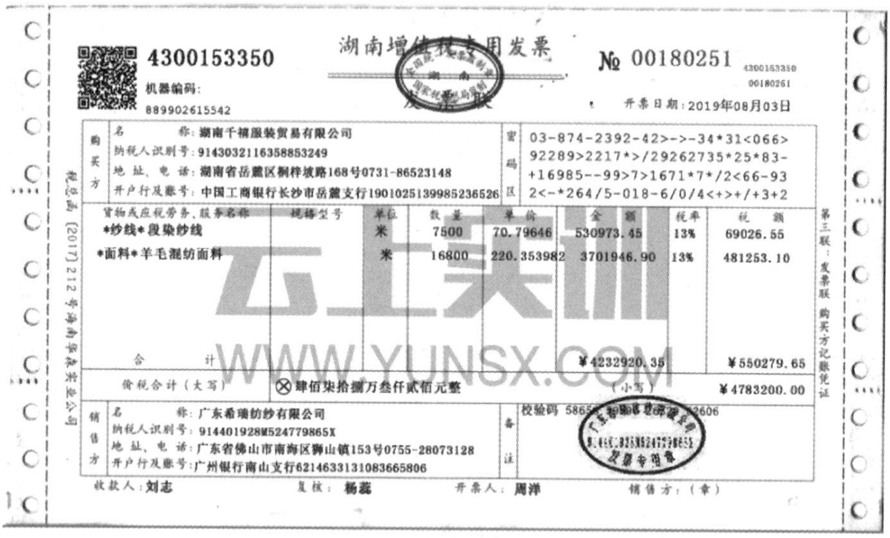

湖南增值税专用发票

4300153350　　№ 00180251　　4300153350 00180251

机器编码：889902615542　　开票日期：2019年08月03日

| | | | | | | | |
|---|---|---|---|---|---|---|---|
| 购买方 | 名　　称：湖南千禧服装贸易有限公司<br>纳税人识别号：914303211635885324 9<br>地 址、电 话：湖南省岳麓区桐梓坡路168号0731-86523148<br>开户行及账号：中国工商银行长沙市岳麓支行1901025139985236526 | | | 密码区 | 03-874-2392-42>->-34*31<066><br>92289>2217*>/29262735*25*83-<br>+16985--99>7>1671*7*/2<66-93<br>2<-*264/5-018-6/0/4<+>+/+3+2 | | |
| 货物或应税劳务、服务名称 | 规格型号 | 单位 | 数量 | 单价 | 金额 | 税率 | 税额 |
| *纱线*段染纱线 | | 米 | 7500 | 70.79646 | 530973.45 | 13% | 69026.55 |
| *面料*羊毛混纺面料 | | 米 | 16800 | 220.353982 | 3701946.90 | 13% | 481253.10 |
| 合　　计 | | | | | ¥4232920.35 | | ¥550279.65 |
| 价税合计（大写） | ⊗肆佰柒拾捌万叁仟贰佰元整 | | | | （小写） | | ¥4783200.00 |
| 销售方 | 名　　称：广东希瑞纺纱有限公司<br>纳税人识别号：914401928M524779865X<br>地 址、电 话：广东省佛山市南海区狮山镇153号0755-28073128<br>开户行及账号：广州银行南山支行6214633131083665806 | | | 备注 | 校验码 5865[illegible]2606 | | |

收款人：刘志　　复核：杨蕊　　开票人：周洋　　销售方：（章）

第三联：发票联　购买方记账凭证

图 3-3　原始凭证

（业务资料来自“专一网——湖南职业院校技能抽查平台”）

【解析】本例中，原始凭证包括取得的增值税专用发票、银行付款回单、购销合同，但是没有入库单，说明该批材料还未入库，属于外购原材料的第二种情况。

| | |
|---|---|
| 借：在途物资——段染纱线 | 530 973.45 |
| 　　　　　　——羊毛混纺面料 | 3 701 946.9 |
| 　应交税费——应交增值税（进项税额） | 550 279.65 |
| 　贷：银行存款 | 4 783 200 |

**例 3-3**　业务描述：承例 3-2，2019 年 8 月 5 日，材料验收入库，入库单见图 3-4。

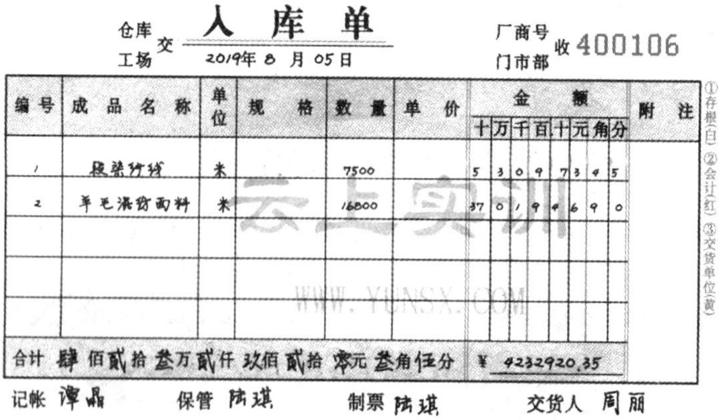

入　库　单

仓库 交 工场　2019年 8 月 05 日　　厂商号 门市部 收 400106

| 编号 | 成品名称 | 单位 | 规格 | 数量 | 单价 | 金额 | 附注 |
|---|---|---|---|---|---|---|---|
| 1 | 段染纱线 | 米 | | 7500 | | 530973.45 | |
| 2 | 羊毛混纺面料 | 米 | | 16800 | | 3701946.90 | |
| 合计 | 肆佰贰拾叁万贰仟玖佰贰拾零元叁角伍分 | | | | | ¥ 4232920.35 | |

记帐 谭晶　　保管 陆琪　　制票 陆琪　　交货人 周丽

①存根(白) ②会计(红) ③交货单位(黄)

图 3-4　入库单

（业务资料来自“专一网——湖南职业院校技能抽查平台”）

【解析】会计人员根据入库单，编制如下会计分录：

借：原材料——段染纱线 530 973.45
　　　原材料——羊毛混纺面料 3 701 946.9
　　贷：在途物资——段染纱线 530 973.45
　　　　在途物资——羊毛混纺面料 3 701 946.9

例 3-4　业务描述：2019 年 5 月 4 日，湖南表里如一玻璃有限公司购入一批原材料，材料已验收入库，入库单见图 3-5，发票及账单尚未送达，6 月 3 日收到发票及账单。采用实际成本进行材料日常核算。

## 入 库 单　100202

2019 年 05 月 04 日

| 编号 | 成品名称 | 单位 | 规格 | 数量 | 单价 | 金额百十万千百十元角分 | 附注 |
|---|---|---|---|---|---|---|---|
| 1 | 实木镜框 | 个 | | 30000 | 35.00 | 1050000000 | |
| 2 | 镜片 | 米 | | 35000 | 30.00 | 1050000000 | |
| 3 | 万向轮 | 根 | | 80000 | 5.00 | 400000000 | |
| | | | | | | | |
| | | | | | | | |
| 合计 | 贰佰伍拾零万零仟零佰零拾零元零角零分 | | | | | ¥2500000.00 | |

记账　赵鸿　保管　咸宇　制票　　　交货人　马乐

图 3-5　入库单

（业务资料来自"专一网——湖南职业院校技能抽查平台"）

【解析】根据原始凭证可知，材料已验收入库，但尚未收到增值税专用发票，因此属于外购原材料的第三种情况。会计处理如下：

（1）5 月 4 日材料入库时可暂不做账务处理；5 月 30 日按暂估价值入账，暂估原材料价款 2 500 000 元。

借：原材料——实木镜框 1 050 000
　　　　　——镜片 1 050 000
　　　　　——万向轮 400 000
　　贷：应付账款——暂估应付账款 2 500 000

（2）6 月 1 日，将上述会计分录用红字冲回。

用红字冲销原暂估入账金额：

借：原材料——实木镜框 1 050 000
　　　　　——镜片 1 050 000
　　　　　——万向轮 400 000
　　贷：应付账款——暂估应付账款 2 500 000

（3）6 月 3 日，收到发票及账单（图 3-6），按实际金额入账。

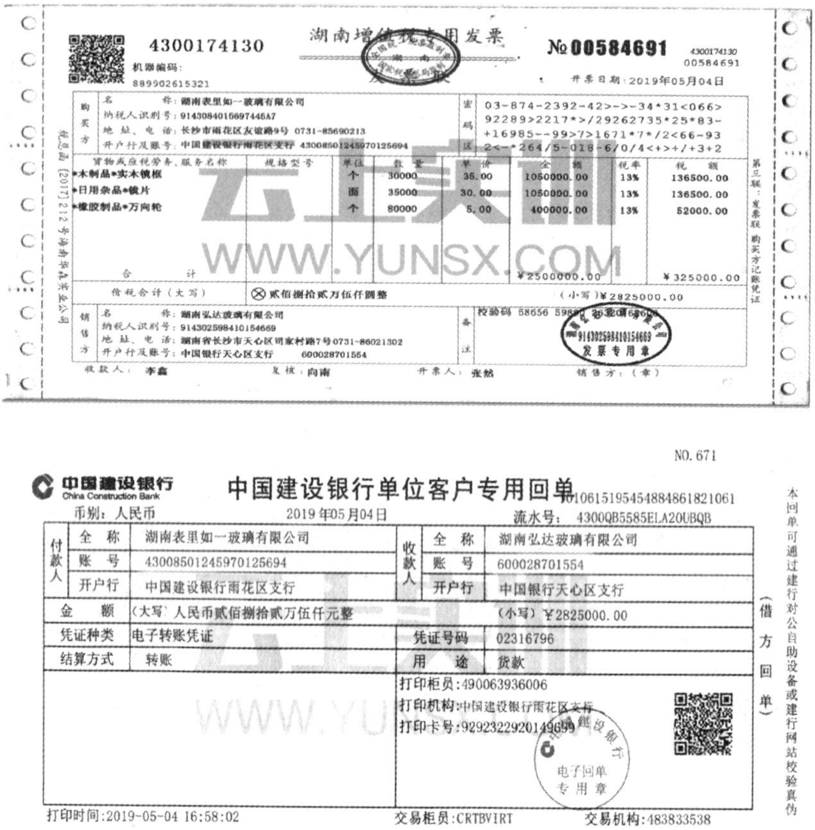

4300174130　湖南增值税专用发票　№00584691　4300174130 00584691

机器编码：889902615321　开票日期：2019年05月04日

购买方　名　　称：湖南表里如一玻璃有限公司
纳税人识别号：91430840156974 45A7
地址、电话：长沙市雨花区友谊路9号 0731-85690213
开户行及账号：中国建设银行雨花区支行 43008501245970125694

密码区　03-874-2392-42>->-34*31<066>
92289>2217*>/29262735*25*83-
+16985--99>7>1671*7*/2<66-93
2<-*264/5-018-6/0/4<+>+/+3+2

| 货物或应税劳务、服务名称 | 规格型号 | 单位 | 数量 | 单价 | 金额 | 税率 | 税额 |
|---|---|---|---|---|---|---|---|
| *木制品*实木镜框 | | 个 | 30000 | 35.00 | 1050000.00 | 13% | 136500.00 |
| *日用杂品*镜片 | | 面 | 35000 | 30.00 | 1050000.00 | 13% | 136500.00 |
| *橡胶制品*万向轮 | | 个 | 80000 | 5.00 | 400000.00 | 13% | 52000.00 |
| 合　　计 | | | | | ¥2500000.00 | | ¥325000.00 |
| 价税合计（大写） | ⊗贰佰捌拾贰万伍仟圆整 | | | | （小写）¥2825000.00 | | |

销售方　名　　称：湖南弘达玻璃有限公司
纳税人识别号：914302598410154669
地址、电话：湖南省长沙市天心区司家村路7号0731-86021302
开户行及账号：中国银行天心区支行 600028701554

备注　校验码 58656 59880 26320 68600

收款人：李鑫　复核：向南　开票人：张然　销售方：（章）

第三联：发票联 购买方记账凭证

NO. 671

中国建设银行 China Construction Bank　中国建设银行单位客户专用回单　10615195454884861821061

币别：人民币　2019年05月04日　流水号：4300QB5585ELA20UBQB

| | | | | | |
|---|---|---|---|---|---|
| 付款人 | 全　称 | 湖南表里如一玻璃有限公司 | 收款人 | 全　称 | 湖南弘达玻璃有限公司 |
| | 账　号 | 43008501245970125694 | | 账　号 | 600028701554 |
| | 开户行 | 中国建设银行雨花区支行 | | 开户行 | 中国银行天心区支行 |
| 金　额 | （大写）人民币贰佰捌拾贰万伍仟元整 | | | （小写）¥2825000.00 | |
| 凭证种类 | 电子转账凭证 | | 凭证号码 | 02316796 | |
| 结算方式 | 转账 | | 用　途 | 货款 | |

打印柜员：490063936006
打印机构：中国建设银行雨花区支行
打印卡号：9292322920149699
电子回单专用章

打印时间：2019-05-04 16:58:02　交易柜员：CRTBVIRT　交易机构：483833538

（借方回单）

本回单可通过建行对公自助设备或建行网站校验真伪

**图 3-6　发票和银行回单**

（业务资料来自“专一网——湖南职业院校技能抽查平台”）

借：原材料——实木镜框　　1 050 000

　　　　　——镜片　　1 050 000

　　　　　——万向轮　　400 000

　　应交税费——应交增值税（进项税额）　　325 000

　贷：银行存款　　2 825 000

2. 委托加工原材料

委托加工原材料是指由企业提供原料及主要材料，通过支付加工费的方式，委托其他企业按照加工合同的要求加工企业所需的原材料。为了核算委托加工原材料的成本，企业需设置“委托加工物资”科目，借方登记委托加工原材料的实际成本，贷方登记加工完成，由本科目转出，期末借方余额反映尚未完成的委托加工材料的累计成本。

（1）发出原料及主要材料。

借：委托加工物资

　贷：原材料——X 材料

（2）加工过程中发生的加工费、运费、消费税费等。

借：委托加工物资

　　应交税费——应交增值税（进项税额）

　　贷：银行存款等

（3）收回加工材料并验收入库。

借：原材料

　　贷：委托加工物资

### 3. 外购原材料——计划成本计价

为了核算计划成本法下外购原材料的取得成本，企业应设置的"原材料""材料采购""材料成本差异"科目。"材料采购"科目，用以核算企业采用计划成本进行材料日常核算而购入材料的采购成本。借方登记外购原材料的实际成本，贷方登记入库材料的计划成本，一般月末没有余额，或有借方余额是指企业已经收到发票账单付款或已开出、承兑商业汇票，但尚未到达或尚未验收入库的在途材料的采购成本。"材料成本差异"科目，用以核算材料的实际成本与计划成本间的差额（实际成本大于计划成本为超支差，实际成本小于计划成本为节约差），借方登记超支差异及发出材料应负担的节约差异，贷方登记节约差异及发出材料应负担的超支差异，期末借方余额，反映企业库存原材料等的实际成本大于计划成本的差异，贷方余额反映企业库存原材料等的实际成本小于计划成本的差异。

（1）购入时：

借：材料采购（实际成本）

　　应交税费——应交增值税（进项税额）（可以抵扣的增值税进项税额）

　　贷：银行存款/其他货币资金/应付账款/应付票据

（2）入库时：

借：原材料（计划成本）

　　贷：材料采购（实际成本）

　　　　材料成本差异（差异，或在借方反映）

【业务实操】典型经济业务举例

例3-5　业务描述：湘环公司是增值税一般纳税人，采用计划成本进行材料的日常核算。2020年2月25日，公司购入一批原材料，取得的增值税专用发票上注明的价款是43 000元，增值税额是5 590元，货款尚未支付。同时发生了运费是200元，增值税额18元，用现金支付，材料已验收入库。材料的计划成本为43 500元。

【解析】

（1）购入材料时：

| | |
|---|---:|
| 借：材料采购 | 43 200 |
| 　　应交税费——应交增值税（进项税额） | 5 608 |
| 　　贷：应付账款 | 48 590 |
| 　　　　库存现金 | 218 |

（2）材料验收入库时：

| | |
|---|---:|
| 借：原材料 | 43 500 |
| 　　贷：材料采购 | 43 200 |

材料成本差异 300

## （二）原材料的发出业务

发出原材料——实际成本计价

实际成本计价下，原材料发出的核算通常有 4 种方法：先进先出法、月末一次加权平均法、移动加权平均法或个别计价法。

（1）先进先出法。先进先出法是假定先购入的材料会先发出，依据这种假设按照材料入库的顺序对发出材料的成本进行计价的一种方法。采用这种方法，先购入的存货成本单位在后购入存货成本之前转出，据此确定发出存货和期末存货的成本。

【知识点应用】某商品流通企业 W 商品的期初结存和本期购销情况如表 3-1 所示：

表 3-1　W 商品的期初结存和本期购销情况

| 时间 | 摘要 | 单价<br>（元/千克） | 数量<br>（千克） | 发出成本<br>（元） | 结存数量<br>（千克） |
|---|---|---|---|---|---|
| 6 月 1 日 | 期初结存 | 60 | 150 | | 150 |
| 6 月 8 日 | 发出 | | 70 | 60 元/千克×70＝4 200 | 80 |
| 6 月 15 日 | 购进 | 62 | 100 | | 180 |
| 6 月 20 日 | 发出 | | 50 | 60 元/千克×50＝3 000 | 130 |
| 6 月 24 日 | 发出 | | 90 | 60 元/千克×30+62 元/千克×60＝5 520 | 40 |
| 6 月 28 日 | 购进 | 68 | 200 | | 240 |
| 6 月 30 日 | 发出 | | 60 | 62 元/千克×40+68 元/千克×20＝3 840 | 180 |
| 6 月 30 日 | 期末结存 | 68 | 180 | | 180 |

（2）月末一次加权平均法。是指以全部进货数量加上月初存货数量作为权数，除以本月全部进货成本加上月初存货成本，计算出存货的加权平均单位成本，以此为基础，计算出本月发出存货的成本和期末存货成本的一种方法。

$$存货的月末一次加权平均单位成本＝\frac{结存存货成本+购入存货成本}{结存存货数量+购入存货数量}$$

库存存货成本＝库存存货数量×存货加权平均单位成本

本期发出存货的成本＝本期发出存货的数量×存货加权平均单位成本

或：

本期发出存货的成本＝期初存货成本+本期收入存货成本－期末存货成本

【知识点应用】某商品流通企业 W 商品的期初结存和本期购销情况如表 3-2 所示：

表 3-2　W 商品的期初结存和本期购销情况

| 时间 | 摘要 | 单价<br>（元/千克） | 数量<br>（千克） | 发出成本<br>（元） | 结存数量<br>（千克） |
|---|---|---|---|---|---|
| 6 月 1 日 | 期初结存 | 60 | 150 | | 150 |
| 6 月 8 日 | 发出 | | 70 | 64 元/千克×70＝4 480 | 80 |
| 6 月 15 日 | 购进 | 62 | 100 | | 180 |
| 6 月 20 日 | 发出 | | 50 | 64 元/千克×50＝3 200 | 130 |

续表

| 时间 | 摘要 | 单价<br>（元/千克） | 数量<br>（千克） | 发出成本<br>（元） | 结存数量<br>（千克） |
|---|---|---|---|---|---|
| 6月24日 | 发出 | | 90 | 64元/千克×90＝5 760 | 40 |
| 6月28日 | 购进 | 68 | 200 | | 240 |
| 6月30日 | 发出 | | 60 | 64元/千克×60＝3 840 | 180 |

存货的加权平均单位成本＝（9 000+19 800）/（150+300）＝64（元/千克）

（3）移动加权平均法。移动加权平均法是指在每次材料入库后，以每次材料入库前的结存数量和本次入库材料数量为权数，计算出移动加权平均单位成本，作为在下次进货前计算各次发出存货成本依据的一种方法。计算公式为：

$$移动加权平均单价＝\frac{本次收入前结存商品金额+本次收入商品金额}{本次收入前结存商品数量+本次收入商品数量}$$

本次发出存货的成本＝本次发出存货的数量×本次发货前存货的单位成本

本月月末库存存货成本＝月末库存存货的数量×本月月末存货单位成本

（4）个别计价法。个别计价法是指对发出的存货分别认定其单位成本和发出存货成本的方法。采用这种方法，要求具体存货项目具有明显的标志，而且数量不多、价值较大，如大件、贵重的物品。

发出原材料的账务处理：

借：生产成本（生产车间领用）

　　制造费用（车间管理部门领用）

　　管理费用（行政管理部门领用）

　　销售费用（销售部门领用）

　贷：原材料

【业务实操】典型经济业务举例

例3-6 业务描述2019年3月1日A公司结存B材料3 000千克，每千克实际成本为10元；3月5日和3月20日分别购入该材料9 000千克和6 000千克，每千克实际成本分别为11元和12元；3月10日和3月25日分别发出B材料10 500千克和6 000千克，如领料单所示（图3-7），全部用于生产车间生产C产品。

**A公司**
**领 料 单**

日期：____2019___03_年___10___月　　　　　　　　　　　　编号：NO.000001

领料部门：生产部门　　　　　　　　　　　　　领料用途：生产产品

| 物品名称 | 规格及型号 | 单位 | 领用数 | 实发数 | 物品名称 | 规格及型号 | 单位 | 领用数 | 实发数 | 备注 |
|---|---|---|---|---|---|---|---|---|---|---|
| B材料 | | 千克 | 10500 | 10500 | | | | | | |
| | | | | | | | | | | |
| | | | | | | | | | | |
| | | | | | | | | | | |
| | | | | | | | | | | |

领料人：　　　　组长：　　　　　　主管：　　　　　　仓管：

图3-7

# A公司
## 领 料 单

日期：_____2019__03__年___25__月 编号：NO.000001

领料部门：生产部门　　　　　　　　　领料用途：生产

| 物品名称 | 规格及型号 | 单位 | 领用数 | 实发数 | 物品名称 | 规格及型号 | 单位 | 领用数 | 实发数 | 备注 | ①仓库 |
|---|---|---|---|---|---|---|---|---|---|---|---|
| B材料 | | 千克 | 6 000 | | 物 | | | | | | |
| | | | | | | | | | | | |
| | | | | | | | | | | | |
| | | | | | | | | | | | ②组长 |
| | | | | | | | | | | | |

领料人：　　　　　组长：　　　　　　主管：　　　　　　仓管：

图 3-7　领料单

【解析】采用移动加权平均法，计算 B 材料的成本如下（表 3-3、表 3-4）：

第一批收货后 B 材料的平均单位成本 =（30 000+99 000）/（3 000+9 000）= 10.75（元）

第一批发出 B 材料的成本 = 10 500×10.75 = 112 875（元）

当时结存的存货成本 = 1 500×10.75 = 16 125（元）

表 3-3　原材料分配表

2019 年 3 月 10 日

| 分配对象 | 材料名称 | 合计 |
|---|---|---|
| C 产品 | B 材料 | 112 875 |

第二批收货后 B 材料的平均单位成本（16 125 + 72 000）/（1 500 + 6 000）= 11.75（元）

第二批发出 B 材料的成本 = 6 000×11.75 = 70 500（元）

当时结存的存货成本 = 1 500×11.75 = 17 625（元）

表 3-4　原材料分配表

2019 年 3 月 25 日

| 分配对象 | 材料名称 | 合计 |
|---|---|---|
| C 产品 | B 材料 | 70 500 |

B 材料月末结存 1 500 千克，月末库存存货成本为 17 625 元，本月发出存货成本合计为 183 375 元。

本月发出 B 材料：

借：生产成本——基本生产成本 　　　　　　　　　183 375

　　贷：原材料——B 材料 　　　　　　　　　　　　　183 375

## （三）采用计划成本核算

原材料按计划成本计价，在处理发出业务时，应先按计划成本计价。

借：生产成本（生产车间领用）

　　制造费用（车间管理部门领用）

　　管理费用（行政管理部门领用）

　　销售费用（销售部门领用）

　贷：原材料（计划成本）

在月末时，应将发出材料的计划成本调整为实际成本，将月初结存材料的成本差异和本月取得材料形成的成本差异，在本月发出材料和月末结存材料之间进行分摊。有关计算如下：

材料成本差异＝材料的实际成本－材料的计划成本

$$本月材料成本差异率＝\frac{月初结存材料成本差异＋本月收入材料成本差异}{月初结存材料计划成本＋本月收入材料计划成本}×100\%$$

发出材料应负担的成本差异＝发出材料的计划成本×材料成本差异率

本月发出材料的实际成本＝本月发出材料的计划成本＋本月发出材料的成本差异

月末结存材料应负担的成本差异＝月末结存材料的计划成本×材料成本差异率

　　　　　　　　　　　　　　＝月初材料成本差异＋本月入库材料成本差异－

　　　　　　　　　　　　　　本月发出材料应负担的成本差异

月末结存材料的实际成本＝月末结存材料的计划成本＋月末结存材料的成本差异

（注意：公式中的成本差异，如果是超支差，则为正数；如果是节约差，则为负数）

【知识点应用】（初级会计师考试 2021 年真题）某企业原材料采用计划成本核算。月初结存材料计划成本为 30 万元，材料成本差异为节约 2 万元，当月购入材料的实际成本为 110 万元，计划成本为 120 万元。发出材料的计划成本为 100 万元。不考虑其他因素，该企业当月发出材料的实际成本为（　　）万元。

A. 100　　　　　　B. 92　　　　　　C. 88　　　　　　D. 98

【解析】B。材料成本差异率＝（-2+110-120）/（30+120）×100%＝-8%

该企业当月发出材料的实际成本＝100×（1-8%）＝92（万元）

月末分摊发出材料负担的材料成本差异：

借：生产成本/制造费用/管理费用/销售费用等

　贷：材料成本差异（超支差用蓝字登记，节约差用红字登记）

## 职业法规

《企业会计准则第 1 号——存货》规定：发出材料应负担的成本差异应当按期（月）分摊，不得在季末或年末一次计算。年度终了，企业应对材料成本差异率进行核实调整。

**【业务实操】典型经济业务举例**

例 3-7 业务描述：乙公司为增值税一般纳税人，2019 年 11 月 1 日，根据 "发料凭证汇总表" 的记录（表 3-5），11 月 B 材料的消耗（计划成本）为：基本生产车间领用 200 000 元，辅助生产车间领用 60 000 元，车间管理部门领用 25 000 元，企业行政管理部门领用 5 000 元。乙公司采用计划成本进行材料日常核算。

**表 3-5　发料凭证汇总表**

2019 年 11 月 1 日

| 会计科目 | 领料部门 | B 材料 | 合计 |
|---|---|---|---|
| 生产成本 | 生产车间 | 200 000 | 200 000 |
| 辅助生产成本 | 辅助车间 | 60 000 | 60 000 |
| 制造费用 | 车间管理部门 | 25 000 | 25 000 |
| 管理费用 | 行政管理部门 | 5 000 | 5 000 |

会计主管：　　　　　　　复核：　　　　　　　制表：

**【解析】** 会计人员按照发料凭证汇总表编制如下会计分录：

借：生产成本——基本生产成本　　　　　　　　　　　　　200 000
　　　　　　——辅助生产成本　　　　　　　　　　　　　　60 000
　　制造费用　　　　　　　　　　　　　　　　　　　　　　25 000
　　管理费用　　　　　　　　　　　　　　　　　　　　　　5 000
　　贷：原材料——B 材料　　　　　　　　　　　　　　　　290 000

例 3-8 业务描述：承例 3-7，11 月初结存 B 材料的计划成本为 1 000 000 元，成本差异为超支 30 740 元；当月入库 B 材料的计划成本为 3 200 000 元，成本差异为节约 200 000 元。

**【解析】** 材料成本差异率 = （30 740-200 000）÷（1 000 000+3 200 000）×100% = -4.03%。根据例【例 3-7】资料，计算各领料部门 11 月应结转的材料成本差异额 = 计划成本×材料成本差异率。

借：生产成本——基本生产成本　　　　　　　　　　　│ 8 060 │
　　　　　　——辅助生产成本　　　　　　　　　　　　│ 2 418 │
　　制造费用　　　　　　　　　　　　　　　　　　　　│ 1 007.5 │
　　管理费用　　　　　　　　　　　　　　　　　　　　│ 201.5 │
　　贷：材料成本差异——B 材料　　　　　　　　　　　│ 11 687 │

## 四、存货期末计价

### （一）存货期末计价概述

存货期末计价是指会计期末对存货价值的重新计量。根据我国企业会计准则有关规定，资产负债表日，企业应当按成本与可变现净值孰低原则计价。成本是指期末存货的实际成本。可变现净值是指在日常活动中，存货的估计售价减去至完工时估计将要发生的成本、估计的销售费用以及估计的相关税费后的金额。具体用公式表示如下：

直接对外出售存货的可变现净值＝估计售价－估计销售费用－估计发生的相关税费

为生产目的持有存货的可变现净值＝估计售价－估计继续加工成本－估计销售费用－估计发生的相关税费

当存货成本低于可变现净值时，存货按成本计量；当存货成本高于可变现净值时，存货按可变现净值计量，同时按照成本高于可变现净值的差额计提存货跌价准备，计入当期损益。

### （二）存货期末计价的账务处理

为了反映和监督存货跌价准备的计提、转回和转销情况，企业应当设置"存货跌价准备"和"资产减值损失"科目。"存货跌价准备"科目，是存货的备抵科目，用以核算企业存货的跌价准备，贷方登记计提的存货跌价准备金额；借方登记实际发生的存货跌价损失金额和转回的存货跌价准备金额，期末贷方余额反映企业已计提但尚未转销的存货跌价准备。"资产减值损失"科目，用以核算企业各种资产发生的减值，借方登记各种资产发生的减值金额，贷方登记冲减和结转的各种资产减值的金额，期末无余额。

1. 第一次计提跌价准备

借：资产减值损失（成本－可变现净值）

　　贷：存货跌价准备

2. 第 $n$ 次计提跌价准备

即每一次都要把其账面价值调整为当期预测市场价值下的价值。

借：资产减值损失——存货跌价准备（可变现净值低于成本的差额－"存货跌价准备"科目原有余额）

　　贷：存货跌价准备

3. 跌价准备的转回

借：存货跌价准备（在原已计提的存货跌价准备金额内予以转回）

　　贷：资产减值损失

4. 跌价准备的结转

（1）生产经营领用的存货：

借：生产成本（刨去跌价准备所剩的价值）

　　存货跌价准备（转销相应的存货跌价准备）

　　贷：原材料（转销材料的账面金额）

（2）销售的存货：

借：主营业务成本（刨去跌价准备所剩的价值）

　　存货跌价准备（转销相应的存货跌价准备）

　　贷：库存商品（转销 A 商品账面金额）

**【业务实操】典型经济业务举例**

**例 3-9** 业务描述：湘环公司自 2019 年开始对存货采用成本与可变现净值孰低法计价，并采用按存货类别计提存货跌价准备的方法。2019 年年末，该企业存货账面成本为 730 000 元，其中：原材料 80 000 元，在产品 200 000 元，库存商品 300 000 元，周转材料 150 000 元。2019 年年末，该企业应计提的存货减值准备分别为：原材料 200 元，库存商品 1 000 元，周转材料 2 800 元，共计 4 000 元。

**【解析】** 2019 年是第一次计提存货跌价准备：

借：资产减值损失——存货跌价准备     4 000
    贷：存货跌价准备——原材料     200
           ——库存商品     1 000
           ——周转材料     2 800

**例 3-10** 业务描述：承例 3-9，假如 2020 年年初生产领用材料（均为 2019 年年末的原材料）40 000 元，应转销的原材料存货跌价准备为 100 元 [（40 000÷80 000）×200]。

**【解析】** 此例属于存货跌价准备的结转：

借：生产成本     39 900
    存货跌价准备——原材料     100
    贷：原材料     40 000

**例 3-11** 业务描述：承例 3-9，假如 2020 年 2 月将库存商品 330 000 元出售（2020 年年初库存商品全部出售，并将 2020 年 1 月购入并未计提过存货跌价准备的商品的一部分出售），出售该批库存商品应转销的存货跌价准备为 1 000 元。

**【解析】** 此例属于存货跌价准备的结转，结转商品销售成本时：

借：主营业务成本     329 000
    存货跌价准备——库存商品     1 000
    贷：库存商品     330 000

**例 3-12** 业务描述：承例 3-11，2020 年年末，该企业存货账面余额为 450 000 元，其中：原材料 50 000 元，在产品 150 000 元，库存商品 100 000 元，周转材料 150 000 元。按存货类别确定的存货跌价准备分别为：原材料 700 元，库存商品 300 元，周转材料 1 700 元，共计 2 700 元。对此，应对原材料计提存货跌价准备 600 元 [700-（200-100）]，对库存商品计提存货跌价准备 300 元，冲减（转回）周转材料已计提的存货跌价准备 1 100 元。

**【解析】**

（1）借：资产减值损失——存货跌价准备     600
       贷：存货跌价准备——原材料     600
（2）借：资产减值损失——存货跌价准备     300
       贷：存货跌价准备——库存商品     300
（3）借：存货跌价准备——周转材料     1 100
       贷：资产减值损失——存货跌价准备     1 100

### 五、存货清查

存货清查是指通过对存货的实地盘点，确定存货的实有数，并与账面结存数核对，从而确定存货实存数与账面结存数是否相符的一种专门方法。为了确保存货账实相符，企业应定期或不定期进行存货清查。存货清查的方法有：实地盘点法和账实核对法。

为了反映和监督企业在财产清查中查明的各种存货的盘盈和毁损情况，企业应当设置"待处理财产损溢"科目，借方登记存货的盘亏、毁损金额及盘盈的转销金额，贷方登记存货的盘盈金额及盘亏的转销金额，期末应无余额。

#### （一）存货盘盈

（1）批准处理前：
借：原材料/库存商品等（盘盈金额）
　　贷：待处理财产损溢
（2）批准处理后：
借：待处理财产损溢
　　贷：管理费用（无须区分原因，盘盈金额均冲减管理费用）

#### （二）存货盘亏

（1）批准处理前：
借：待处理财产损溢
　　贷：原材料（盘亏材料成本）
　　　　应交税费——应交增值税（进项税额转出）（盘亏部分需要转出的进项税额）
（2）批准处理后：
借：其他应收款（保险公司和过失人的赔偿）
　　管理费用（被盗、丢失等一般经营损失）
　　营业外支出——非常损失（自然灾害等非常损失）
　　贷：待处理财产损溢

**【业务实操】典型经济业务举例**

**例 3-13** 业务描述：2020 年年末由仓库保管员、会计主管等人对南方有限责任公司材料进行盘点，盘点结果是甲材料盘盈 20 千克，乙材料盘亏 10 千克（图 3-8）。

**盘存单**

单位名称：南方有限责任公司‧‧‧‧‧‧‧‧‧‧盘点时间：2020 年 12 月 31 日
财产类别：材料‧‧‧‧‧‧‧‧‧‧‧‧‧‧‧‧存放地点：一号仓库
保管人：孙小海‧‧‧‧‧‧‧‧‧‧‧‧‧‧‧‧盘点人：王萍

| 序号 | 类别名称 | 计量单位 | 单价 | 实存数量 | 实存金额 | 账存数量 | 账存金额 | 备注 |
|---|---|---|---|---|---|---|---|---|
| 1 | 甲材料 | 千克 | 1 | 1 020 | 1 020 | 1 000 | 1 000 | |
| 2 | 乙材料 | 千克 | 20 | 1 990 | 39 800 | 2 000 | 40000 | |

**图 3-8**

## 材料盘点溢（缺）报告单

库号：1　　　　　　　　　　　　2019 年 12 月 31 日

| 名称 | 规格型号 | 单位 | 单价 | 账面数 | 实有数 | 盘盈数 | | 盘亏数 | | 盘亏原因 |
|---|---|---|---|---|---|---|---|---|---|---|
| | | | | | | 数量 | 金额 | 数量 | 金额 | |
| 甲材料 | | 千克 | 1 | 1 000 | 1 020 | 20 | 20 | | | 计量差错 |
| 丙材料 | | 千克 | 20 | 2 000 | 1 990 | | | 10 | 200 | 管理不当 |
| 进项税额 | | 元 | | | | | | | 26 | 变质报废 |
| 审批意见 | 盘盈冲减管理费用；变质报废部分，由仓库保管员赔偿　李勇进　12.31　同意　叶军 | | | | | | | | | |
| 部门主管 | | | | 保管员 李大海 | | | | 复查人 赵安康 | | |

图 3-8　盘点结果

【解析】会计人员按照盘存单、材料盘点溢缺表编制如下会计分录：

（1）核准原材料的盘盈。

批准前分录为：

借：原材料——甲材料　　　　　　　　　　　　　　　　　　20

　　贷：待处理财产损溢　　　　　　　　　　　　　　　　　　　　20

批准后分录为：

借：待处理财产损溢　　　　　　　　　　　　　　　　　　20

　　贷：管理费用　　　　　　　　　　　　　　　　　　　　　　　20

（2）核准原材料的盘亏及毁损，批准前分录为：

借：待处理财产损溢　　　　　　　　　　　　　　　　　　200

　　贷：原材料——乙材料　　　　　　　　　　　　　　　　　　　200

批准后由保管人员赔偿，在未收到赔偿款时分录为：

借：其他应收款——李大海　　　　　　　　　　　　　　226

　　贷：待处理财产损溢　　　　　　　　　　　　　　　　　　　200

　　　　应交税费——应交增值税（进项税额转出）　　　　　　　26

【职业素养养成】

分小组对前导案例进行以下两个方面的分析、讨论。

（1）确定案例公司现行的原材料发出计价方法。

（2）探讨案例公司现行的原材料发出计价方法是否合理，如不合理，应该如何调整并阐述理由。

【专业能力测评】智慧职教平台知识点自测。

# 任务 2　固定资产业务

**【学习目标】**

（1）知识目标：理解固定资产的概念和确认条件；掌握固定资产相关业务的会计核算方法，掌握固定资产计提折旧的计算方法。

（2）能力目标：能准确判断和审核固定资产相关业务的原始凭证，并进行正确地账务处理，并登记总账和明细账。

**【前导案例】**

华西某公司于 2020 年 1 月从华东某公司购入两辆同型号的二手汽车，价格 12 万元，这两辆汽车均需要修理才能使用。其中一辆汽车由于发动机损坏需要大修理，估计支出为 50 000 元，而另一辆是由于电气线路损坏只需简单维修即可使用，预计修理支出为 3 000 元。

在对上述汽车发生的修理费用进行会计处理时，该公司会计王某认为，由于这两辆车均需修理才能投入使用，因此根据受益原则，这两辆汽车的维修费用支出应作为资本性支出计入所购汽车的成本中，增加汽车的账面价值；而另一名会计李某认为，这两辆汽车的修理支出应作为费用直接计入当期损益。

——资料来源：百度文库

## 一、固定资产概述

固定资产，是指企业为生产商品、提供劳务或经营管理而持有的，且使用寿命超过一个会计年度的有形资产。会计上，固定资产必须要同时满足下列条件，才能予以确认：①与该固定资产有关的经济利益很可能流入企业；②该固定资产的成本能够可靠地计量。

根据不同的标准，可以将固定资产进行不同的分类。①以经济用途为标准，固定资产可分为生产经营用固定资产和非生产经营用固定资产；②以使用情况为标准，固定资产可分为使用中的固定资产、未使用的固定资产和不需用的固定资产；③以所有权为标准，固定资产可分为自有固定资产和租入固定资产。

## 二、固定资产的计价

为了正确反映固定资产价值的增减变动，应按照一定的标准对固定资产进行计价，其计价标准分为：

### （一）原始价值

也称为原价或原值，是指企业取得的固定资产在达到使用状态之前所发生的全部耗费的货币表现。例如：外购的固定资产，其原值包括固定资产的买价、运输途中发生的包装费、运杂费等，以及达到预定可使用状态之前的各种安装调试费等。

## （二）重置价值

是指企业在当前的条件下，重新购置同样的固定资产所需的全部耗费的货币表现。重置价值的构成内容与原值相同。

## （三）净值

也称为折余价值，是指固定资产原值减去已提折旧后的余额。

## （四）现值

是指固定资产在使用期间以及处置时产生的未来净现金流量的折现值。一般在期末确定固定资产的可回收金额时，需要考虑固定资产的现值。

### 三、固定资产的初始计量

📖 ——————— **职业法规**

《企业会计准则第 4 号——固定资产》规定：固定资产应当按照成本进行初始计量。

为了反映和监督固定资产的取得情况，企业一般需要设置"固定资产""在建工程""工程物资"等科目。"固定资产"科目核算企业固定资产的原值，借方登记企业增加的固定资产原价，贷方登记企业减少的固定资产原价，期末借方余额反映企业期末固定资产的账面原价。"在建工程"科目核算企业基建、更新改造等在建工程发生的支出，借方登记企业各项在建工程的实际支出，贷方登记完工工程转出的成本，期末借方余额反映企业尚未达到预定可使用状态的在建工程的成本。"工程物资"科目核算企业为在建工程而准备的各种物资的实际成本，借方登记企业购入工程物资的成本，贷方登记领用工程物资的成本，期末借方余额反映企业为在建工程准备的各种物资的成本。

固定资产取得的主要来源是外购和自行建造。

## （一）外购固定资产

📖 ——————— **职业法规**

《企业会计准则第 4 号——固定资产》规定：外购固定资产的成本，包括购买价款、相关税费，使固定资产达到预定可使用状态前所发生的可归属于该项资产的运输费、装卸费、安装费和专业人员服务费等。

外购固定资产分为不需要安装和需要安装两种情况。

1. 购入不需要安装的固定资产

借：固定资产（买价+运输费+装卸费+专业人员服务费+相关税费）

应交税费——应交增值税（进项税额）（可以抵扣的增值税进项税额）

　　贷：银行存款/应付账款等

（注意：小规模纳税人发生的增值税进项税额不可抵扣，在发生时直接计入相关资产的成本。）

2. 外购需要安装的固定资产

（1）购入时：

借：在建工程（买价+运输费+装卸费+安装费+专业人员服务费+相关税费）

应交税费——应交增值税（进项税额）（可以抵扣的增值税进项税额）

　　贷：银行存款/应付账款等

（2）发生安装调试成本时：

借：在建工程

应交税费——应交增值税（进项税额）（可以抵扣的增值税进项税额）

　　贷：银行存款/应付账款等

（3）安装耗用材料或人工时：

借：在建工程

　　贷：原材料（领用外购原材料）

　　　　库存商品（领用自产产品）

　　　　应付职工薪酬（应付的工资）

（4）安装完毕达到预定可使用状态时：

借：固定资产［(1)+(2)+(3) 发生的实际成本］

　　贷：在建工程

**【业务实操】典型案例举例**

**例 3-14** 业务描述：（初级会计师考试 2021 年真题）某企业为增值税一般纳税人，2020 年发生固定资产相关业务如下：2 月 28 日，购入一台不需要安装的 M 设备，支付设备价款 122 万元，增值税 15.86 万元，另付设备运输费 3 万元、增值税 0.27 万元，已取得购入设备及运输费的增值税专用发票，全部款项以银行存款支付。

**【解析】**

借：固定资产——M 设备　　　　　　　　　　　　　　　　　125

应交税费—应交增值税（进项税额）　　　　　　　　　16.13

　　贷：银行存款　　　　　　　　　　　　　　　　　　　141.13

**例 3-15** 业务描述：某企业购入需要安装的机器设备一台，用银行存款支付买价 10 000 元，增值税 1 600 元，运输费 200 元，运输费增值税 20 元，合计 11 820 元；机器设备出包安装，用银行存款支付安装费 500 元，增值税 80 元。该机器设备安装完工后交付使用。

**【解析】**

（1）购入固定资产：

借：在建工程　　　　　　　　　　　　　　　　　　　　10 200

|  |  |
|---|---|
| 应交税费——应交增值税（进项税额） | 1 620 |
| 贷：银行存款 | 11 820 |

（2）支付安装费：

|  |  |
|---|---|
| 借：在建工程 | 500 |
| 应交税费——应交增值税（进项税额） | 80 |
| 贷：银行存款 | 580 |

（3）工程完工：

|  |  |
|---|---|
| 借：固定资产 | 10 700 |
| 贷：在建工程 | 10 700 |

（二）自行建造固定资产

## 职业法规

《企业会计准则第4号——固定资产》规定：自行建造固定资产的成本，由建造该项资产达到预定可使用状态前所发生的必要支出构成。

自建固定资产达到预定可使用状态的必要支出包括工程物资、人工成本、相关税费、应予以资本化的借款费用以及应分摊的其他间接费用等。

企业自行建造固定资产，应先通过"在建工程"科目核算，工程达到预定可使用状态时，再从"在建工程"科目转入"固定资产"科目。企业自行建造固定资产，主要有自营和出包两种方式。自营是指企业自行组织工程物资采购、自行组织施工人员施工的建筑工程和安装工程。出包是指企业通过招标方式将工程项目发包给建造承包商，由建造承包商组织施工的建筑工程和安装工程。

1. 自营方式建造固定资产

（1）购入工程物资时：

借：工程物资（购买价款+相关税费）

应交税费——应交增值税（进项税额）

贷：银行存款/应付账款等

（2）领用工程物资、原材料、本企业生产的商品等：

借：在建工程（领用的物资成本）

贷：工程物资/原材料/库存商品

（3）自营工程发生的工程人员工资等：

借：在建工程（工程人员应计的工资）

贷：应付职工薪酬

（4）自营工程达到预定可使用状态时，按其成本转入固定资产：

借：固定资产

贷：在建工程

2. 出包方式建造固定资产

（1）企业按合理估计的发包工程进度和合同规定向建造承包商结算的进度款，并由对方开具增值税专用发票：

 借：在建工程（工程进度款）

   应交税费——应交增值税（进项税额）

  贷：银行存款

 （2）工程完成时按合同规定补付的工程款：

 借：在建工程（完工时补付的工程款）

   应交税费——应交增值税（进项税额）

  贷：银行存款

 （3）工程达到预定可使用状态时，按其成本：

 借：固定资产

  贷：在建工程

【业务实操】典型案例举例

例3-16 业务描述：甲公司为增值税一般纳税人，2020年6月1日，自行建造厂房一幢，购入建造工程用的各种物资500 000元，增值税专用发票上注明的增值税税额为65 000元，全部用于工程建设。领用本企业生产的水泥一批，实际成本为400 000元，应计工程人员薪酬100 000元。支付的安装费取得增值税专用发票上注明的安装费30 000元，税率9%，增值税税额2 700元。工程已完工并达到预定可使用状态。

【解析】

（1）购入工程物资时：

借：工程物资                500 000

  应交税费——应交增值税（进项税额）   65 000

 贷：银行存款             565 000

（2）工程领用全部工程物资时：

借：在建工程               500 000

 贷：工程物资             500 000

（3）工程领用本企业生产的水泥时：

借：在建工程               400 000

 贷：库存商品             400 000

（4）分配工程人员薪酬时：

借：在建工程               100 000

 贷：应付职工薪酬            100 000

（5）支付工程发生的其他费用时：

借：在建工程               30 000

  应交税费——应交增值税（进项税额）   2 700

 贷：银行存款             32 700

（6）工程完工结转固定资产时：

转入固定资产的成本=500 000+400 000+100 000+30 000=1 030 000（元）

借：固定资产              1 030 000

 贷：在建工程             1 030 000

**例 3-17** 业务描述：甲公司为增值税一般纳税人，2020 年 7 月 1 日，将一幢厂房的建造工程出包给丙公司（增值税一般纳税人）承建，按合理估计的发包工程进度和合同规定向丙公司结算进度款并取得丙公司开具的增值税专用发票，注明工程款 600 000 元，税率 9%，增值税税额 54 000 元。2021 年 4 月 1 日，工程完工后，收到丙公司有关工程结算单据和增值税专用发票，补付工程款并取得丙公司开具的增值税专用发票，注明工程款 400 000 元，税率 9%，增值税税额 36 000 元。工程已完工并达到预定可使用状态。

【解析】

（1）按合理估计的发包工程进度和合同规定向丙公司结算进度款时：

| | |
|---|---:|
| 借：在建工程 | 600 000 |
| 　应交税费——应交增值税（进项税额） | 54 000 |
| 　贷：银行存款 | 654 000 |

（2）补付工程款时：

| | |
|---|---:|
| 借：在建工程 | 400 000 |
| 　应交税费——应交增值税（进项税额） | 36 000 |
| 　贷：银行存款 | 436 000 |

（3）工程完工并达到预定可使用状态时：

| | |
|---|---:|
| 借：固定资产 | 1 000 000 |
| 　贷：在建工程 | 1 000 000 |

## 四、固定资产的后续计量

### （一）固定资产折旧

固定资产在使用过程中，其服务潜力会逐渐被消耗，其价值也会随着使用而发生转移，这部分被转移的价值，就是折旧。因此，固定资产折旧是指固定资产使用过程中，由于磨损和其他经济原因而减少的价值。《企业会计准则第 4 号——固定资产》表述"折旧，是指在固定资产使用寿命内，按照确定的方法对应计折旧额进行系统分摊。"其中：应计折旧额，是指应当计提折旧的固定资产的原价扣除其预计净残值后的金额（已计提减值准备的固定资产，还应当扣除已计提的固定资产减值准备累计金额。）预计净残值，是指假定固定资产预计使用寿命已满并处于使用寿命终了时的预期状态，企业从该项资产处置中获得的扣除预计处置费用后的金额。

**职业法规**

《企业会计准则第 4 号——固定资产》第十五条规定：企业应当根据固定资产的性质和使用情况，合理确定固定资产的使用寿命和预计净残值。固定资产的使用寿命、预计净残值一经确定，不得随意变更。

1. 影响固定资产折旧的因素

（1）固定资产的原值，即固定资产的初始入账成本。

（2）预计净残值。

（3）固定资产减值准备，是指固定资产已计提的固定资产减值准备累计金额。

（4）固定资产预计使用寿命，是指企业使用固定资产的预计期间，或者该固定资产所能生产产品或提供劳务的数量。企业确定固定资产使用寿命时，应当考虑下列因素：预计生产能力或实物产量；预计有形损耗和无形损耗；法律或者类似规定对资产使用的限制。

2. 固定资产的折旧范围

除以下情况外，企业应当对所有固定资产计提折旧：已提足折旧仍继续使用的固定资产；单独计价入账的土地。

在确定计提折旧的范围时，还应注意以下 3 点：

（1）固定资产应当按月计提折旧，当月增加的固定资产，当月不计提折旧，从下月起计提折旧；当月减少的固定资产，当月仍计提折旧，从下月起不计提折旧。

（2）固定资产提足折旧后，不论能否继续使用，均不再计提折旧；提前报废的固定资产，也不再补提折旧。

（3）已达到预定可使用状态但尚未办理竣工决算的固定资产，应当按照估计价值确定其成本，并计提折旧；待办理竣工决算后，再按实际成本调整原来的暂估价值，但不需要调整原已计提的折旧额。

3. 固定资产折旧方法

企业应当根据与固定资产有关的经济利益的预期实现方式，合理选择固定资产折旧方法。可选用的折旧方法包括年限平均法、工作量法、双倍余额递减法和年数总和法等。

（1）年限平均法。年限平均法又称直线法，是指将固定资产的应计折旧总额均衡地分摊到固定资产预计使用寿命内的一种方法。计算公式如下：

年折旧率＝（1－预计净残值率）/预计使用寿命（年）×100%

年折旧额＝固定资产原价×年折旧率

　　　　　＝（固定资产原值－预计残值收入－预计清理费用）/预计使用年限

月折旧率＝年折旧率/12

月折旧额＝固定资产原价×月折旧率

【知识点应用】某企业某项固定资产原值为 700 000 元，预计净残值率为 4%，预计使用年限为 10 年，采用年限平均法计提折旧。

【解析】该项固定资产年折旧率＝（1－4%）/10＝9.6%

该项固定资产月折旧率＝9.6%/12＝0.8%

该项固定资产月折旧额＝700 000×0.8%＝5 600（元）

年限平均法计算过程简便，容易理解。但是此种方法只注重固定资产的使用时间，而忽视了固定资产的使用状况。

（2）工作量法。工作量法，是指将固定资产的应计折旧总额按照固定资产预计可完成的工作总量均衡地分摊到各期的一种方法。计算公式如下：

单位工作量折旧额＝［固定资产原价×（1－预计净残值率）］/预计总工作量

某项固定资产月折旧额＝该项固定资产当月工作量×单位工作量折旧额

【知识点应用】某企业的一辆运货卡车的原价为 600 000 元，预计总行驶里程为

500 000 千米，预计报废时的净残值率为 5%：本月行驶 4 000 千米。

【解析】单位里程折旧额＝600 000×（1-5%）/500 000＝1. 14（元/千米）

本月折旧额＝4 000×1. 14＝4 560（元）

工总量法同年限平均法一样，简便易行。但是此种方法只考虑了固定资产的有形损耗，未考虑无形损耗。

（3）双倍余额递减法。双倍余额递减法，是指在不考虑固定资产预计净残值的情况下，根据每期期初固定资产原值减去累计折旧后的余额和双倍直线法折旧率，计算固定资产折旧的一种方法。计算公式如下：

年折旧率＝2/预计使用寿命×100%

年折旧额＝年初固定资产账面净值×年折旧率

月折旧率＝年折旧率/12

月折旧额＝年折旧额/12＝每月月初固定资产账面净值×月折旧率

最后两年每年折旧额＝（原价-已提折旧-预计净残值)/2

注意：采用双倍余额递减法计提折旧，一般不考虑固定资产预计净残值。但是，必须注意下面两个问题：

A. 在预计使用年限结束时，应避免固定资产净值大于预计净残值（少提折旧）。因为双倍余额递减折旧小于直线折旧，失去了加速折旧意义。

B. 在预计使用年限内，应避免固定资产期末净值小于预计净残值（多提折旧）。从理论上讲，应从该期开始改按年限平均法计提折旧；但在实务中，按照重要性原则，可以将该期剩余应计提折旧额全部列作当期的折旧额，以后使用期间不再计提折旧。

**职业法规**

我国《企业会计准则》规定：采用双倍余额递减法计提折旧，应在预计使用年限的最后两年改按年限平均法计提折旧。

【知识点应用】某企业某项固定资产原值为 60 000 元，预计净残值为 2 000 元，预计使用年限为 5 年。该项固定资产采用双倍余额递减法计提折旧（表3-6）。

【解析】

表 3-6  固定资产计提折旧表

| 年份 | 期初净值 | 年折旧率 | 年折旧额 | 累计折旧 | 期末净值 |
|---|---|---|---|---|---|
| 1 | 60 000 | 40% | 24 000 | 24 000 | 36 000 |
| 2 | 36 000 | 40% | 14 400 | 38 400 | 21 600 |
| 3 | 21 600 | 40% | 8 640 | 47 040 | 12 960 |
| 4 | 12 960 | — | 5 480 | 52 520 | 7 480 |
| 5 | 7 480 | — | 5 480 | 58 000 | 2 000 |

第 4 年如果仍按双倍余额递减法计提折旧，年折旧额应为 5 184 元（12 960×

40%）；如果改按平均年限法计提折旧，年折旧额应为 5 480 元 ［(12 960-2 000)/2］。

第 4 年按双倍余额递减法计提的折旧额小于按平均年限法计提的折旧额，因此从第 4 年开始，该项固定资产改按平均年限法计提折旧。

（4）年数总和法。年数总和法是指将固定资产应计折旧总额乘以一个以固定资产尚可使用寿命为分子、以预计使用寿命逐年数字之和为分母的逐年递减的分数计算每年的折旧额。计算公式如下：

年折旧率=(预计使用寿命-已使用年限)/［预计使用寿命×(预计使用寿命+1)/2］×100%
=尚可使用年限/预计使用寿命的年数总和×100%

年折旧额=(固定资产原价-预计净残值)×年折旧率

月折旧率=年折旧率/12

月折旧额=年折旧额/12=(固定资产原价-预计净残值)×月折旧率

【知识点应用】某企业某项固定资产原值为 60 000 元，预计净残值为 3 000 元，预计使用年限为 5 年。该项固定资产按年数总和法计提折旧（表 3-7）。

【解析】该项固定资产的年数总和为：年数总和=5×(5+1)/2=15

表 3-7　固定资产计提折旧表

| 年份 | 应计提折旧总额 | 年折旧率 | 年折旧额 | 累计折旧 |
| --- | --- | --- | --- | --- |
| 1 | 60 000-3 000=57 000 | 5/15 | 19 000 | 19 000 |
| 2 | 57 000 | 4/15 | 15 200 | 34 200 |
| 3 | 57 000 | 3/15 | 11 400 | 45 600 |
| 4 | 57 000 | 2/15 | 7 600 | 53 200 |
| 5 | 57 000 | 1/15 | 3 800 | 57 000 |

双倍余额递减法和年数总和法都属于固定资产的加速折旧法。与直线法（年限平均法、工作量法）相比，计算过程比较复杂，但是采用此种方法，使固定资产的使用成本各年大致相同，且固定资产的账面净值比较接近市场价值，降低了无形损耗的风险。

4. 固定资产折旧业务账务处理

为核算固定资产的折旧，企业应设置"累计折旧"科目，贷方登记企业计提的固定资产折旧，借方登记处置固定资产转出的累计折旧，期末贷方余额反映企业固定资产的累计折旧额。

借：在建工程（自行建造固定资产过程中使用的固定资产计提的折旧）
　　制造费用（基本生产车间用固定资产计提的折旧）
　　管理费用（管理部门用固定资产计提的折旧）
　　销售费用（销售部门用固定资产计提的折旧）
　　其他业务成本（经营租出的固定资产计提的折旧）
　贷：累计折旧

## （二）固定资产后续支出业务核算

固定资产的后续支出，是指固定资产在使用过程中发生的更新改造和修理等支出。

1. 资本化的后续支出

一般是指固定资产的更新改造或改扩建支出。

（1）固定资产转入改扩建时：

借：在建工程（固定资产的账面价值）

累计折旧（已计提的累计折旧）

固定资产减值准备（已计提的减值准备）

贷：固定资产（固定资产原价）

（2）发生改扩建：工程支出时：

借：在建工程（符合资本化条件的后续支出）

应交税费——应交增值税（进项税额）

贷：银行存款等

（3）替换固定资产部件：

借：银行存款/原材料（残料价值）

营业外支出（净损失）

贷：在建工程（被替换部分的账面价值）

（4）改扩建工程达到预定可使用状态时：

借：固定资产

贷：在建工程

2. 费用化的后续支出

主要是指固定资产的日常修理和大修理。

借：管理费用（行政管理部门）

销售费用（专设销售机构）

应交税费——应交增值税（进项税额）

贷：原材料

应付职工薪酬

银行存款

**【业务实操】典型经济业务举例**

**例 3-18** 业务描述：南方公司因现有车库难以满足职工车辆停放要求，决定对现有车库进行改、扩建，以扩大车辆容纳能力。该车库原账面价值为 600 000 元，已计提累计折旧 172 800 元，未计提减值准备。

**【解析】**

借：在建工程——车库                                        427 200

累计折旧                                              172 800

贷：固定资产                                             600 000

**例 3-19** 业务描述：承例 3-18，南方公司的车库改、扩建采用出包方式，出包给万工建筑公司承建。按合同规定，2019 年 6 月 10 日支付改扩建工程总价款 500 000 元的 60%，增值税税率 9%，取得增值税专用发票，其余款项待竣工验收合格时付清，相关资料见图 3-9。

工程外包合同范本

发包单位：南方有限责任公司　　　　承包人：万工建筑公司

依照《中华人民共和国合同法》及其他有关法律、法规，遵循平等自愿、公平和诚实信用的原则，双方就本工程承包事项协商一致，签订本合同。

第一条：工程概况

车库改、扩建项目发包给乙方，包工包料施工。

第二条：施工方案

改扩建现有车库，三个月完工

第三条：合同工期

1. 经双方协商确定，工程期为 90 日，暂定于自 2019 年 6 月 10 日起至 2019 年 9 月 10 日止，具体开工时间由甲方下达开工令后方可开始施工。

2. 若施工过程中发生人力不可抗拒的情形，或甲方要求乙方暂停工作，工期相应顺延。

第四条：价格及付款方式

1. 工程总承包价为 500 000 元。

2. 上述总承包价为包干价，包含本合同所有工作内容，包工包料及其他一切费用（包括拆房，打围墙，甲方无须再向乙方支付任何费用。

3. 付款方式，预付工程款 60%，即 300 000，竣工验收后付 40%，200000 元。

第五条：甲方义务

1. 按合同向乙方拨付工程款。

2. 帮助协调施工现场的临时用水、用电等事宜。

第六条：乙方义务

1. 承包人负责对工程质量、进度、安全等进行监督检查，处理日常相关事宜，确保本工程施工的安全稳定。

2. 承包人必须自行完本本合同工程，不得转包他人。

第七条：施工安全

承包人应遵守工程建设安全生产有关管理规定，严格按安全标准组织施工，采取必要的安全防护措施，消除事故隐患。凡在施工过程中造成事故的责任和因此发生的费用，均由乙方承担。

第八条：验收

工程竣工验收应以《施工方案》和《质量验收标准》为依据。如验收不合格，乙方应负责无偿返工。

第九条：违约责任

1. 甲方应按本合同约定及时支付工程款，若有逾期，甲方应向乙方支付违约金（按应付金额的银行同期贷款利率计算支付利息）。

2. 因非甲方原因、人力不可抗拒的原因，乙方未按期完成工程内容，每逾期一日，乙方应向甲方支付本工程总金额百分之一的违约金，逾期超过十天，甲方有权单方面解除合同。

第十条：其他

本合同于 2019 年 6 月 10 日由双方在南方公司签订，自双方签字或盖章后生效，一式三份，上方各执一份，上交一份。

发包单位（甲方）（盖章）南方有限责任公司　　　承包人（签字或盖章）：万工建筑公司

图 3-9

中国工商银行
转账支票存根

支票号码：643021

附加信息

出票日期：2019年06月10日
收款人：万工建筑公司
金额：￥327000
用途：对车库改扩建
备注
单位主管 张小 会计 邹平

图 3-9 改扩建合同、增值税发票和银行转账支票存根

【解析】会计人员按照改扩建合同、增值税发票等资料编制如下会计分录。

借：在建工程——车库                              300 000
　　应交税费——应交增值税（进项税额）              27 000
　　贷：银行存款                                            327 000

**例 3-20** 承例 3-18、例 3-19，2019 年 9 月 10 日，车库改、扩建工程竣工，达到预定可使用状态，按照合同约定，支付了剩余工程款。新车库预计使用年限 20 年，净残值率为 4%。折旧方法仍采用年限平均法，相关资料见图 3-10。

同时，车库改、扩建工程经验收达到预定可使用状态，结转工程成本。

【解析】会计人员按照合同、增值税发票编制如下会计分录。

（1）支付剩余工程款息。

借：在建工程——车库                              200 000
　　应交税费——应交增值税（进项税额）              18 000
　　贷：银行存款                                            218 000

（2）车库改扩建完成，结转工程成本。

借：固定资产——车库                              927 200
　　贷：在建工程——车库                                    927 200

中国工商银行
转账支票存根

支票号码：643021

附加信息

出票日期：2019年09月10日
收款人：万工建筑公司
金额：￥218000
用途：对车库改扩建
备注
单位主管 张小 会计 邹平

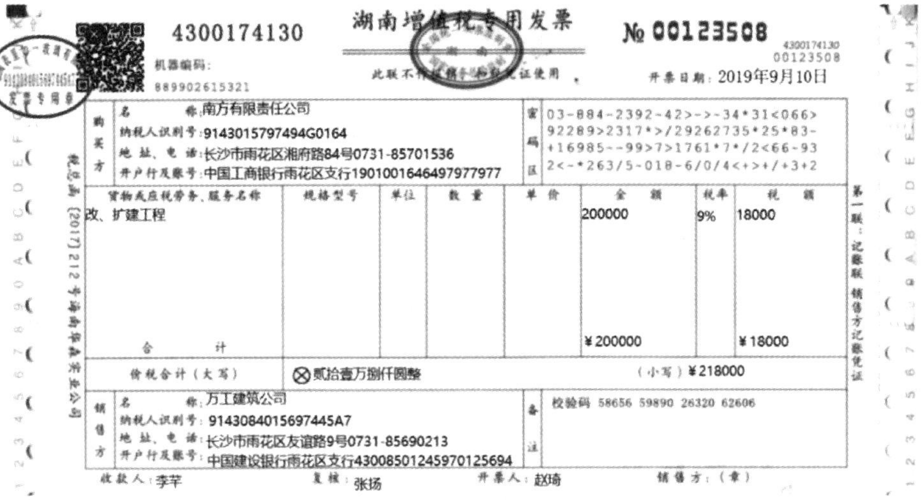

4300174130 湖南增值税专用发票 № 00123508

4300174130 00123508

机器编码：889902615321

此联不作报销、扣税凭证使用

开票日期：2019年9月10日

| | | | | | | | |
|---|---|---|---|---|---|---|---|
| 购买方 | 名称：南方有限责任公司<br>纳税人识别号：9143015797494G0164<br>地址、电话：长沙市雨花区湘府路84号0731-85701536<br>开户行及账号：中国工商银行雨花区支行1901001646497977977 | | | 密码区 | 03-884-2392-42>->-34*31<066><br>92289>2317*>/29262735*25*83-<br>+16985--99>7>1761*7*/2<66-93<br>2<-*263/5-018-6/0/4<+>+/+3+2 | | |
| 货物或应税劳务、服务名称 | 规格型号 | 单位 | 数量 | 单价 | 金额 | 税率 | 税额 |
| 改、扩建工程 | | | | | 200000 | 9% | 18000 |
| 合计 | | | | | ¥200000 | | ¥18000 |
| 价税合计（大写） | ⊗贰拾壹万捌仟圆整 | | | | （小写）¥218000 | | |
| 销售方 | 名称：万工建筑公司<br>纳税人识别号：9143084015697445A7<br>地址、电话：长沙市雨花区友谊路9号0731-85690213<br>开户行及账号：中国建设银行雨花区支行43008501245970125694 | | | 备注 | 校验码 58656 59890 26320 62606 | | |

收款人：李芊 复核：张扬 开票人：赵琦 销售方：（章）

第一联：记账联 销售方记账凭证

**图 3-10 银行转账支票存根和增值税发票**

## 五、固定资产处置

### 职业法规

我国《企业会计准则第 4 号——固定资产》第二十一条规定，固定资产满足下列条件之一的，应当予以终止确认：①该固定资产处于处置状态。②该固定资产预期通过使用或处置不能产生经济利益。

固定资产处置，包括固定资产的出售、报废、毁损、对外投资、非货币性资产交换、债务重组等。

企业处置固定资产应通过“固定资产清理”科目核算。该科目用以核算企业因出售、报废、毁损、对外投资、非货币性资产交换、债务重组等原因转入清理的固定资产价值以及在清理过程中发生的清理费用和清理收益。借方登记转出的固定资产账面价值、清理过程中应支付的相关税费及其他费用，贷方登记出售固定资产取得的价款、残料价值和变价收入。期末借方余额反映企业尚未清理完毕的固定资产清理净损失，期末贷方余额反映企业尚未清理完毕的固定资产清理净收益。固定资产清理完成，其借方登记转出的清理净收益，贷方登记转出的清理净损失，清理净损益结转后，“固定资产清理”科目无余额。

另外，为核算固定资产清理业务，企业还应设置“资产处置损益”“营业外收入”“营业外支出”科目。“资产处置损益”科目用以核算固定资产、无形资产、在建工程等因出售或转让等原因，产生的处置利得或损失，贷方登记净收益，借方登记净损失。

关于固定资产处置会计核算，通常包括以下 5 个方面：

## （一） 固定资产转入清理

借：固定资产清理（账面价值）

累计折旧（已计提的累计折旧）

固定资产减值准备（已计提的减值准备）

贷：固定资产（账面原价）

## （二） 发生的清理费用等

借：固定资产清理（清理过程中支付的相关税费及其他费用）

应交税费——应交增值税（进项税额）

贷：银行存款等

## （三） 收回处置价款、残料价值和变价收入

借：银行存款（处置价款）

原材料等（残料入库价值）

贷：固定资产清理

应交税费——应交增值税（销项税额）

## （四）保险赔偿

借：其他应收款等

贷：固定资产清理

## （五）清理净损益

1. 清理净损失

借：营业外支出（报废、毁损造成的损失）

资产处置损益（正常出售、转让的损失）

贷：固定资产清理

2. 清理净收益

借：固定资产清理

贷：营业外收入（报废、毁损造成的收益）

资产处置损益（正常出售、转让的收益）

【业务实操】典型经济业务举例

**例 3-21** 业务描述：甲公司为增值税一般纳税人，12 月 30 日出售一座建筑物（该建筑物系 2016 年 6 月 1 日自建完工达到预定可使用状态），原价为 200 万元，已计提折旧 150 万元，未计提减值准备。收到出售价款 120 万元，增值税税率为 9%，增值税税额为 10.8 万元，款项已存入银行。不考虑其他相关因素。

【解析】

（1）将出售固定资产转入清理时：

借：固定资产清理            500 000

| | |
|---|---|
| 累计折旧 | 1 500 000 |
| 贷：固定资产 | 2 000 000 |

（2）收到出售固定资产的价款和税款时：

| | |
|---|---|
| 借：银行存款 | 1 308 000 |
| 贷：固定资产清理 | 1 200 000 |
| 应交税费——应交增值税（销项税额） | 108 000 |

（3）结转出售固定资产实现的利得时：

| | |
|---|---|
| 借：固定资产清理 | 700 000 |
| 贷：资产处置损益 | 700 000 |

**例 3-22**　业务描述：乙公司为增值税一般纳税人，现有一台设备由于性能等原因决定提前报废，原价为 50 万元，已计提折旧 45 万元，未计提减值准备。取得报废残值变价收入 2 万元，增值税税额为 0.26 万元。报废清理过程中发生自行清理费用 0.35 万元。有关收入、支出均通过银行办理结算。不考虑其他相关因素。

**【解析】**

（1）将报废固定资产转入清理时：

| | |
|---|---|
| 借：固定资产清理 | 50 000 |
| 累计折旧 | 450 000 |
| 贷：固定资产 | 500 000 |

（2）收回残料变价收入时：

| | |
|---|---|
| 借：银行存款 | 22 600 |
| 贷：固定资产清理 | 20 000 |
| 应交税费——应交增值税（销项税额） | 2 600 |

（3）支付清理费用时：

| | |
|---|---|
| 借：固定资产清理 | 3 500 |
| 贷：银行存款 | 3 500 |

（4）结转报废固定资产发生的净损失时：

| | |
|---|---|
| 借：营业外支出——非流动资产处置损失 | 33 500 |
| 贷：固定资产清理 | 33 500 |

## 六、固定资产清查

为保证固定资产核算的真实性，企业应当定期或者至少于每年年末对固定资产采用实地盘点法进行清查盘点。在固定资产清查过程中，如果发现账实不符的固定资产，应当填制"固定资产盘盈盘亏报告单"，并及时查明原因，按照规定程序进行报批处理。

### （一）固定资产盘盈

企业在财产清查中盘盈的固定资产，应当作为前期差错进行会计处理。并设置"以前年度损益调整"科目，用以核算企业本年度发生的调整以前年度损益的事项以及本年度发现的重要前期差错更正涉及调整以前年度损益的事项，借方登记调整减少以前年度利润或增加以前年度亏损，贷方登记调整增加以前年度的利润或减少以前年度的亏损以及由于以前年度损益调整减少的所得税费用。

借：固定资产（重置成本）

　　贷：以前年度损益调整

借：以前年度损益调整（以前年度损益调整增加的所得税费用）

　　贷：应交税费——应交所得税

借：以前年度损益调整

　　贷：盈余公积

　　　　利润分配——未分配利润

## （二）固定资产盘亏

1. 批准前的处理

借：待处理财产损溢（盘亏固定资产的账面价值）

　　累计折旧（已计提的累计折旧）

　　固定资产减值准备（已计提的减值准备）

　　贷：固定资产（盘亏固定资产的原价）

　　　　应交税费——应交增值税（进项税额转出）（非正常损失造成的盘亏资产的

　　　　　　进项税额转出）

## 职业法规

根据现行增值税制度的规定，购进货物及不动产发生非正常损失，其负担的进项税额不得抵扣，其中购进货物包括被确认为固定资产的货物。但是，如果盘亏的是固定资产，应按其账面净值（即固定资产原价——已计提折旧）乘以适用税率计算能抵扣的进项税额。

2. 批准后的处理

借：其他应收款（保险公司和过失人的赔偿）

　　营业外支出（盘亏净损失）

　　贷：待处理财产损溢

**【业务实操】典型经济业务举例**

例3-23　业务描述：2019年12月31日，东方股份有限公司在固定资产清查中，发现盘亏一台电子设备，如"固定资产盘盈、盘亏报告表"（表3-8）所示：

**【解析】**

借：待处理财产损溢——待处理固定资产损溢　　　　　　　　18 000

　　累计折旧　　　　　　　　　　　　　　　　　　　　　35 000

　　贷：固定资产　　　　　　　　　　　　　　　　　　　　　53 000

表 3-8 固定资产盘盈、盘亏报告表

单位名称：东方股份有限公司　　2019 年 12 月 31 日　　第 01 号

| 卡片号 | 固定资产编号 | 固定资产名称 | 计量单位 | 盘盈 | | | | 盘亏或毁损 | | | | | 理由书编号 | 附注 |
|---|---|---|---|---|---|---|---|---|---|---|---|---|---|---|
| | | | | 数量 | 市场价 | 成新率 | 入账价值 | 数量 | 固定资产入账价值 | 已提折旧 | 已提减值 | 账面价值 | | |
| 01 | 001 | 电子设备 | 台 | | | | | 1 | 53 000 | 35 000 | | 18 000 | | |
| | | | | | | | | | | | | | | |

单位领导：王西　　技术（设备）主管：　　会计机构负责人：刘田　　制表人：王丽

经批准后（表 3-9）：

表 3-9 固定资产盘盈盘亏（毁损）理由书

单位名称：东方股份有限公司　　2019 年 12 月 31 日　　第 01 号

| 固定资产编号 | 卡片号 | 固定资产名称 | 规格 | 计量单位 | 数量 | 固定资产入账价值（市场价值） | 折旧额（成新率） | 已提减值 | 账面价值（入账价值） |
|---|---|---|---|---|---|---|---|---|---|
| 001 | 01 | 电子设备 | | 台 | 1 | 53 000 | 35 000 | | 18 000 |
| 理由 | 固定资产已作报废。 | | | | | | | | |

借：营业外支出——盘亏损失　　　　　　　　　　　　　　　18 000
　　贷：待处理财产损溢——待处理固定资产损溢　　　　　　　18 000

【职业素养养成】

分小组对前导案例进行以下两个方面的分析、讨论。

（1）根据前导案例资料，判断该公司会计王某与李某的说法哪个正确？

（2）若不正确，简述理由并作出正确的会计处理。

【专业能力测评】智慧职教平台知识点自测。

# 模块四　无形资产及金融资产业务会计核算

**【业务简介】**

不同于存货、固定资产等实物资产，无形资产具有无实体性、长期性、可辨认性和不确定性等特征，这些特点决定了企业持有无形资产的难度。而金融市场不同于商品市场，金融市场使资金的所有权和使用权相分离，使金融资产具有不确定性、普遍性、扩散性和突发性等特征，并且存在不可分散的系统风险。因此，对于无形资产和金融资产的会计核算和会计监督难度大、要求高。鉴于这两项资产的特殊性，将它们单独作为一个模块进行阐述，且本模块关于无形资产和金融资产的阐述是以相应会计准则为依据而进行的基础性理论阐述和会计核算。

在会计实务中，无形资产会涉及专利权证书、商标注册书、无形资产办理产权转让手续等能证明无形资产价值的原始凭证，其过程和程序都较为复杂。而金融资产会涉及证券交易交割单、佣金合同以及发票等原始凭证，过程和程序同样较为复杂。在实务操作中并不是所有的企业都会涉及上述业务，特别是一些中小型企业、商业企业、制造企业等，并未涉及这两项业务。

# 任务 1　无形资产业务

**【学习目标】**

（1）知识目标：理解无形资产的概念和特征；掌握无形资产相关业务的会计核算。

（2）能力目标：能够准确判断和审核无形资产相关业务的原始凭证，并进行正确的账务处理和登记总账及明细账。

**【前导案例】**

1997 年，加多宝公司与广药集团的王老吉正式签署商标许可使用合同。2000 年双方第二次签署合同，约定鸿道集团对王老吉商标的租赁期限至 2010 年 5 月 2 日到期。2001—2003 年，广药集团副董事长、总经理李益民贿赂鸿道集团董事长陈鸿道，并签了两份"补充协议"：允许鸿道集团将"红罐王老吉"生产经营权延续到 2020 年。

2010 年 8 月 30 日，广药集团就向鸿道集团发律师函，申诉李益民签署的两份"补充协议"无效。2011 年 4 月，广药提出仲裁请求，并提供相应资料，5 月王老吉商标立案。2012 年 5 月 11 日，仲裁裁决"补充协议"无效，加多宝停止使用"王老吉"商标。5 月 17 日，加多宝向北京一中院提出撤销该仲裁裁决书。同年 7 月 13 日，北京一中院终审裁定加多宝禁用"王老吉"商标。

——资料来源：百度文库

## 一、无形资产概述

无形资产是指企业拥有或者控制的，没有实物形态的可辨认非货币性资产。无形资产的特征主要有：无实体性、长期性、可辨认性和不确定性。根据我国《企业会计准则》的规定，满足下列条件之一的，符合无形资产定义中的可辨认性标准：①能够从企业中分离或者划分出来，并能单独或者与相关合同、资产或负债一起，用于出售、转移、授予许可、租赁或者交换；②源自合同性权利或其他法定权利，无论这些权利是否可以从企业或其他权利和义务中转移或者分离。

依据不同的分类标准，无形资产可以具体分为不同类别。以经济内容为标准，无形资产可分为专利权、商标权、非专利技术、著作权、土地使用权和特许权。以经济寿命期限为标准，无形资产可分为期限确定的无形资产和期限不确定的无形资产。以取得来源为标准，无形资产可分为外来无形资产和自创无形资产。

关于无形资产的确认，必须要同时满足下列条件，才能予以确认：①与该无形资产有关的经济利益很可能流入企业；②该无形资产的成本能够可靠地计量。

———————— 职业法规

根据《企业会计准则第 6 号——无形资产》第五条的规定：企业在判断无形资产产生的经济利益是否很可能流入时，应当对无形资产在预计使用寿命内可能存在的各种经济因素作出合理估计，并且应当有明确证据支持。

## 二、无形资产初始计量

无形资产应当按照成本进行初始计量。为了反映和监督无形资产的取得情况，企业应设置"无形资产"科目，用以核算企业持有的无形资产成本，借方登记取得无形资产的成本，贷方登记处置无形资产时转出的账面余额，期末借方余额反映企业无形资产的成本。

取得无形资产的方式有两种：外购和自行研发。

### （一）外购无形资产

外购无形资产的成本，包括购买价款、相关税费以及直接归属于使该项资产达到预定用途所发生的其他支出。

【知识点应用】某企业为增值税一般纳税人，购入一项专利，取得经税务机关认证的增值税专用发票上注明的价款为 120 万元，增值税税额为 72 万元。为宣传该专利生产的产品，另外发生宣传费支出 20 万元。不考虑其他因素，该专利的入账价值为（　　）。

A. 1 272 万元　　　　B. 1 472 万元　　　　C. 120 万元　　　　D. 140 万元

【解析】C。发生的宣传费用支出应计入销售费用，所以该专利技术入账价值为 120 万元。

外购无形资产的账务处理如下：

借：无形资产（购买价款+相关税费+其他直接相关支出）

　　　应交税费——应交增值税（进项税额）（可以抵扣的进项税额）

　　贷：银行存款/应付账款

### （二）自行研究开发无形资产

企业内部研究开发项目的支出，应当区分研究阶段支出与开发阶段支出。研究是指为获取并理解新的科学或技术知识而进行的独创性的有计划调查。开发是指在进行商业性生产或使用前，将研究成果或其他知识应用于某项计划或设计，以生产出新的或具有实质性改进的材料、装置、产品等。

———————— 职业法规

根据《企业会计准则第 6 号——无形资产》第九条的规定：企业内部研究开发项

目开发阶段的支出，同时满足下列条件的，才能确认为无形资产：①完成该无形资产以使其能够使用或出售在技术上具有可行性；②具有完成该无形资产并使用或出售的意图；③无形资产产生经济利益的方式，包括能够证明运用该无形资产生产的产品存在市场或无形资产自身存在市场，无形资产将在内部使用的，应当证明其有用性；④有足够的技术、财务资源和其他资源支持，以完成该无形资产的开发，并有能力使用或出售该无形资产；⑤归属于该无形资产开发阶段的支出能够可靠地计量。

为了反映企业自行开发无形资产发生的研发支出，应设置"研发支出——费用化支出""研发支出——资本化支出"科目。"研发支出"科目用以核算企业进行研究与开发无形资产过程中发生的各项支出，该科目按研究开发项目，分设"费用化支出""资本化支出"进行明细核算。

1. 发生研发费时

借：研发支出——费用化支出（研究阶段支出+开发阶段不符合资本化条件的支出）
　　　　　　——资本化支出（开发阶段符合资本化条件的支出）
　　应交税费——应交增值税（进项税额）
　　贷：银行存款
　　　　原材料（研发过程中领用原材料成本）
　　　　应付职工薪酬（研发人员应计的职工薪酬）

2. 将研发费用列入当期管理费用

借：管理费用
　　贷：研发支出——费用化支出

3. 达到可使用状态时

借：无形资产（符合资本化条件的开发费）
　　贷：研发支出——资本化支出

【知识点应用】下列各项中，自行研发无形资产业务的会计处理表述正确的是（　　）。

A. 满足资本化条件的研发支出达到预定用途，应转入"无形资产"科目的借方

B. 不满足资本化条件的研发支出，期末应转入"管理费用"科目的借方

C. 满足资本化条件的研发支出，应计入"研发支出——费用化支出"科目的借方

D. 不满足资本化条件的研发支出，应计入"研发支出——资本化支出"科目的借方

【解析】AB。选项C错误，满足资本化条件的研发支出，应计入"研发支出——资本化支出"科目的借方；选项D错误，不满足资本化条件的研发支出，应计入"研发支出——费用化支出"科目的借方。

【业务实操】典型经济业务举例

例4-1　业务描述：（初级会计师考试2020年真题）甲企业为增值税一般纳税人，2019年发生与无形资产相关的经济业务如下：

（1）1月7日，自行研发一项管理用M非专利技术。截至4月30日，以银行存款共支付研究费用50 000元，其中，相关业务取得增值税专用发票注明的增值税税额为

2 600 元，研究阶段的相关活动已结束。

（2）5 月 3 日，M 非专利技术研发活动进入开发阶段。该阶段共发生研发人员薪酬 500 000 元、其他研发费用 100 000 元，所有支出均符合资本化条件，取得增值税专用发票注明的增值税税额为 13 000 元。9 月 1 日，M 非专利技术研发活动结束，经测试达到预定技术标准并投入使用。M 非专利技术预计使用年限为 5 年，无残值，采用直线法摊销。

【解析】

（1）以银行存款共支付研发费用 50 000 元，应通过"研发支出——费用化支出"科目核算，取得增值税专用发票，涉及的增值税税额应确认进项税额。期末，费用化金额 50 000 元，应全部转入管理费用。

A. 以银行存款支付研究费用时：

| | |
|---|---|
| 借：研发支出——费用化支出 | 50 000 |
| 应交税费——应交增值税（进项税额） | 2 600 |
| 贷：银行存款 | 52 600 |

B. 期末，将费用化支出转入管理费用时：

| | |
|---|---|
| 借：管理费用 | 50 000 |
| 贷：研发支出——费用化支出 | 50 000 |

（2）进入开发阶段，研发人员薪酬 500 000 元、其他研发费用 100 000 元的支出均满足资本化条件，应予以资本化。取得增值税专用发票，相关支出涉及的增值税税额应确认进项税额。研发活动结束，达到预定技术标准投入使用，表明满足无形资产确认条件，应将资本化金额 600 000 元转入无形资产。综上所述，甲企业自行研发 M 非专利技术的入账金额 = 500 000+100 000 = 600 000（元）。

A. 开发阶段发生的资本化支出：

| | |
|---|---|
| 借：研发支出——资本化支出 | 600 000 |
| 应交税费——应交增值税（进项税额） | 13 000 |
| 贷：应付职工薪酬 | 500 000 |
| 银行存款（其他研发费用和进项税额） | 113 000 |

B. 达到预定用途并投入使用：

| | |
|---|---|
| 借：无形资产 | 600 000 |
| 贷：研发支出——资本化支出 | 600 000 |

## 三、无形资产后续计量

无形资产的后续计量，主要是指对无形资产进行摊销。关于无形资产的摊销，要分为两种情况：使用寿命确定的无形资产和使用寿命不确定的无形资产。使用寿命有限的无形资产，其应摊销金额应当在使用寿命内系统合理摊销。使用寿命不确定的无形资产不应摊销。

企业摊销无形资产，应当自无形资产可供使用时起，至不再作为无形资产确认时止。

为了反映和核算无形资产摊销，企业应设置"无形资产"科目，用以核算对使用寿命有限的无形资产计提的累计摊销，该科目的贷方登记企业计提的无形资产摊销，借方登记处置无形资产时转出无形资产的累计摊销，期末贷方余额反映企业无形资产的累计摊销额。

借：管理费用（管理用无形资产的摊销额）

　　制造费用（生产用无形资产的摊销额）

　　其他业务成本（出租的无形资产的摊销额）

　　贷：累计摊销

【知识点应用】某企业为增值税一般纳税人，购入一项管理用特许权确认为无形资产，取得的增值税专用发票上注明的价款为 4 800 000 元、增值税税额为 288 000 元。该特许权受益年限为 10 年，采用年限平均法按月进行摊销。不考虑其他因素。该项特许权在购入当月进行摊销的会计处理正确的是(　　)。

A. 借：管理费用 40 000

　　　贷：累计摊销 40 000

B. 借：其他业务成本 42 000

　　　贷：累计摊销 42 000

C. 借：其他业务成本 40 000

　　　贷：累计摊销 40 000

D. 借：管理费用 42 400

　　　贷：累计摊销 42 400

【解析】A。计提每月无形资产摊销时：

借：管理费用 40 000

　贷：累计摊销 40 000

### 四、无形资产处置

无形资产的处置分为出售和报废两种情况。

#### (一) 无形资产出售业务会计核算

企业出售无形资产，属于日常经营活动，应当将取得的价款扣除该无形资产账面价值以及出售相关税费后的差额作为资产处置损益进行会计处理。

借：银行存款（实际收到的金额）

　　累计摊销（已计提的累计摊销）

　　无形资产减值准备（已计提的减值准备）

　　贷：无形资产（无形资产账面余额）

　　　　应交税费——应交增值税（销项税额）（计税依据×适用税率）

　　　　资产处置损益（倒挤，或在借方）

#### (二) 无形资产报废业务会计核算

如果无形资产预期不能为企业带来未来经济利益，企业应将其报废并予以转销，其账面价值转入当期损益。

借：累计摊销（已计提的累计摊销）

无形资产减值准备（已计提的减值准备）

营业外支出（倒挤）

贷：无形资产（无形资产账面余额）

**【业务实操】典型经济业务举例**

例4-2 业务描述：2019年3月30日，湖南维图股份有限公司将拥有的一项非专利技术出售。开具的增值税专用发票注明价款800万元，增值税税额48万元，款已收妥入账，该非专利技术的账面余额为700万元，累计摊销额350万元，已计提的减值准备为200万元，相关资料见表4-1、图4-1。

**表4-1 无形资产摊销明细表**

编制单位：湖南维图股份有限公司　　2019年3月30日　　　　　　　　　　　单位：元

| 序号 | 资产名称 | 无形资产原值 | 已计提减值准备 | 累计摊销额 | 无形资产净值 |
|------|----------|--------------|----------------|------------|--------------|
| 1 | 非专利技术 | 8 000 000 | 2 000 000 | 3 500 000 | 2 500 000 |
| 2 | | | | | |
| 合　计 | | | 2 000 000 | 3 500 000 | |

审核人：陈梦　　　　　　　　　　　　　　　　　　　　　　　　　制表人：许可

**图4-1 增值税发票**

**【解析】** 会计人员按照增值税发票、无形资产摊销表等资料编制如下会计凭证。

借：银行存款 8 480 000

累计摊销 3 500 000

无形资产减值准备 2 000 000

贷：无形资产 7 000 000

应交税费——应交增值税（销项税额） 480 000

资产处置损益 6 500 000

**【职业素养养成】**

分小组对前导案例进行以下两个方面的分析、讨论：

（1）分析、判断前导案例，谈一谈如何看待商标权侵权？

（2）谈一谈自己身边的无形资产有哪些？

**【专业能力测评】** 智慧职教平台知识点自测。

# 任务 2  金融资产业务

**【学习目标】**

（1）知识目标：理解金融资产的概念；熟悉金融资产的分类；掌握交易性金融资产业务的会计核算。

（2）能力目标：能结合实际运用所学知识分辨金融资产所属类别。

**【前导案例】**

1985 年 7 月成立的安然公司，以中小型地区能源供应商起家，总部设在休斯敦，曾被认为是新经济时代传统产业发展的典范。

壮大后的安然已不满足于传统的经营方式，它开始把目光投向能源证券。安然管理层认为，为任何一个大宗商品创造衍生证券市场都是可能的，安然公司不断开发能源商品的期货、期权和其他金融衍生工具，把本来不流动或流动性很差的资产"盘活"，在能源证券交易中获得垄断地位，至 20 世纪 90 年代末，安然已从一家实体性的生产企业摇身一变成为了一家类似于对冲基金的华尔街式的公司。另外安然通过运用巧妙的会计手段，创造了一套十分复杂的财务结构，用于资本运作。90 年代末期至 2001 年夏天，安然在金融运作上获得极大成功，1995 年安然公司被经济界权威杂志《财富》评为"最富创新能力的公司"，连续 6 年都排在微软、英特尔之前，它的最主要的"成就"就是对金融工具的创新运用，由于它的"出色表现"，安然公司的管理人员被业界认为是资本运营的高手。

可是，安然的成功毕竟是个泡沫，这个泡沫导致安然的股价从 2000 年的每股 90 美元跌至不到 1 美元，安然最终于 2001 年 12 月 2 日申请破产保护，成了美国历史上最大的破产案。

安然破产不仅使数百万持股人损失惨重，而且造成该公司大批员工投资在本公司股票上的退休金血本无归。

——资料来源：百度文库

## 一、金融资产概述

金融资产，是指企业持有的现金、其他方的权益工具以及符合下列条件之一的资产：

（1）从其他方收取现金或其他金融资产的合同权利。如：银行存款、应收账款等。预付账款不属于金融资产；

（2）在潜在有利条件下，与其他方交换金融资产或金融负债的合同权利。如买入看涨期权或看跌期权。

（3）将来须用或可用企业自身权益工具进行结算的非衍生工具合同，且企业根据该合同将收到可变数量的自身权益工具。

（4）将来须用或可用企业自身权益工具进行结算的衍生工具合同，但以固定数量的自身权益工具交换固定金额的现金或其他金融资产的衍生工具合同除外。

综上所述，在企业全部资产中，库存现金、银行存款、应收账款、应收票据、其他应收款、应收利息、债权投资、股权投资、基金投资及衍生金融资产等统称为金融资产。

## 二、金融资产分类

企业应当根据其管理金融资产的业务模式和金融资产的合同现金流量特征，将金融资产划分为以下 3 类：

### （一）以摊余成本计量的金融资产

该类金融资产应同时符合两个条件：

（1）企业管理该金融资产的业务模式是以收取合同现金流量为目标。

（2）该金融资产的合同条款规定，在特定日期产生的现金流量仅为支付的本金和以未偿付本金金额为基础的利息。

会计上通常将"银行存款""贷款""应收账款""债权投资"等账户归为此类。

### （二）以公允价值计量且其变动计入其他综合收益的金融资产

该类金融资产应同时符合两个条件：

（1）企业管理金融资产的业务模式既以收取合同现金流量为目标又以出售该金融资产为目标。

（2）该金融资产的合同条款规定，在特定日期产生的现金流量仅为支付的本金和以未偿付本金金额为基础的利息。

例如：企业持有普通债券的合同现金流量是到期收回本金及按约定利率在合同期间按时收入固定利息的权利。如果企业管理该债券的业务模式是既以收取合同现金流量为目标，又以出售该债券为目标，则根据《企业会计准则》的有关规定，可以将其划归为以公允价值计量且其变动计入其他综合收益的金融资产。会计上，通常将"其他债权投资""其他权益工具投资"账户的核算归为此类。

### （三）以公允价值计量且其变动计入当期损益的金融资产

除前两种金融资产以外的金融资产，应当分类为以公允价值计量且其变动计入当期损益的金融资产。此类金融资产主要包括交易性金融资产和指定为以公允价值计量且其变动计入其他综合收益的金融资产。

【知识点应用】请判断下列属于金融资产的有（　　　）

A. 应收账款　　　　　　　　　B. 期权

C. 债权投资　　　　　　　　　D. 预收账款

【解析】ABC。金融资产主要包括库存现金、应收账款、应收票据、贷款、其他应收款、应收利息、债权投资、股权投资、基金投资、衍生金融资产等，其中期权属于衍生金融资产。

### 三、交易性金融资产

—————————— 职业风险点

金融市场不同于商品市场，金融市场使资金的所有权使用权相分离，并具有不确定性、普遍性、扩散性和突发性等特征，存在不可分散的系统风险，因此，对于金融资产的会计核算和会计监督的难度大、要求高，企业会计应准确计量、如实谨慎反映金融资产上的风险，关注金融资产公允价值的顺周期性特点和可能的不良经济后果，加强金融资产监督管理，防止金融资产过度投资导致的高度经济虚拟化，影响企业主业核心竞争力和可持续健康发展。

鉴于金融资产会计核算存在复杂且难度大的特点，本教材仅以比较典型一类金融资产，即交易性金融资产作详细阐述。

### 四、交易性金融资产概述

交易性金融资产是指企业为了近期内出售而持有的债券投资、股票投资和基金投资。对交易性金融资产的确认，必须满足以下条件之一：

（1）取得该金融资产的目的，主要是为了近期内出售或回购。

（2）属于进行集中管理的可辨认金融工具组合的一部分，且有客观证据表明企业近期采用短期获利方式对该组合进行管理。

（3）一般情况下，购入的期货等衍生工具，应作为交易性金融资产。

交易性金融资产的特征可以总结为以下3点：

（1）持有的目的是短期性的。交易性金融资产在初次确认时即确定其持有目的是短期获利。

（2）具有活跃市场，是指交易性金融资产的公允价值能够通过活跃市场获取。

（3）不计提资产减值损失。与存货、固定资产和无形资产等资产不同，交易性金融资产持有期间不计提资产减值损失。

### 五、交易性金融资产业务会计科目的设置

为了反映和监督交易性金融资产的取得、收取现金股利或利息出售等情况，企业应当设置"交易性金融资产""公允价值变动损益""投资收益"等科目进行核算。

#### （一）"交易性金融资产"科目

用以核算企业以交易目的所持有的债券投资、股票投资、基金投资等交易性金融资产的公允价值。该科目借方登记交易性金融资产的取得成本、资产负债表日其公允价值高于账面余额的差额，以及出售交易性金融资产时结转公允价值低于账面余额的变动金额；贷方登记资产负债表日其公允价值低于账面余额的差额，以及企业出售交易性金融资产时结转的成本和公允价值高于账面余额的变动金额。

## （二）"公允价值变动损益"科目

用以核算企业交易性金融资产等由于公允价值变动而形成的应计入当期损益的利得或损失的金额。该科目贷方登记资产负债表日企业持有的交易性金融资产等的公允价值高于账面余额的差额；借方登记资产负债表日企业持有的交易性金融资产等的公允价值低于账面余额的差额。

## （三）"投资收益"科目

用以核算企业持有交易性金融资产等的期间取得的投资收益以及处置交易性金融资产等实现的投资收益或投资损失。该科目贷方登记企业出售交易性金融资产等实现的投资收益；借方登记企业出售交易性金融资产等发生的投资损失。

## 六、交易性金融资产的初始计量

### 职业法规

《企业会计准则第 22 号——金融工具确认和计量》规定：企业初始确认金融资产，应当按照公允价值计量。对于以公允价值计量且其变动计入当期损益的金融资产，相关交易费用应当直接计入当期损益。

企业应当根据《企业会计准则第 39 号——公允价值计量》的规定，确定金融资产在初始确认时的公允价值。公允价值通常为相关金融资产的交易价格。

在对交易性金融资产进行初始计量时，应当注意以下 3 点：

（1）如果交易价格中包括了已宣告发放但尚未发放的现金股利，应单独确认为一项应收债权，例如：应收股利、应收利息等，而不得计入交易性金融资产的初始成本。

（2）支付的不含增值税的交易费用，应当作为当期费用计入投资收益。这里的交易费用，是指可直接归属于购买、发行或处置金融工具的增量费用。增量费用是指企业没有发生购买、发行或处置相关金融工具的情形就不会发生的费用，包括支付给代理机构、咨询公司、券商、证券交易所、政府有关部门等的手续费、佣金、相关税费及其他必要支出，但不包括与交易不直接相关的费用。

（3）取得交易性金融资产而发生的相关增值税不得计入交易性金融资产的初始成本。

【知识点应用】甲公司为增值税一般纳税人，购入乙上市公司股票确定为交易性金融资产。购入时支付价款 200 万元，另支付交易费用 3 万元、增值税 0.18 万元。不考虑其他因素，甲公司购入股票的初始入账金额为（　　）万元。

　A. 197　　　　　　B. 200　　　　　　C. 203.18　　　　　　D. 203

【解析】B。企业在购进交易性金融资产时，相关的交易费用应当计入"投资收益"科目的借方，发生交易费用取得增值税专用发票的，进项税额经认证后可从当月销项税额中扣除，借记"应交税费——应交增值税（进项税额）"，所以，甲公司购入股票的初始入账金额为 200 万元。

企业取得交易性金融资产时，应当根据证券交易交割单和相关单据，进行账务处理：

借：交易性金融资产——成本（取得时的公允价值）

应收股利/应收利息(购买价款中包含的已宣告但尚未发放的现金股利或已到付息期但尚未领取的利息)

投资收益（发生的交易费用）

应交税费——应交增值税（进项税额）（可抵扣的进项税额）

贷：其他货币资金等

### 七、交易性金融资产的后续计量

（一）收到购买时包含的已宣告但尚未发放的现金股利或已到付息期但尚未领取的利息

借：其他货币资金等

贷：应收股利/应收利息

（二）持有期间取得的现金股利或利息

借：应收股利（被投资单位宣告发放的现金股利×投资持股比例）

应收利息（资产负债表日计算的应收利息）

贷：投资收益

（三）期末计量

(1) 资产负债表日，交易性金融资产的公允价值>账面余额。

借：交易性金融资产——公允价值变动

贷：公允价值变动损益

(2) 资产负债表日，交易性金融资产的公允价值<账面余额。

借：公允价值变动损益

贷：交易性金融资产——公允价值变动

【知识点应用】甲公司9月30日账面上持有乙公司2 000股股票其账面价值为："交易性金融资产——成本"借方余额20 000元。11月30日，乙公司以1：1的方式宣告发放股票股利，12月31日该股票收盘价为每股6元，则12月31日当天该交易性金融资产的会计处理为（    ）。

A. 贷记交易性金融资产——公允价值变动 8 000

B. 借记投资收益 8 000

C. 借记交易性金融资产——公允价值变动 4 000

D. 贷记公允价值变动损益 8 000

【解析】C。11月30日乙公司宣告发放股票股利，虽然在账务上不做会计处理，但此时甲公司持有的股数已从原来的2 000股变为4 000股。故12月31日时，甲公司账上的交易性金融资产公允价值应为4 000×6＝24 000（元）。

## 八、交易性金融资产处置业务核算

借：其他货币资金等（实际收到的金额）

　　贷：交易性金融资产——成本（取得时的公允价值）

　　　　　　　　　　——公允价值变动（或在借方）

　　　　投资收益（差额，也可能在借方）

注意：①出售时点应确认的投资收益＝（出售价款−出售时交易费用）−出售时账面价值；②整个持有期间确认的投资收益＝[（出售价款−出售时交易费用）−出售时账面价值]−购买时交易费用+持有期间确认的现金股利或额债券利息。

**【业务实操】典型经济业务举例**

**例4-3**　业务描述：甲公司为增值税一般纳税人。假定2019年6月1日，新宇公司以存入证券公司的投资款购入乙公司股票1 000 000股，作为交易性金融资产，支付价款2 500 000元（其中包括已宣告发放的现金股利500 000元），另支付相关交易费用30 000元，取得增值税专用发票上注明的增值税税额为1 800元。

**【解析】**会计人员根据证券交割凭证，编制如下会计分录

借：交易性金融资产——乙公司——成本　　　　　　　　2 000 000

　　应收股利　　　　　　　　　　　　　　　　　　　　500 000

　　投资收益　　　　　　　　　　　　　　　　　　　　 30 000

　　应交税费——应交增值税（进项税额）　　　　　　　　 1 800

　　贷：其他货币资金——存出投资款　　　　　　　　　2 531 800

**例4-4**　业务描述：承例4-3，甲公司所持有的股票在2019年12月31日每股收盘价为3元，调整交易性金融资产账面价值。

**【解析】**会计人员根据当日证券收盘价，制作公允价值变动计算表并编制如下会计分录：

借：交易性金融资产——乙公司——公允价值变动　　　　1 000 000

　　贷：公允价值变动损益——乙公司股票　　　　　　　1 000 000

**例4-5**　业务描述：承例4-4，2020年1月31日收到乙公司按10∶4的送股800 000股。

**【解析】**乙公司发放股票股利，会计在账务上不做处理，但要在备查簿内登记并注明。

**例4-6**　业务描述：承例4-5，2021年3月31日，甲公司将当前持有的股票出售一半，收到款项1 400 000元存入证券公司投资款账户内。

**【解析】**会计人员根据证券交割凭证，编制如下记账凭证。

借：其他货币资金——存出投资款　　　　　　　　　　1 400 000

　　投资收益　　　　　　　　　　　　　　　　　　　　100 000

　　贷：交易性金融资产——乙公司——成本　　　　　　1 000 000

　　　　交易性金融资产——乙公司——公允价值变动　　　500 000

**例4-7**　业务描述：承例4-6，甲公司所持有的股票在2022年12月31日每股收盘价为5元，调整交易性金融资产账面价值。

【解析】会计人员根据当日证券收盘价，制作公允价值变动计算表并编制如下会计分录：

借：交易性金融资产——乙公司——公允价值变动　　　　　　　　　　3 000 000

　　贷：公允价值变动损益　　　　　　　　　　　　　　　　　　　　　3 000 000

关于交易性金融资产的会计核算，有两个概念仍需再强调一下。交易性金融资产的账面价值主要由成本和公允价值变动两个部分组成，但交易性金融资产的账面价值不等于此时交易性金融资产的公允价值。简单地说，公允价值变动是经过了资产负债表日已经确认的价值变动，而公允价值和账面价值之间如果存在着计入投资收益的差额则是未确认的价值变动。但同时要注意的是公允价值变动科目部分计入了损益（当期公允价值变动）而对应的资金并没有实际流入企业（因此税法上计算企业所得税要扣除该部分）而投资收益是超过公允价值变动部分的再确认。但流入企业的资金是包含之前的公允价值变动。

【职业素养养成】

分小组对前导案例进行以下几个方面的分析、讨论：

（1）对于安然公司在运用金融工具的案例中获得了怎样的启示？

（2）在企业的金融资产管理中，应如何规避此类风险？

（3）作为财务人员，在处理投融资业务中，应如何更好地保证职业规范？

【专业能力测评】智慧职教平台知识点自测。

# 模块五  职工薪酬业务会计核算

## 【业务简介】

职工薪酬岗位设置的宗旨在于正确核算企业的用人成本，企业职工薪酬涉及的主要岗位有：出纳岗位、与职工薪酬有关的成本费用岗位、税务核算岗位等。本模块中，主要包括短期职工薪酬以及长期职工薪酬。

在实务工作中，需注意：

（1）正确界定"职工"的范畴，并非仅指与企业签订劳动合同的正式员工，也包括兼职、临时，或者由企业任命并未签订劳动合同的人员以及向企业提供服务的人员等。

（2）职工薪酬的范围不仅局限于在职员工工资薪金、五险一金等，也包括员工离职、退休和其他长期职工福利等。

（3）注意区分职工薪酬的类别，除去大家熟悉的货币性福利外，也包含非货币性福利，如分发物资给员工，为员工提供免费住宿等。

（4）关于长期应付职工薪酬的类别及简单核算。

（5）要加强与各部门特别是人力资源部门的沟通联络，确保职工薪酬体系的科学合理，以及确保职工薪酬发放与核算的合规性及正确性。

应付职工薪酬业务会计核算的流程如图5-1所示：

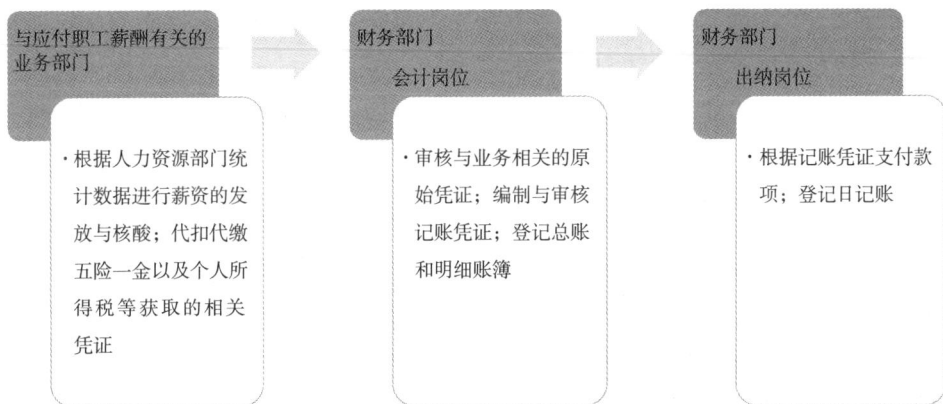

| 与应付职工薪酬有关的业务部门 | 财务部门 会计岗位 | 财务部门 出纳岗位 |
|---|---|---|
| ·根据人力资源部门统计数据进行薪资的发放与核酸；代扣代缴五险一金以及个人所得税等获取的相关凭证 | ·审核与业务相关的原始凭证；编制与审核记账凭证；登记总账和明细账簿 | ·根据记账凭证支付款项；登记日记账 |

图5-1  应付职工薪酬业务会计核算业务流程图

# 任务 1　短期职工薪酬业务

**【学习目标】**

（1）知识目标：掌握企业职工的范畴；掌握职工薪酬的具体类别并能准确进行账务处理；掌握非货币性职工福利的账务核算规则以及增值税的处理原则；了解长期职工福利的主要类型及基本账务处理。

（2）能力目标：能够准确核算职工薪酬，确保薪酬账务处理的合规性及准确性，协助人力资源等相关部门制定科学合理的、利于企业发展的薪酬体系。

**【前导案例】**

深圳市鸿××科技股份有限公司（以下简称"鸿××"）是一家以设计、研发、生产与销售消费电子功能性器件和自动化设备的公司，深交所创业板上市委员会定于 4 月 8 日召开 2021 年第 21 次上市委审议会议，届时将对鸿××创业板 IPO 进行审核。鸿×× 2018 年实现营业收入 3.46 亿元，2019 年实现营业收入 4.45 亿元，2020 年实现营业收入 6.51 亿元。但在此期间，根据裁判文书网显示，鸿××存在两起拖欠员工加班费及工资的情况，以上两起劳动合同纠纷很大程度上说明鸿××存在违法用工的情况，鸿××还疑似存在拖欠员工工作报酬来调节利润的情况。

——资料来源：一搜财经

## 一、职工薪酬概述

职工薪酬是指企业为获得职工提供的服务或解除劳动关系而给予的各种形式的报酬或补偿。职工薪酬包括短期薪酬、离职后福利、辞退福利和其他长期职工福利。企业提供给职工配偶、子女、受赡养人、已故员工遗属及其他受益人等的福利，也属于职工薪酬。这里所称的"职工"，主要包括以下 3 类人员：

（1）与企业订立劳动合同的所有人员，包括全职、兼职和临时职工。

（2）未与企业订立劳动合同，但由企业正式任命的人员，如董事会成员。

（3）虽未与企业订立劳动合同或未由其正式任命，但向企业所提供服务与职工所提供服务类似的人员，也属于职工的范畴，包括通过企业与劳务中介公司签订用工合同而向企业提供服务的人员。

职工薪酬包括短期薪酬、离职后福利、辞退福利、其他长期职工福利，以及给职工配偶、子女、受赡养人、已故员工遗属及其他受益人等的福利。

## 二、短期职工薪酬的基本内容

短期薪酬是指企业在职工提供相关服务的年度报告期间结束后 12 个月内需要全部予以支付的职工薪酬，因解除与职工的劳动关系给予的补偿除外。短期薪酬具体包括：

（1）职工工资、奖金、津贴和补贴，是指按照构成工资总额的计时工资、计件工资、支付给职工的超额劳动报酬和增收节支的劳动报酬、为补偿职工特殊或额外的劳动消耗和因其他特殊原因支付给职工的津贴，以及为保证职工工资水平不受物价影响支付给职工的物价补贴等。其中，企业按照短期奖金计划向职工发放的奖金属于短期薪酬，按照长期奖金计划向职工发放的奖金属于其他长期职工福利。

（2）职工福利费，是指企业向职工提供的生活困难补助、丧葬补助费、抚恤费、职工异地安家费、防暑降温费等职工福利支出。

（3）医疗保险费、工伤保险费等社会保险费，是指企业按照国家规定的基准和比例计算，向社会保险经办机构缴纳的医疗保险费、工伤保险费等。

（4）住房公积金，是指企业按照国家规定的基准和比例计算，向住房公积金管理机构缴存的住房公积金。

（5）工会经费和职工教育经费，是指企业为了改善职工文化生活、为职工学习先进技术及提高文化水平和业务素质，用于开展工会活动和职工教育及职业技能培训等相关支出。

（6）短期带薪缺勤，是指职工虽然缺勤但企业仍向其支付报酬的安排，包括年休假、病假、婚假、产假、丧假、探亲假等。长期带薪缺勤属于其他长期职工福利。

（7）短期利润分享计划，是指因职工提供服务而与职工达成的基于利润或其他经营成果提供薪酬的协议。长期利润分享计划属于其他长期职工福利。

（8）其他短期薪酬，是指除上述薪酬以外的其他为获得职工提供的服务而给予的短期薪酬。

【知识点应用】下列各项中，属于企业短期职工薪酬的为(      )。

A. 支付给职工张三生活困难补助 5 000 元

B. 为职工交纳 6 月的工伤保险费 100 000 元

C. 付给职工李华休产假期间的工资 15 000 元

D. 为辞退职工王明而支付的补偿金 30 000 元

【解析】ABC。选项 D 属于长期职工薪酬的辞退福利类别。

## 职业风险点

企业现有薪酬核算缺乏科学合理的标准体系，易导致公司用人成本核算有误；职工薪酬核算与发放缺乏有效监管，对公司资金安全造成威胁，如未对工资薪金进行核对、审批、签字；职工薪酬相关制度不符合国家现有法律法规，易造成劳动纠纷，产生法律风险；现有职工薪酬体系无法满足企业发展需求，无法实现激励员工的目的。

### 三、短期职工薪酬业务核算

企业应设置"应付职工薪酬"科目，核算应付职工薪酬的计提、结算、使用等情况。该科目的贷方登记已分配计入有关成本费用项目的职工薪酬，借方登记实际发放的职工薪酬，包括扣还的款项等；期末贷方余额，反映企业应付未付的职工薪酬。"应付职工薪酬"科目应按照"工资""职工福利费""非货币性福利""社会保险费"

"住房公积金""工会经费""职工教育经费""带薪缺勤""利润分享计划""设定提存计划""设定受益计划""辞退福利"等职工薪酬项目设置明细账进行明细核算。企业应当在职工为其提供服务的会计期间，将实际发生的短期薪酬确认为负债，并计入当期损益，其他会计准则要求或允许计入资产成本的除外。

【知识点应用】下列各项中，企业应记入"应付职工薪酬"科目贷方的是(　　)。

A. 支付职工的培训费

B. 发放职工工资

C. 确认因解除与职工劳动关系应给予的补偿

D. 缴存职工基本养老保险费

【解析】C。实际支付、发放、缴存时，应计入"应付职工薪酬"的借方。

## （一）货币性职工薪酬

1. 职工工资、奖金、津贴和补贴

对于职工工资、奖金、津贴和补贴等货币性职工薪酬，企业应当在职工为其提供服务的会计期间，将实际发生的职工工资、奖金、津贴和补贴等，根据职工提供服务的受益对象，将应确认的职工薪酬计入相关资本成本或当期费用：

借：生产成本

　　制造费用

　　管理费用

　　销售费用

　　合同履约成本等

　　贷：应付职工薪酬——工资

【业务实操】典型经济业务举例

例5-1　业务描述：甲企业2020年7月应付职工工资总额为693 000元，"工资费用分配汇总表"中列示的产品生产人员工资为480 000元，车间管理人员工资为105 000元，企业行政管理人员工资为90 600元，专设销售机构人员工资为17 400元。甲企业应编制如下会计分录：

【解析】

借：生产成本——基本生产成本　　　　　　　　　　　　480 000

　　制造费用　　　　　　　　　　　　　　　　　　　105 000

　　管理费用　　　　　　　　　　　　　　　　　　　90 600

　　销售费用　　　　　　　　　　　　　　　　　　　17 400

　　贷：应付职工薪酬——工资　　　　　　　　　　　　693 000

在会计实务工作中，企业在每月实际发放工资前，根据"工资汇总表"中的"应发金额"栏的合计数，通常使用开户银行转账直接支付到员工账户或提取足额现金发放给员工。企业按照相关法律法规实际向职工支付工资、津贴、奖金、补贴等，应做如下账务处理：

借：应付职工薪酬——工资

　　贷：银行存款或库存现金

对于从应付职工薪酬中扣除的各种代扣代缴款项如代垫医药费、个人所得税等，应做如下账务处理：

借：应付职工薪酬——工资

贷：应交税费——应交个人所得税

其他应收款等

【业务实操】典型经济业务举例

例5-2　业务描述：承例5-1，甲企业根据"工资费用分配汇总表"结算本月应付职工工资总额693 000元，其中企业代垫职工房租20 000元、代垫职工家属医药费8 000元、代扣个人所得税12 000元，实发工资653 000元。

【解析】甲企业应编制如下会计分录：

（1）通过银行网银转账发放工资：

借：应付职工薪酬——工资　　　　　　　　　　　　　653 000

贷：银行存款　　　　　　　　　　　　　　　　　653 000

（2）代垫款项：

借：应付职工薪酬——工资　　　　　　　　　　　　　40 000

贷：其他应收款——职工房租　　　　　　　　　　20 000

——代垫医药费　　　　　　　　　8 000

应交税费——应交个人所得税　　　　　　　12 000

【知识点应用】（初级会计师考试2020年真题）下列各项中，企业根据本月"工资费用分配汇总表"分配所列财务部门人员薪酬时，应借记的会计科目是(　　　)。

A. 主营业务成本　　　　　　　　　B. 管理费用

C. 其他业务成本　　　　　　　　　D. 财务费用

【解析】B。财务部属于管理职能相关部门，故计入管理费用。

2. 职工福利费

企业发生的职工福利费，应当在实际发生时根据实际发生额计入当期损益或相关资产成本：

借：生产成本

管理费用

制造费用

在建工程

销售费用等

贷：应付职工薪酬——职工福利费

【业务实操】典型经济业务举例

例5-3　业务描述：乙企业下设一所职工食堂，每月根据在岗职工数量及岗位分布情况、相关历史经验数据等计算需要补贴食堂的金额，从而确定企业每期因补贴职工食堂需要承担的福利费金额。2020年9月，企业在岗职工共计200人，其中管理部门30人，生产车间生产人员170人，企业的历史经验数据表明，每个职工每月需补贴食堂150元。

【解析】乙企业应编制如下分录：

| 借：生产成本 | 25 500 |
| 管理费用 | 4 500 |
| 贷：应付职工薪酬——职工福利费 | 30 000 |

**例 5-4** 业务描述：承例 5-3，2020 年 10 月，乙企业支付 30 000 元补贴给食堂。乙企业应编制如下会计分录：

| 借：应付职工薪酬——职工福利费 | 30 000 |
| 贷：银行存款 | 30 000 |

3. 按国家规定计提标准的职工薪酬

（1）工会经费和职工教育经费。根据《工会法》的规定，企业按每月全部职工工资总额的 2% 向工会拨缴经费，在成本费用中列支，主要用于为职工服务和工会活动。职工教育经费一般由企业按照每月工资总额的 8% 计提，主要用于职工接受岗位培训、继续教育等方面的支出。

期末，企业按照规定的计提基础和比例计算确定应付工会经费、职工教育经费：

借：生产成本

制造费用

管理费用

销售费用

在建工程

研发支出等

贷：应付职工薪酬——工会经费

应付职工薪酬——职工教育经费

实际上缴或发生开支时：

借：应付职工薪酬——工会经费

应付职工薪酬——职工教育经费

贷：银行存款等

**【业务实操】典型经济业务举例**

**例 5-5** 业务描述：承例 5-1，2020 年 7 月，甲企业根据相关规定，分别按照职工工资总额的 2% 和 8% 的计提标准，确认应付工会经费和职工教育经费。

**【解析】**乙企业应编制如下分录：

| 借：生产成本——基本生产成本 | 48 000 |
| 制造费用 | 10 500 |
| 管理费用 | 9 060 |
| 销售费用 | 1 740 |
| 贷：应付职工薪酬——工会经费 | 13 860 |
| ——职工教育经费 | 55 440 |

本例中，应确认的应付职工薪酬 =（480 000 + 10 500 + 90 600 + 17 400）×（2% + 8%）= 69 300（元），其中，工会经费为 13 860 元、职工教育经费为 55 440 元。

本例中，应计入"生产成本"科目的金额 = 480 000×（2%+8%）= 48 000（元）；应计入"制造费用"科目的金额 = 105 000×（2%+8%）= 10 500（元）；应计入"管理费用"科目的金额＝90 600×（2%+8%）＝9 060（元）；应计入"销售费用"科目的金额＝17 400×（2%+8%）＝1 740（元）。

（2）社会保险费和住房公积金。社会保险费包括医疗保险费、养老保险费、失业保险费、工伤保险费。企业承担的社会保险费，除养老保险费和失业保险费外，其他类别的社会保险均视同为企业的短期薪酬范畴，而养老保险和失业保险按规定认定为离职后福利。住房公积金由职工单位以及职工个人共同缴存，但全部为职工个人所享有。

期末，对于企业应缴纳的社会保险费（不含基本养老费和失业保险费）和住房公积金，应按照规定的计提基础和比例，在职工提供服务期间根据受益对象计入当期损益或相关资产成本，并确认相应的应付职工薪酬金额：

借：生产成本
　　制造费用
　　管理费用
　　销售费用
　　在建工程
　　研发支出等
　　贷：应付职工薪酬——社会保险费
　　　　　　　　　　——住房公积金

职工个人承担的社会保险费和住房公积金，由职工所在企业每月从其工资中代扣代缴：

借：应付职工薪酬——工资
　　贷：其他应付款——社会保险费（医疗保险、工伤保险）
　　　　　　　　　——住房公积金

**【业务实操】典型经济业务举例**

**例5-6**　业务描述：承例5-1，2020年7月，该企业根据规定的计提标准，计算应由企业负担的向社会保险经办机构缴纳社会保险费（不含基本养老险和失业保险费）共计83 160按照规定标准计提住房公积金为76 230元。

**【解析】**甲企业应编制如下分录：

借：生产成本——基本生产成本　　　　　　　　　　　　　　　110 400
　　制造费用　　　　　　　　　　　　　　　　　　　　　　　 24 150
　　管理费用　　　　　　　　　　　　　　　　　　　　　　　 20 838
　　销售费用　　　　　　　　　　　　　　　　　　　　　　　　4 002
　　贷：应付职工薪酬——社会保险费　　　　　　　　　　　　 83 160
　　　　　　　　　　——住房公积金　　　　　　　　　　　　 76 230

本例中，应确认的应付职工薪酬＝83 160+76 230＝159 390（元），应计入"生产成本"科目的金额＝159 390×（480 000÷693 000）＝110 400（元）；应计入"制造费用"科目的金额＝159 390×（105 000÷693 000）＝24 150（元）；应计入"管理费用"科目的金额＝159 390×（90 600÷693 000）＝20 838（元）；应计入"销售费用"科目的金额＝159 390-110 400-24 150-20 838＝4 002（元）。

假定该企业从应付职工薪酬中代扣个人应缴纳的社会保险费（不含基本养老险和

失业保险）13 860 元、住房公积金为 76 230 元，共计 90 090 元。甲企业应编制如下会计分录：

借：应付职工薪酬——工资 90 090

　贷：其他应付款——社会保险费 13 860

　　　　　　　　——住房公积金 76 230

#### 4. 短期带薪缺勤

根据企业的性质及其员工享有的权利，职工带薪缺勤可分为累积带薪缺勤以及非累积带薪缺勤两类，对于这两类，应分别进行会计处理。如果带薪缺勤属长期带薪缺勤的，应参照长期职工福利进行会计处理。

（1）累积带薪缺勤。累积带薪缺勤，是指带薪权利可以结转下期的带薪缺勤，本期尚未用完的带薪缺勤权利可以在未来期间使用。企业应当在职工提供了服务从而增加了其未来享有的带薪缺勤权利时，确认与累积带薪缺勤相关的职工薪酬，并以累积未行使权利而增加的预期支付金额计量。确认累积带薪缺勤时：

借：管理费用等

　贷：应付职工薪酬——累积带薪缺勤

**【业务实操】典型经济业务举例**

**例 5-7** 业务描述：丁企业从 2020 年 1 月 1 日起实行累积带薪缺勤制度。该制度规定，每个职工每年可享受 5 个工作日带薪年休假，未使用的年休假只能向后结转一个公历年度，超过 1 年未使用的权利作废，在职工离开企业时也无权获得现金支付；职工休年假时，首先使用当年可享受的权利，不足部分再从上年结转的带薪年休假中扣除。

至 2020 年 12 月 31 日丁企业有 2 000 名职工未享受当年的带薪年休假，丁企业预计 2021 年其中有 1 900 名职工将享受不超过 5 天的带薪年休假，剩余 100 名职工每人将平均享受 6 天半年休假，假定这 100 名职工全部为总部各部门经理，该企业平均每名职工每个工作日工资为 300 元。不考虑其他相关因素。2020 年 12 月 31 日，丁企业应编制如下会计分录：

**【解析】**

借：管理费用 45 000

　贷：应付职工薪酬——累计带薪缺勤 45 000

丁企业在 2020 年 12 月 31 日应当预计由于职工累积未使用的带薪年休假权利而产生的预期支付的金额，即相当 150 天［100×（6.5-5）］的年休假工资金额 45 000 元（150×300）。

（2）非累积带薪缺勤。非累积带薪缺勤，是指带薪权利不能结转下期的带薪缺勤，本期尚未用完的带薪缺勤权利将予以取消，并且职工离开企业时也无权获得现金支付。我国企业职工休婚假、产假、丧假、探亲假、病假期间的工资通常属于非累积带薪缺勤。由于职工提供服务本身不能增加其能够享受的福利金额，企业在职工未缺勤时不应当计提相关费用和负债。为此，企业应当在职工实际发生缺勤的会计期间确认与非累积带薪缺勤相关的职工薪酬。

企业确认职工享有的与非累积带薪缺勤权利相关的薪酬，视同职工出勤确认的当期损益或相关资产成本。通常情况下，与非累积带薪缺勤相关的职工薪酬已经包括在企业每期向职工发放的工资等薪酬中，因此，不必额外作相应的账务处理。

（二）非货币性职工薪酬

（1）企业以其自产产品作为职工福利发放给员工的非货币性福利进行账务处理，应当根据受益对象，按照该产品的公允价值（含税价）计入相关资产成本或当期损益，同时确认应付职工薪酬：

借：生产成本
　　制造费用
　　管理费用等
　贷：应付职工薪酬——非货币性福利

（2）将企业拥有的房屋等资产无偿提供给职工使用的，应当根据受益对象，将该住房每期应计提的折旧计入相关资产成本或当期损益，同时确认应付职工薪酬：

借：生产成本
　　制造费用
　　管理费用等
　贷：应付职工薪酬——非货币性福利
同时，借：应付职工薪酬——非货币性福利
　　　　　贷：累计折旧

（3）租赁住房供职工无偿使用的，应当根据受益对象，将每期应付的租金计入相关资产成本或当期损益，并确认应付职工薪酬：

借：生产成本
　　制造费用
　　管理费用等
　贷：应付职工薪酬——非货币性福利
难以认定受益对象的非货币性福利，直接计入当期损益和应付职工薪酬。

【知识点应用】甲公司系增值税一般纳税人，其生产的 M 产品适用的增值税税率为 13%。2×21 年 6 月 30 日，甲公司将单位生产成本为 0.8 万元的 100 件 M 产品作为福利发放给职工，M 产品的公允价值和计税价格均为 1 万元/件。不考虑其他因素，2×21 年 6 月 30 日甲公司计入职工薪酬的金额为（　　）万元。

A. 113　　　　　B. 90.4　　　　　C. 80　　　　　D. 100

【解析】2×21 年 6 月 30 日甲公司计入职工薪酬的金额 = $100 \times 1 \times (1 + 13\%)$ = 113（万元），选项 A 正确。

## 职业法规

企业在合同期内，应按照劳动合同及相关法律法规要求，向员工提供社会养老保险、失业保险、医疗保险、工伤保险、死亡抚恤和住房公积金等福利待遇；如企业聘用了劳务派遣工人，应按照合同及劳动法相关规定及时发放相应的工资、四险一金以及其他职工福利，并将相应的发放情况进行存档备案，避免引起劳动纠纷影响企业声誉，导致法律风险。

**【职业素养养成】**

分小组对前导案例进行以下几个方面的分析、讨论：

（1）鸿××拖欠员工工资及加班费，违反了哪些法律法规？

（2）在企业的人力资源管理过程中，应如何规避此类风险？

**【专业能力测评】** 智慧职教平台知识点自测。

# 任务 2 长期职工薪酬业务

**【学习目标】**

(1) 知识目标：掌握长期职工福利的主要类型及基本账务处理。

(2) 职业能力目标：能够准确核算职工薪酬，确保长期职工薪酬账务处理的合规性及准确性，协助人力资源等相关部门制定科学合理、利于企业发展的薪酬体系。

**【前导案例】**

字节跳动期权激励在 2019 年就已经开始了，并且一共进行过四次发放。2019 年 4 月，字节跳动向员工开启大范围的期权换购，采用"年终奖兑换+超低行权价"的模式。确定年终奖后，字节跳动员工可以把年终奖兑换成期权而不是直接领取，价格是每股 44 美元/股（不含行权价 0.02 美元）的"折扣价"。2020 年 4 月，字节跳动允许员工以 48 美元/股的价格将年终奖兑换成期权。2020 年年中，字节跳动再次以 60 美元/股的价格授予期权。2021 年 5 月，字节跳动按照 126 美元/股的价格实施期权激励（彼时外部市场价格为 180 美元/股，相当于 70%折价）。2021 年 10 月，字节跳动再次以 132 美元/股的价格实施期权激励。从 44 美元/股到 132 美元/股，可见字节跳动期权价值涨幅之大。而在如此大幅的增值之下，字节的造富运动也很有成效。

例如，在 2019 年，一名 28 岁的程序员（2012 年入职）在字节跳动开启期权兑换后便以其所拥有的数十万的字节跳动期权实现了财富自由，选择了退休。2020 年 2 月，郭某在个人微博发文称："我选择在 28 岁的末尾退休，拥抱山间清泉与峡谷的风，去感受春秋冬夏。有缘人自会再相逢，朋友，愿我们在更广阔的世界再会！"

——资料来源：搜狐网

## 一、长期职工薪酬基本内容

(1) 离职后福利，是指企业为获得职工提供的服务而在职工退休或与企业解除劳动关系后，提供的各种形式的报酬和福利，短期薪酬和辞退福利除外。

离职后福利计划分类为设定提存计划和设定受益计划。离职后福利计划，是指企业与职工就离职后福利达成的协议，或者企业为向职工提供离职后福利制定的规章或办法等。①设定提存计划，是指向独立的基金缴存固定费用后，企业不再承担进一步支付义务的离职后福利计划；②设定受益计划，是指除设定提存计划以外的离职后福利计划。

(2) 辞退福利，是指企业在职工劳动合同到期之前解除与职工的劳动关系，或者为鼓励职工自愿接受裁减而给予职工的补偿。

(3) 其他长期职工福利，是指除短期薪酬、离职后福利、辞退福利之外所有的职工薪酬，包括长期带薪缺勤、长期残疾福利、长期利润分享计划等。

**【知识点应用】**下列各项中，属于企业长期职工薪酬内容的有(    )。

A. 给职工王某代垫医药费 5 000 元

B. 为职工交纳 9 月份的住房公积金 200 000 元

C. 支付女性职工产假期间的工资 16 000 元

D. 为辞退李某而支付的补偿金 36 000 元

【解析】D。选项 D 为辞退福利，属于长期职工薪酬的内容。

## 二、长期职工薪酬业务核算

### （一）离职后福利

对于设定提存计划，企业应当根据在资产负债表日为换取职工在会计期间提供的服务而应向单独主体缴存的提存金，确认为应付职工薪酬，并计入当期损益或相关资产成本：

借：生产成本

制造费用

管理费用

销售费用等

贷：应付职工薪酬——设定提存计划

### （二）辞退福利

企业向职工提供辞退福利的，应当在"企业不能单方面撤回因解除劳动关系或裁减所提供的辞退福利时"和"企业确认涉及支付辞退福利的重组相关的成本或费用时"两者孰早日，确认辞退福利产生的职工薪酬负债，并计入当期损益，借记"管理费用"科目，贷记"应付职工薪酬——辞退福利"科目。

（1）计提时：

借：管理费用

贷：应付职工薪酬——辞退福利（补偿额）

（2）实际支付时：

借：应付职工薪酬——辞退福利

贷：银行存款

### （三）其他长期职工福利

企业向职工提供的其他长期职工福利，符合设定提存计划条件的，应当按照设定提存计划的有关规定进行会计处理；符合设定受益计划条件的，应当按照设定受益计划的有关规定进行会计处理。

长期残疾福利水平取决于职工提供服务期间长短的，企业应在职工提供服务的期间确认应付长期残疾福利义务，计量时应当考虑长期残疾福利支付的可能性和预期支付的期限；与职工提供服务期间长短无关的，企业应当在导致职工长期残疾的事件发生的当期确认应付长期残疾福利。

公司缺乏合理的绩效标准，现有标准不符合企业经济发展以及用人需求；长期职工福利，如长期利润分享计划等可能成为企业高管调节企业利润、篡改财务报表的动机；长期职工福利通常核算较为复杂，公司可能利用其复杂性进行偷逃税行为。

【知识点应用】A 企业与其总经理达成协议：若 5 年后利润达到 1 亿元，其可获取的薪酬为当年利润的 1.8%。下列各项中，A 企业向总经理提供薪酬的类别是(　　)。

A. 带薪缺勤　　　　　　　　B. 非货币性福利

C. 离职后福利　　　　　　　D. 利润分享计划

【解析】D。利润分享计划是指因职工提供服务而与职工达成的基于利润或其他经营成果提供薪酬的协议。

【职业素养养成】

分小组对前导案例进行以下 3 个方面的分析、讨论：

(1) 根据字节跳动股权激励的案例，谈谈企业对于员工激励的意义？

(2) 基于上述案例，在日常工作中，可以通过哪些措施达到提升员工福利？

(3) 在企业的人力资源管理过程中，应如何规避此类风险？

【专业能力测评】智慧职教平台知识点自测。

# 模块六　投融资业务会计核算

**【业务简介】**

现实生活中，关于投融资业务的范围很广，其中投资业务包括：金融工具投资、股权投资，以赚取租金为目的的房地产投资等，从会计核算的角度来看，投资业务可以分为债权投资、其他债权投资、其他权益工具投资、长期股权投资、投资性房地产等。融资业务最典型的就是向银行借贷，除此之外还包括以融资租赁的方式向其他企业融资等。从会计核算的角度来看，融资业务包括短期借款、长期借款、长期应付款，以及带有短期融资性质的售后回购等。综上所述，投融资的核算内容比较多，且会计核算的复杂性较高，难度较大。本模块选取比较典型的投融资业务，以相应会计准则为依据，而进行基础性理论阐述和会计核算。

投融资业务会计核算业务流程如图 6-1 所示：

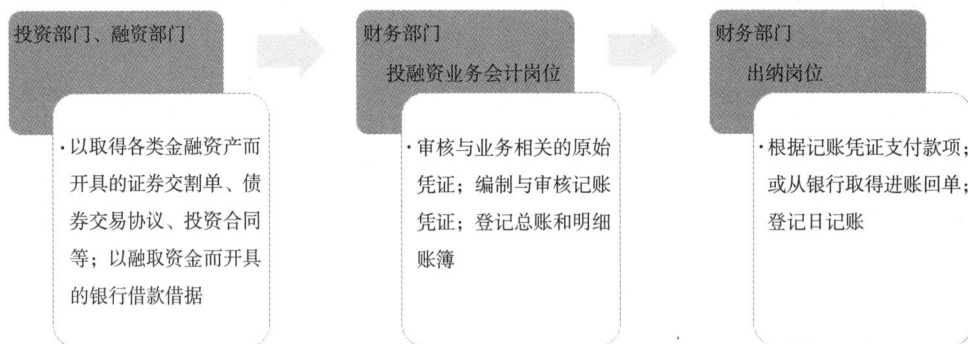

**投资部门、融资部门**
· 以取得各类金融资产而开具的证券交割单、债券交易协议、投资合同等；以融取资金而开具的银行借款借据

**财务部门**
**投融资业务会计岗位**
· 审核与业务相关的原始凭证；编制与审核记账凭证；登记总账和明细账簿

**财务部门**
**出纳岗位**
· 根据记账凭证支付款项；或从银行取得进账回单；登记日记账

**图 6-1　投融资业务会计核算业务流程图**

# 任务1 投资性房地产业务

【学习目标】

（1）知识目标：理解投资性房地产的概念、特点和范围；掌握投资性房地产业务的会计核算。

（2）能力目标：能够根据所学知识，根据经济业务类型和相关原始凭证，准确判断投资性房地产的性质，并审核相关原始凭证，进行正确的账务处理，并登记总账和明细账。

【前导案例】

长江房地产公司于2007年1月1日将一栋商品房对外出租并采用公允模式计量，租期为3年，每年12月31日收取租金100万元，出租时，该栋商品房成本为2 000万元，公允价值为2 200万元，2007年12月31日，该栋商品房公允价值为2 150万元，2008年12月31日，该栋商品房公允价值2 120万元，2009年12月31日，该栋商品房公允价值2 050万元，2010年1月5日，将该栋商品房对外出售，收到2 080万元存入银行。

资料来源——百度文库

## 一、投资性房地产概述

投资性房地产是指为赚取租金或资本增值，或两者兼有而持有的房地产。其主要内容包括以下3类：

### （一）已出租的土地使用权

已出租的土地使用权是指企业通过出让或转让方式取得并以经营租赁方式出租的土地使用权。（注意：对以经营租赁方式租入土地使用权再转租给其他单位的，不能确认为投资性房地产。）

### （二）持有并准备增值后转让的土地使用权

持有并准备增值后转让的土地使用权是指企业通过出让或转让方式取得的并准备增值后转让的土地使用权。注意：按照国家有关规定认定的闲置土地，不属于此类。

### （三）已出租的建筑物

已出租的建筑物是指企业拥有产权并以经营租赁方式出租的房屋等建筑物，包括自行建造或开发活动完成后用于出租的建筑物。注意：企业以经营租赁方式租入建筑物再转租的建筑物，不属于此类。

如果某项房地产部分用于赚取租金或资本增值、部分用于生产商品、提供劳务或经营管理，能够单独计量和出售的、用于赚取租金或资本增值的部分，应当确认为投资性房地产；不能够单独计价和出售的、用于赚取租金或资本增值的部分，不确认为投资性房地产。

## 职业风险点

下列各项不属于投资性房地产：

（1）自用房地产，即为生产商品、提供劳务或者经营管理而持有的房地产。

（2）作为存货的房地产。

【知识点应用】下列不属于企业投资性房地产的是（　　）。

A. 房地产开发企业将作为存货的商品房以经营租赁方式出租

B. 企业开发完成后用于出租的房地产

C. 企业持有并准备增值后转让的土地使用权

D. 房地产企业拥有并自行经营的饭店

【解析】D。房地产企业拥有并自行经营的饭店应作为经营用房地产。

### 二、投资性房地产的确认

## 职业法规

根据《企业会计准则第 3 号——投资性房地产》规定，投资性房地产同时满足下列条件的，才能予以确认：

（1）与该投资性房地产有关的经济利益很可能流入企业。

（2）该投资性房地产的成本能够可靠地计量。

在会计核算中，对投资性房地产的确认是有时点要求的，即以该时点作为会计上确认为"投资性房地产"的时间范围。具体规定如下：

（1）对已出租的土地使用权、已出租的建筑物，其作为投资性房地产的确认时点一般为租赁期开始日，即土地使用权、建筑物进入出租状态、开始赚取租金的日期。但对企业持有以备经营出租的空置建筑物，董事会或类似机构作出书面决议，明确表明将其用于经营出租且持有意图短期内不再发生变化的，即使尚未签订租赁协议，也应视为投资性房地产进行会计核算。

（2）对持有并准备增值后转让的土地使用权，其作为投资性房地产的确认时点为企业将自用土地使用权停止自用、准备增值后转让的日期。

### 三、投资性房地产的计量模式

关于投资性房地产的计量模式有两种：成本模式和公允价值模式。

## （一）成本模式

成本模式是指投资性房地产的初始计量和后续计量均采用实际成本进行核算，即发生外购或自行建造的投资性房地产应按照其初始购置或自行建造的实际成本进行计量，后续发生符合资本化条件的支出计入账面成本，后续计量同固定资产或无形资产一样，按照相关规定计提折旧或摊销，资产负债表日出现了减值迹象的应计提减值准备。

## （二）公允价值模式

公允价值模式是指投资性房地产初始计量采用实际成本核算，但是后续计量则按照投资性房地产的公允价值进行计量。

### 职业法规

我国《企业会计准则第 3 号——投资性房地产》第十条规定，有确凿证据表明投资性房地产的公允价值能够持续可靠取得的，可以对投资性房地产采用公允价值模式进行后续计量。采用公允价值模式计量的，应当同时满足下列条件：

（1）投资性房地产所在地有活跃的房地产交易市场。

（2）企业能够从房地产交易市场上取得同类或类似房地产的市场价格及其他相关信息，从而对投资性房地产的公允价值作出合理的估计。

### 四、投资性房地产的初始计量

成本模式下，投资性房地产应当按照实际成本进行初始计量；公允价值模式下，投资性房地产应当按照公允价值进行初始计量。为了反映投资性房地产的取得情况，企业应设置"投资性房地产"科目。该科目用以核算投资性房地产的价值，包括采用成本模式计量和采用公允价值模式计量的投资性房地产。当核算投资性房地产的取得业务时，对于采用公允价值模式计量的投资性房地产，应在该科目下设置"成本"明细科目。当核算投资性房地产的自建业务时，无论采用何种模式，对于在建过程中发生的支出，应在该科目下设置"在建"明细科目。

投资性房地产取得的主要来源是：外购和自行建造。

## （一）外购的投资性房地产

外购投资性房地产的成本，包括购买价款、相关税费和可直接归属于该资产的其他支出。

1. 采用成本模式进行后续计量

借：投资性房地产

　　贷：银行存款

2. 采用公允价值模式进行后续计量

借：投资性房地产——成本

贷：银行存款

**（二）自行建造的投资性房地产**

自行建造投资性房地产的成本，由建造该项资产达到预定可使用状态前所发生的必要支出构成。这里所说的必要支出包括土地开发费、建筑成本、安装成本、应予以资本化的借款费用、支付的其他费用和分摊的间接费用等。但是建造过程中发生的非正常性损失直接计入当期损益，不计入建造成本。

注意：关于企业自行建造的投资性房地产，只有在自建活动完成（即达到预定可使用状态）的同时开始对外出租或用于资本增值，才能将自行建造的房地产确认为投资性房地产。

1. 发生建造成本时

借：投资性房地产——在建

贷：银行存款等

2. 建造完工时

借：投资性房地产（成本模式计量）

投资性房地产——成本（公允价值模式计量）

贷：投资性房地产——在建

**【业务描述】经典业务举例**

**例 6-1** 业务描述：2019 年广西源箱包有限公司计划将购入的一栋写字楼用于对外出租。7 月 23 日，公司购入写字楼，支付价款共计 348.8 万元（假设与公允价值相同）。写字楼所在区域有活跃的房地产交易市场，而且能够从房地产市场上获得同类房地产的市场报价。8 月 1 日，广西源箱包有限公司与南方股份有限公司签订写字楼出租合同，约定自合同签订日起将该栋写字楼出租给南方公司，租赁期 6 年。假设不考虑相关税费及其他因素影响。企业采用公允价值模式对该项出租房地产进行后续核算。相关单据如图 6-2 所示。

**付 款 申 请 单**

2019 年 07 月 23 日　　　　　　　　　　字 号

| 收款单位 | 广西启航房产经纪有限公司 | 付款原因 |
|---|---|---|
| 账号 | 4312000015489741451 | 付购入厂房费用 |
| 开户行 | 交通银行南宁区支行 | |
| 大写金额 | 叁佰肆拾捌万捌仟零佰零拾零元零角零分 | 银行转讫 |
| 附件 | 小写：¥3,488,000.00 | |
| 审 | 同意付款 李珏 | 财 | 同意付款 刘小光 |
| 批 | | 务 | |

会计主管 刘小光　　　　复核 李珏　　　　出纳 李西西

## 中国建设银行单位客户专用回单

中国建设银行
China Construction Bank

00106151954548884861821061

2019 年 07 月 23 日　　　　　　流水号：　4300QB5585ELA20UBQB

| 币别：人民币 | | | |
|---|---|---|---|
| 付款人 | 全　称　广西源源箱包有限公司 | 收款人 | 全　称　广西启航房产经纪有限公司 |
| | 账　号　43007898765623451266 | | 账　号　4312000015489741451 |
| | 开户行　中国建设银行江南支行 | | 开户行　交通银行青秀区支行 |
| 金　额 | （大写）人民币叁佰肆拾捌万捌仟圆整 | | （小写）CNY3488000.00 |
| 凭证种类 | 电子转账凭证 | 凭证号码 | 12248565290 |
| 结算方式 | 转账 | 用　途 | 购买厂房 |

打印员：4900639864986
打印机构：中国建设银行江南支行

打印时间：2019-07-31 13:05:18　　　　交易柜员：CRTBVIRT　　　　交易机构：483833538

本回单可通过建行对公自助设备或建行网站校验真伪

（借方回单）

## 固定资产验收单

编制单位：广西源源箱包有限公司　　　　2019年07月23日　　　　单位：元

| 名称 | 单位 | 数量 | 单价 | 入账价值 | 预计使用年限 | 备注 |
|---|---|---|---|---|---|---|
| 厂房 | 栋 | 1 | 3,200,000.00 | 3,200,000.00 | 20 | |
| | | | | | | |
| | | | | | | |
| 合计 | | | 3,200,000.00 | 3,200,000.00 | | |

验收人：李怡

## 广西增值税专用发票

4500359768

No 00129680

4500359768
00129680

机器编码：8899026894623

开票日期：2019年07月23日

| 购买方 | 名　称：广西源源箱包有限公司<br>纳税人识别号：9145025681247025698<br>地址、电话：广西南宁市江南区五象大道158号 0771-82065616<br>开户行及账号：中国建设银行江南支行 43007898765623451266 | 密码区 | 03-874-2392-42>->-34*31<066><br>92289>2217*>/29262735*25<83-<br>+16985--99>7>1671*7*/2<66-93<br>2<-*264/5-018-6/0/4<+>+/+3+2 |
|---|---|---|---|

| 货物或应税劳务、服务名称 | 规格型号 | 单位 | 数量 | 单价 | 金额 | 税率 | 税额 |
|---|---|---|---|---|---|---|---|
| *不动产*厂房 | | 栋 | | 3200000.00 | 3200000.00 | 9% | 288000.00 |
| 合　　计 | | | | | ￥3200000.00 | | ￥288000.00 |

价税合计（大写）　⊗叁佰肆拾捌万捌仟圆整　　　　（小写）￥3488000.000

| 销售方 | 名　称：广西启航房产经纪有限公司<br>纳税人识别号：91450125689743205A<br>地址、电话：南宁市青秀区文轩路163号 0771-88985412<br>开户行及账号：交通银行青秀区支行 4312000015489741451 | 备注 | 校验码 5865 |
|---|---|---|---|

收款人：蔡健雅　　　复核：张喻　　　开票人：张喻

第三联：发票联 购买方记账凭证

图 6-2

**写字楼出租合同**

甲方：广西源箱包有限公司　　乙方：南方有限责任公司

根据《中华人民共和国合同法》、《物权法》等法律规定，甲乙双方本着平等、自愿、互利的原则就乙方承租甲方房屋一事达成如下协议：

第一条房屋基本情况

1. 房屋位于东方财富中心 101 室，面积 1000 ㎡。

2. 房屋产权为甲方所有。

第二条租期

1. 租期为 2020 年 8 月 1 日至 2026 年 7 月 31 日。

2. 租期届满，甲方若继续出租乙方有权在同等条件下优先租赁。

第二条租金

1. 房屋租金为每年 288 万元，每一年付一次。

2. 签订合同时乙方付给甲方押金元，合同期满甲方退还乙方。

3. 租期内未经协商一方不得变化租金。

第四条甲方权利与义务

1. 甲方保证房屋符合质量标准，能用于正常办公，否则乙方有权解除合同，甲方应赔偿乙方损失。

2. 甲方应于租期开始将房屋交乙方，延误交付应承担违约金。

3. 甲方保证房屋证件齐全真实，无所有权、使用权纠纷、因出实、抵押等产生的房屋权利纠纷由甲方负责，并承担由此给乙方带来的损失，乙方有权解除合同并由甲方赔偿损失。

4. 甲方负担支付付房屋物业费用。

5. 甲方对房屋进行装修并提供供暖、供水、供电、电话、网络、消防设施，对自然损坏应及时进行修理。

6. 房屋或其内设施非因乙方故意或使用不当而损坏，甲方应在收到乙方通知 2 天内进行维修，若超过两天未维修应赔偿乙方因此所受损失，若乙方自行维修甲方应承担费用。

第五条乙方权利与义务

1. 乙方应及时足额缴纳房租，若超过一月未缴甲方有权解除合同并没收押金。

2. 乙方不得擅自改变房屋现状，如需改造房屋须经甲方同意。

3. 乙方因工作需要并经甲方同意可对房屋进行装修。

4. 乙方自行缴水、暖、电、网、电话费用。

5. 乙方保证对房屋进行办公用，不进行违法活动。

6. 乙方应合理使用房屋及设施，因故意损坏或使用不当应修理或重换责任。7.租赁期内甲方转移房屋所有权不影响租赁合同效力。

8、租赁期满乙方不再续租则应自行搬离，但甲方应给予乙7天搬迁时间。

第六条任何一方提前终止合同须提前一月通知对方。

第七条任何一方未经对方书面同意不得转让合同权利义务。

第八条因不可抗力如政府拆迁、地震造成房屋损坏双方互不负责，本合同自动解除。第九条产生纠纷双方友好协商，无法达成一致应在房屋所在地法院起诉，诉讼中除争议

部分外合同其他条款效力不受影响。第十条本合同未尽事宜，双方协商解决。

第十一条本合同壹式贰份，甲乙双方各执壹份，自双方签字之日起生效。

甲方：　广西源箱包有限公司　　乙方：南方有限责任公司

代表人签字：　王一　　　　　　代表人签字：张可

日期：2020 年 8 月 1 日　　　　日期：2020 年 8 月 1 日

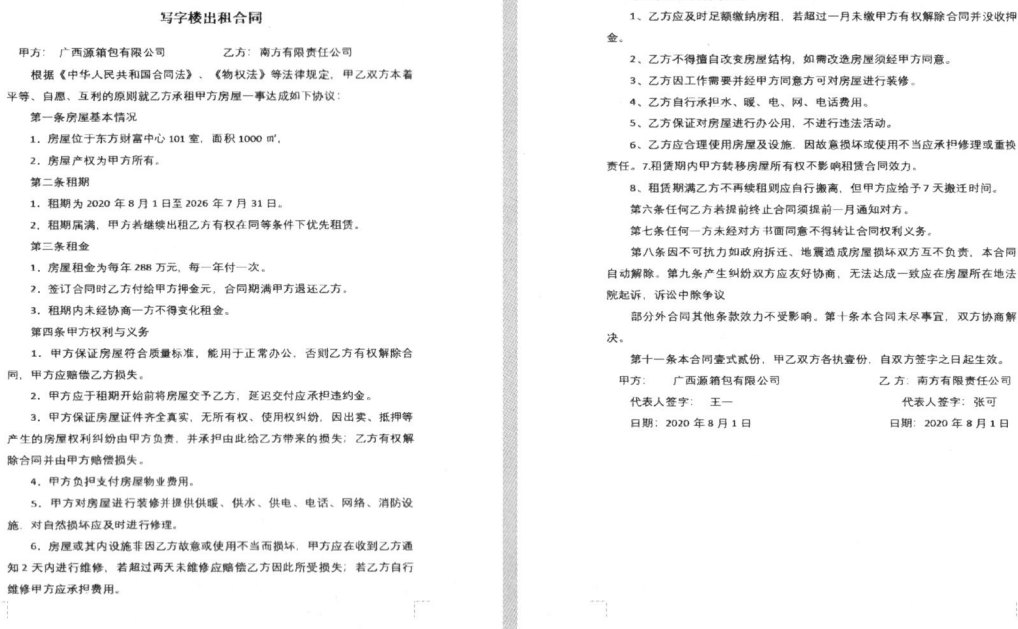

**图 6-2　相关单据**

（业务资料来自"专一网——湖南职业院校技能抽查平台"）

【解析】广西源箱包有限公司购入写字楼的目的就是出租，因此，在购入此栋写字楼时，进行会计核算时，可直接确认为投资性房地产。

借：投资性房地产——成本——写字楼　　　　　　　　　　　3 200 000

应交税费——应交增值税（进项税额）　　　　　　　　288 000

贷：银行存款　　　　　　　　　　　　　　　　　　　　　　3 488 000

例 6-2　业务描述：2020 年 2 月，甲公司开始自行建造两栋厂房。2020 年 11 月 30 日，甲公司与乙公司签订了经营租赁合同，将其中的一栋厂房租赁给乙公司使用。合同约定于厂房完工交付使用时开始起租，租赁期为 6 年，每年年末支付租金 288 万元。2020 年 12 月 5 日，两栋厂房同时完工达到预定可使用状态并交付使用。两栋厂房的实际造价成本均为 1 200 万元，能够单独出售。

【解析】2020 年 2 月甲公司建造厂房，此时，在建厂房还未签订租赁合同，公司也未决定进行出租，因此，2020 年 2 月～2020 年 11 月 30 日，建造厂房所发生的所有必要性支出，通过"在建工程"科目进行核算，2020 年 11 月 30 日，甲公司与乙公司签订厂房出租合同，此时，其中一栋自建厂房的目的变成了出租，在进行会计确认时，应将其确认为投资性房地产。2020 年 12 月 15 日，厂房完工并达到预定可使用状态，其中与乙公司签订了租赁合同的厂房根据合同开始出租。因此，本例 2020 年 12 月 15 日的经济业务的账务处理如下：

借：固定资产——厂房　　　　　　　　　　　　　　　　12 000 000

投资性房地产——厂房　　　　　　　　　　　　　　12 000 000

贷：在建工程——厂房　　　　　　　　　　　　　24 000 000

### 五、投资性房地产的后续计量

#### （一）采用成本模式进行后续计量

📄 ——————— **职业法规**

我国《企业会计准则第 3 号——投资性房地产》第九条规定：企业在资产负债表日采用成本模式对投资性房地产进行后续计量，采用成本模式计量的建筑物的后续计量，适用《企业会计准则第 4 号——固定资产》；采用成本模式计量的土地使用权的后续计量，适用《企业会计准则第 6 号——无形资产》。

根据会计准则的规定，在成本模式下，对投资性房地产进行后续计量，应在持有期间内比照固定资产或无形资产的相关规定计提折旧或摊销；如果存在减值迹象的，还按照资产减值的相关规定进行处理。

为了反映成本模式下投资性房地产的折旧、摊销情况，企业应设置"投资性房地产累计折旧""投资性房地产累计摊销"科目，其核算原理同"累计折旧""累计摊销"科目。

（1）按期（月）计提折旧或进行摊销：

借：其他业务成本

　　贷：投资性房地产累计折旧

　　　　投资性房地产累计摊销

（2）取得的租金收入：

借：银行存款

　　贷：其他业务收入

#### （二）采用公允价值模式进行后续计量

📄 ——————— **职业法规**

我国《企业会计准则第 3 号——投资性房地产》第十一条规定：采用公允价值模式计量的，不对投资性房地产计提折旧或进行摊销，应当以资产负债表日投资性房地产的公允价值为基础调整其账面价值，公允价值与原账面价值之间的差额计入当期损益。

为了反映公允价值模式下投资性房地产的账面价值，企业应设置"投资性房地产——公允价值变动""公允价值变动"科目。其核算原理同"交易性金融资产——公允价值变动"。

1. 取得的租金收入

借：银行存款

　　贷：其他业务收入

2. 资产负债表日

应以投资性房地产的公允价值为基础，对其账面价值进行调整，差额计入当期损益

借：投资性房地产——公允价值变动

　　贷：公允价值变动损益

或：

借：公允价值变动损益

　　贷：投资性房地产——公允价值变动

【业务描述】经典业务举例

例6-3　业务描述：甲公司对投资性房地产以成本模式进行后续计量。2021年1月10日，甲公司以银行存款9 600万元购入一栋写字楼并立即以经营租赁方式租出。甲公司预计该写字楼的使用寿命为40年，预计净残值为120万元，采用年限平均法计提折旧。不考虑相关税费及其他因素，对2021年该栋写字楼应计提的折旧进行账务处理。

【解析】2021年年末计提折旧金额＝（9 600－120）÷40÷12×11＝217.25（万元）。

借：其他业务成本　　　　　　　　　　　　　　　　　　　　2 172 500

　　贷：投资性房地产累计折旧　　　　　　　　　　　　　　　　　2 172 500

例6-4　业务描述：承例6-1，广西源箱包有限公司2019年7月23日将购入的一栋写字楼用于对外出租。支付价款共计348.8万元（其中不含税的价款320万，增值税额48.8万元）。2019年12月31日，该写字楼的公允价值为330万元。

【解析】

借：投资性房地产——公允价值变动——写字楼　　　　　　　100 000

　　贷：公允价值变动损益　　　　　　　　　　　　　　　　　　100 000

## 六、投资性房地产的处置

当投资性房地产被处置，或者永久退出使用且预计不能从其处置中取得经济利益时，应当终止确认该项投资性房地产。企业出售、转让、报废投资性房地产或者发生投资性房地产毁损，应当将处置收入扣除其账面价值和相关税费后的金额计入当期损益。

### （一）成本模式下投资性房地产的处置

借：银行存款

　　贷：其他业务收入

　　　　应交税费——应交增值税（销项税额）

借：其他业务成本

　　投资性房地产累计折旧/投资性房地产累计摊销

投资性房地产减值准备
　　贷：投资性房地产

### （二）公允价值模式下投资性房地产的处置

借：银行存款（实际收到的金额）
　　贷：其他业务收入
　　　　应交税费——应交增值税（销项税额）
借：其他业务成本
　　贷：投资性房地产——成本
　　　　　　　　　——公允价值变动（也可能在借方）

**【业务实操】典型经济业务举例**

**例 6-5**　业务描述：甲公司将一栋出租用房出售，取得收入 4 000 万元存入银行。甲公司采用成本模式计量，该栋出租房的账面原值为 8 600 万元，已计提折旧 5 160 万元，未计提减值准备。假定不考虑相关税费等其他因素。

**【解析】**

| | |
|---|---:|
| 借：银行存款 | 40 000 000 |
| 　　贷：其他业务收入 | 40 000 000 |
| 借：其他业务成本 | 34 400 000 |
| 　　投资性房地产累计折旧 | 51 600 000 |
| 　　贷：投资性房地产 | 86 000 000 |

**例 6-6**　业务描述：甲公司将一栋出租用房出售，取得收入 8 600 万元存入银行。甲公司采用公允价值模式计量，该栋出租房出售时投资性房地产的成本明细科目借方余额为 8 600 万元、公允价值变动明细科目贷方余额为 200 万元。假定不考虑相关税费等其他因素。

**【解析】**

| | |
|---|---:|
| 借：银行存款 | 86 000 000 |
| 　　贷：其他业务收入 | 86 000 000 |
| 借：其他业务成本 | 84 000 000 |
| 　　投资性房地产——公允价值变动 | 2 000 000 |
| 　　贷：投资性房地产——成本 | 86 000 000 |

**【职业素养养成】**

分小组对前导案例进行以下两个方面的分析、讨论：

（1）根据前导案例背景资料，分析不同计量模式的投资性房地产核算有哪些特点？对公司资产和损益的影响如何？

（2）编制长江公司上述经济业务的会计分录。（假定按年确认公允价值变动损益和确认租金收入。）

**【专业能力测评】** 智慧职教平台知识点自测。

# 任务2　长期股权投资业务

**【学习目标】**

（1）知识目标：熟悉长期股权投资的概念和核算范围；掌握长期股权投资初始计量和后续计量的会计核算。

（2）能力目标：能结合实际运用所学知识核算企业中长期股权投资的业务；能分辨金融资产所属类别。

**【前导案例】**

2007年，Y公司金融资产总额达到近5年来的最高值，约165亿元，同比增长277.6%。主要原因是公司持有的中信证券市值增加，以及海明证券和金马股份的公开认购。2009年，Y公司聘请了一家专业的投资管理公司来管理投资业务，并将参与私募股权和私人投资作为投资策略的重点。

2018年4月10日，Y公司将持有的中信股份对应的可辨认净资产公允价值与账面价值的差额计入第一季度营业外收入，增加当期净收入93.02亿元。扣除上述非经常性损益后，公司业绩预计下降62.16亿元。通过购买股票，Y公司的业绩预计将增长约8.66亿元，从49.27%增至687.95%。

Y公司通过会计政策变更，对增加所持港股中信的股份将其转化为长期股权投资权益法计量，成功避免了原有其他债权投资减值损失对当期利润的影响。

——资料来源：《长期股权投资视角下企业盈余管理》左潋格，夏潘捷，万昱霞，冯和晴

## 一、长期股权投资概述

会计上，对长期股权投资的界定，是指投资方对被投资单位实施控制、重大影响的权益性投资，以及对其合营企业的权益性投资。

在确定长期股权投资的日常会计处理和报表列报方法时，应重点考虑投资企业与被投资企业的关系。按照投资方对被投资单位的影响程度，可以将投资方与被投资方的关系分为以下3种：

1. 控制

控制是指企业拥有通过参与被投资企业的相关活动而享有可变回报的权力，并且有能力运用该权力影响其回报金额（形成母公司与子公司的关系）。

2. 共同控制

共同控制指按照相关约定对被投资企业所共有的控制，并且该被投资企业的相关活动必须经过分享控制权的各投资方一致同意后才能决策。被各投资方共同控制的企业，一般称为投资企业的合营企业。

实施共同控制的任何一个投资方都不能够单独控制被投资企业，对被投资企业具有共同控制的任何一个投资方均能够阻止其他投资方单独控制被投资企业。

3. 重大影响

重大影响是指投资方对被投资单位的财务和经营政策有参与决策的权力，但并不能够控制或者与其他方一起共同控制这些政策的制定。在确定能否对被投资单位施加重大影响时，应当考虑投资方和其他方持有的被投资单位当期可转换公司债券、当期可执行认股权证等潜在表决权因素。投资方能够对被投资单位施加重大影响的，被投资单位为其联营企业。

一般来说，投资企业在被投资企业的董事会中派有董事，或能够参与被投资企业的财务和经营决策的制定，则对被投资企业形成重大影响。

## 二、长期股权投资初始计量

### （一）同一控制下的企业合并

形成同一控制下的控股合并是指参与合并的企业在合并前后均受同一方或相同的多方最终控制，且该控制并非暂时性的。

同一控制下的企业合并，合并方以支付现金、转让非现金资产或承担债务方式作为合并对价的，应当在合并日按照被合并方所有者权益在最终控制方合并财务报表中的账面价值的份额作为长期股权投资的初始投资成本。长期股权投资初始投资成本与支付的现金、转让的非现金资产以及所承担债务账面价值之间的差额，应当调整资本公积；资本公积不足冲减的，调整留存收益。

合并方以发行权益性证券作为合并对价的，应当在合并日按照被合并方所有者权益在最终控制方合并财务报表中的账面价值的份额作为长期股权投资的初始投资成本。按照发行股份的面值总额作为股本，长期股权投资初始投资成本与所发行股份面值总额之间的差额，应当调整资本公积；资本公积不足冲减的，调整留存收益。

为了如实反映督长期股权投资的取得，企业应设置"长期股权投资"科目，借方登记取得股权时的实际投资成本或享有被投资单位权益的增加金额；贷方登记享有被投资单位权益的减少金额或股权投资处置的成本；期末余额在借方，反映企业持有的长期股权投资的价值。

1. 以支付现金作为合并对价

借：长期股权投资

　　应收股利(购买价款中包含的享有被投资方已宣告但尚未发放的现金股利或
　　　　　利润）

　　贷：银行存款

　　　　资本公积——股本溢价（或资本溢价）（贷方差额，或借记）

发生的审计、法律服务、评估咨询等中介费用：

借：管理费用

　　贷：银行存款

2. 以发行权益性证券作为合并对价

借：长期股权投资

　　应收股利

贷：股本

    资本公积——股本溢价（或资本溢价）（差额，或借记）

与发行权益性证券相关的手续费和佣金：

借：资本公积——股本溢价（或资本溢价）

    贷：银行存款

注意：

（1）同一控制下企业合并取得长期股权投资，计入长期股权投资的金额为享有被合并方相对于最终控制方而言的所有者权益账面价值的份额。

（2）若形成借方差额，资本公积——股本溢价（或资本溢价）不足冲减的，依次冲减"盈余公积""利润分配——未分配利润"科目。

### （二）非同一控制下的企业合并

非同一控制下的控股合并，是指参与合并的各方在合并前后不受同一方或相同的多方最终控制。

非同一控制下的企业合并，购买方在购买日应当按照《企业会计准则第 20 号——企业合并》的有关规定确定的合并成本作为长期股权投资的初始投资成本。

合并方或购买方为企业合并发生的审计、法律服务、评估咨询等中介费用以及其他相关管理费用，应当于发生时计入当期损益。

1. 以支付现金作为合并对价

借：长期股权投资

    应收股利(购买价款中包含的应享有被投资方已宣告但尚未发放的现金股利或利润)

    贷：银行存款

2. 以支付非现金资产作为合并对价

（1）以固定资产作为合并对价：

借：固定资产清理（账面价值）

    累计折旧

    固定资产减值准备

    贷：固定资产

借：长期股权投资

    应收股利

    贷：固定资产清理（账面价值）

        应交税费——应交增值税（销项税额）

        资产处置损益（固定资产公允价值-账面价值，或借记）

（2）以无形资产作为合并对价：

借：长期股权投资

    应收股利

    累计摊销

    无形资产减值准备

贷：无形资产

　　　应交税费——应交增值税（销项税额）

　　　资产处置损益（无形资产公允价值-账面价值，或借记）

（3）以发行权益性证券作为合并对价：

借：长期股权投资

　　应收股利

　　贷：股本（面值）

　　　　资本公积——股本溢价（或资本溢价）（权益性证券的公允价值-面值）

与发行权益性证券相关的手续费和佣金：

借：资本公积——股本溢价（或资本溢价）

　　贷：银行存款

发生的审计、法律服务、评估咨询等中介费用：

借：管理费用

　　贷：银行存款

## （三）以非企业合并方式取得长期股权投资

### 职业法规

我国《企业会计准则第 2 号——长期股权投资》第六规定，除企业合并形成的长期股权投资以外，其他方式取得的长期股权投资，应当按照下列规定确定其初始投资成本：

（1）以支付现金取得的长期股权投资，应当按照实际支付的购买价款作为初始投资成本。初始投资成本包括与取得长期股权投资直接相关的费用、税金及其他必要支出。

（2）以发行权益性证券取得的长期股权投资，应当按照发行权益性证券的公允价值作为初始投资成本。与发行权益性证券直接相关的费用，应当按照《企业会计准则第 37 号——金融工具列报》的有关规定确定。

（3）通过非货币性资产交换取得的长期股权投资，其初始投资成本应当按照《企业会计准则第 7 号——非货币性资产交换》的有关规定确定。

（4）通过债务重组取得的长期股权投资，其初始投资成本应当按照《企业会计准则第 12 号——债务重组》的有关规定确定。

借：长期股权投资

　　应收股利（购买价款中包含的应享有被投资方已宣告但尚未发放的现金股利或利润）

　　贷：银行存款等

【业务实操】典型经济业务举例

例 6-7　业务描述：A、B 两家公司同属甲公司的子公司。A 公司于 2021 年 3月 1 日以发行本公司股票方式向甲公司取得 B 公司 70% 的股份，达到控制，构成同一控制下的企业合并。A 公司共向甲公司发行了 2 000 万股普通股股票，每股面值为 1 元。B 公司在 2021 年 3 月 1 日相对于最终控制方的所有者权益账面价值总额为 3 000 万元。假定不考虑相关税费等其他因素。对 A 公司此项长期股权投资进行账务处理。

【解析】同一控制下的企业合并，合并方以发行权益性证券作为合并对价的，应当在合并日按照取得被合并方对于最终控制方的所有者权益账面价值的份额作为长期股权投资的初始投资成本。合并日被投资企业的所有者权益为 3 000 万元，所以长期股权投资的入账价值=3 000×70%=2 100（万元）。

|  |  |
|---|---|
| 借：长期股权投资 | 21 000 000 |
| 　贷：股本 | 20 000 000 |
| 　　资本公积——股本溢价 | 1 000 000 |

例 6-8　业务描述：2021 年 12 月 31 日，甲公司以专利技术作为对价自非关联方取得乙公司 70%股权，取得控制权，构成非同一控制下的企业合并。专利技术原值为 1 200 万元，已计提摊销额为 200 万元，公允价值为 1 500 万元，乙公司可辨认净资产账面价值 800 万元，公允价值 900 万元，不考虑其他因素。

【解析】非同一控制下合并取得长期股权投资，投出的专利技术按出售处理，公允价值 1 500 万元与账面价值 1 000 万元（1 200-200）的差额 500 万元，确认资产处置损益，增加当期利润。

|  |  |
|---|---|
| 借：长期股权投资 | 15 000 000 |
| 　累计摊销 | 2 000 000 |
| 　贷：无形资产 | 12 000 000 |
| 　　资产处置损益 | 5 000 000 |

例 6-9　业务描述：2020 年 6 月 1 日，C 公司以银行存款 5 000 000 元以及库存商品、机器设备购入 D 公司 30%的股权。库存商品账面价值为 800 000 元（无存货跌价准备），不含增值税的公允价值为 1 000 000 元，增值税税额为 130 000 元。此外，C 公司还以银行存款支付审计、评估费 21 600 元（其中可以抵扣的增值税为 1 600 元）。合并日，D 公司所有者权益的账面价值为 30 000 000 元。

【解析】会计人员根据投资合同，编制如下会计分录：

|  |  |
|---|---|
| 借：长期股权投资——投资成本 | 6 150 000 |
| 　应交税费——应交增值税（进项税额） | 1 600 |
| 　贷：银行存款 | 5 021 600 |
| 　　主营业务收入 | 1 000 000 |
| 　　应交税费——应交增值税（销项税额） | 130 000 |
| 借：主营业务成本 | 800 000 |
| 　贷：库存商品 | 800 000 |
| 借：长期股权投资——投资成本 | 2 850 000 |
| 　贷：营业外收入 | 2 850 000 |

### 三、长期股权投资的后续计量

长期股权投资的后续计量有两种方法：成本法和权益法。

（一）成本法

适用于对子公司的长期股权投资。应按照初始投资成本计价，一般不予变更，只有在追加或收回投资时才调整长期股权投资的成本。

（1）被投资方宣告分配现金股利时：

借：应收股利（被投资方宣告分配的现金股利×持股比例）

　　贷：投资收益

（2）实际收到现金股利时：

借：银行存款

　　贷：应收股利

（二）权益法

权益法是指长期股权投资的账面价值要随着被投资企业的所有者权益变动而相应变动，大体上反映在被投资企业所有者权益中占有的份额。

适用于实施共同控制的合营企业或投资企业对被投资企业具有重大影响的联营企业的长期股权投资后续计量。

权益法下对长期股权投资的核算，需要在"长期股权投资"科目下设置"投资成本""损益调整""综合收益调整""其他权益变动"四个明细科目。其中："长期股权投资——投资成本"科目用来核算长期股权投资的初始投资成本。"长期股权投资——损益调整"科目主要记录各年享有被投资企业调整后的净利润的份额。"长期股权投资——综合收益调整"科目主要反映购入股权以后随着被投资企业其他综合收益的增减变动而享有份额的调整数。"长期股权投资——其他权益变动"科目主要反映购入股权以后随着被投资企业除了净损益、利润分配、其他综合收益以外的所有者权益增减变动而享有份额的调整数。

【知识点应用】下列各项中，应当采用权益核算的有（　　　）。

A. 子公司　　　　　　　　　　　B. 联营企业

C. 合营企业　　　　　　　　　　D. 母公司

【解析】BC。权益法的适用范围为未形成控股合并的长期股权投资，即联营企业与合营企业。

1. 初始投资成本的调整

（1）当初始投资成本小于投资时应享有被投资单位可辨认净资产公允价值的份额时，按照差额：

借：长期股权投资——投资成本

　　贷：营业外收入

（2）当初始投资成本大于投资时应享有被投资单位可辨认净资产公允价值的份额时，形成商誉，不需要调整长期股权投资账面价值。

特别说明：权益法下"长期股权投资——投资成本"初始计量有两次输入值，第一次是在购买时，按照购买方所支付的资产的公允价值进行确认，第二次是在购买后，按照购买方所享有的被购买方可辨认净资产公允价值进行相应的调整。

2. 被投资方实现净损益时

借：长期股权投资——损益调整

　　贷：投资收益

或编制相反会计分录。

3. 被投资方发生超额亏损时

借：投资收益

　　贷：长期股权投资——损益调整

　　　　长期应收款

　　　　预计负债

4. 被投资方宣告分配现金股利或利润时

借：应收股利

　　贷：长期股权投资——损益调整

5. 被投资方发生其他综合收益变动时

借：长期股权投资——综合收益调整（被投资方其他综合收益变动×持股比例）

　　贷：其他综合收益

或编制相反会计分录。

6. 被投资方发生除上述以外的其他权益变动时

借：长期股权投资——其他权益变动

　　贷：资本公积——其他资本公积

或编制相反会计分录。

**【业务实操】典型经济业务举例**

**例 6-10**　业务描述：承例 6-9，D 公司 2020 年实现账面净利润 1 500 000 元，已知 2022 年 D 公司向 C 公司销售一件商品，不含税价款为 300 000 元，销售成本为 240 000 元。同时 D 公司的固定资产账面价值为 10 000 000 元，公允价值为 12 000 000 元，按照固定资产账面价值计提的年折旧额为 1 000 000 元，按照公允价值应计提的年折旧额为 1 200 000 元。

**【解析】**会计人员根据长期股权投资损益计算表，编制如下会计分录：

借：长期股权投资——损益调整　　　　　　　　　　　　　　　　　372 000

　　贷：投资收益　　　　　　　　　　　　　　　　　　　　　　　　　372 000

**例 6-11**　业务描述：E 公司持有 F 公司 30% 的股权作为长期股权投资进行管理，并采用权益法进行会计处理。2020 年 12 月 31 日，该项股权投资的账面价值为 2 500 000 元，其中"投资成本"为 2 000 000 元，"损益调整"为 500 000 元；同时 E 公司账上还持有对 F 公司的长期应收款账面价值为 500 000 元，属于实质上构成对 F 公司净投资的长期权益。2020 年度，F 公司发生巨额亏损，以可辨认资产等的公允价值为基础调整后的净亏损为 12 000 000 元。2021 年度，F 公司以可辨认资产等的公允价值为基础调整后实现的净利润为 5 000 000 元。

**【解析】**会计人员根据长期股权投资损益计算表，编制如下会计分录：

2020 年确认投资损失：

借：投资收益　　　　　　　　　　　　　　　　　　　　　　　　3 000 000

　　贷：长期股权投资——损益调整　　　　　　　　　　　　　　2 500 000
　　　　长期应收款减值准备　　　　　　　　　　　　　　　　　500 000
　2021 年确认投资收益：
　借：长期应收款减值准备　　　　　　　　　　　　　　　　　　500 000
　　　长期股权投资——损益调整　　　　　　　　　　　　　　　400 000
　　贷：投资收益　　　　　　　　　　　　　　　　　　　　　　900 000

　　**例 6-12**　业务描述：承例 6-11，D 公司 2021 年 4 月 30 日宣告分派现金股利 1 000 000；5 月 10 日实际发放现金股利 1 000 000 元。

　　**【解析】**会计人员根据长期股权投资应收现金计算表，编制如下会计分录：
　宣告发放时：
　借：应收股利　　　　　　　　　　　　　　　　　　　　　　　300 000
　　贷：长期股权投资——损益调整　　　　　　　　　　　　　　300 000
　实际发放时：
　借：银行存款　　　　　　　　　　　　　　　　　　　　　　　300 000
　　贷：应收股利　　　　　　　　　　　　　　　　　　　　　　300 000

　　**例 6-13**　业务描述：承例 6-11，D 公司 2021 年其他综合收益增加 1 000 000 元。

　　**【解析】**会计人员根据长期股权投资损益计算表，编制如下会计分录：
　借：长期股权投资——其他综合收益调整　　　　　　　　　　　300 000
　　贷：其他综合收益　　　　　　　　　　　　　　　　　　　　300 000

　　**例 6-14**　业务描述：承例 6-11，确认 D 公司 2021 年除净损益、其他综合收益外的其他权益变动 1 000 000 元，C 公司按照持股比例调整长期股权投资账面价值。

　　**【解析】**会计人员根据长期股权投资损益计算表，编制如下会计分录：
　借：长期股权投资——其他权益变动　　　　　　　　　　　　　300 000
　　贷：资本公积——其他资本公积　　　　　　　　　　　　　　300 000

　　**【职业素质养成】**
　　分小组对前导案例进行以下的分析、讨论：
　　请结合所学知识，思考当其他资产类别转为长期股权投资，不同计量属性会给会计核算造成怎样的影响？
　　**【专业能力测评】**智慧职教平台知识点自测。

# 任务 3  借款业务

**【学习目标】**

（1）知识目标：熟悉短期借款和长期借款的内容；掌握短期借款和长期借款的会计核算方法。

（2）能力目标：能够准确判别实务中借款的性质，并能根据合同等原始凭证准备进行借款业务的会计核算。

**【前导案例】**

美国废品管理公司是世界上最大的垃圾处理公司之一，自 1989 年起，该公司通过所谓的"净账面价值法"，将部分已经建成并交付使用的垃圾掩埋场的借款利息费用继续资本化。审计机构发现这一问题后，要求废品管理公司予以更正。废品管理公司承诺从 1994 年 1 月 1 日起予以更正，但到了 1994 年管理当局发现，如果采用审计机构提出的资本化方法，废品管理公司每年都得报告约 2 500 万美元的利息费用，这意味着 1989 至 1994 年期间，不恰当的资本化利息费用累计已经高达 1.5 亿美元。事实上，废品管理公司不仅在对外报送的财务报表中没有披露这些内幕，而且直至 1997 年仍在运用"净账面价值法"，继续将本应计入期间费用的利息费用资本化为在建工程或固定资产。

——资料来源：百度文库

## 一、短期借款

短期借款是指企业根据生产经营的需要，向银行或其他金融机构等借入的期限在一年以下（含一年）的各种款项。具有金额小、时间短、利息低等特点，在会计上归属流动负债。

为了反映和核算短期借款相关业务，企业应设置"短期借款"科目，用以核算短期借款的取得、偿还等情况。该科目的贷方登记取得短期借款本金的金额，借方登记偿还短期借款的本金金额，期末贷方余额反映企业尚未偿还的短期借款。

会计上，短期借款的核算内容包括取得短期借款、发生短期借款利息、归还短期借款。

（一）短期借款取得业务的核算

借：银行存款（短期借款的本金）
　贷：短期借款

（二）短期借款利息计提业务的核算

在实际中，如果企业的短期借款利息是按期支付的，如按季支付，或者是到期时连同本金一起支付但其数额较大的，企业应于每月月末采用预提方式进行短期借款利息的核算。账务处理如下：

（1）计提利息：

借：财务费用

　　贷：应付利息（适用于分期付息的情况）

（2）支付利息：

借：应付利息（预提的利息）

　　贷：银行存款

如果企业的短期借款利息按月支付，或者是到期时连同本金一起支付但数额不大的，可以不采用预提的方法，而在实际支付或收到银行的计息通知时，直接计入当期损益。

借：财务费用

　　贷：银行存款/库存现金

### （三）短期借款利息归还业务的核算

借：短期借款（归还的借款本金）

　　贷：银行存款

**【业务实操】典型经济业务举例**

**例6-15**　业务描述：2022年6月1日，甲公司向工商银行借入一笔生产经营用短期借款，共计100 000元，期限为3个月，年利率6%。根据借款合同，银行已将款项划拨到账。

**【解析】**会计人员根据银行借款借据，编制如下会计分录：

借：银行存款　　　　　　　　　　　　　　　　　　　　　　100 000

　　贷：短期借款　　　　　　　　　　　　　　　　　　　　　　100 000

**例6-16**　业务描述：承例6-15，2022年6月30日，计提6月短期借款利息。

**【解析】**会计人员根据应付利息计算表，编制如下会计分录：

借：财务费用　　　　　　　　　　　　　　　　　　　　　　　　500

　　贷：应付利息　　　　　　　　　　　　　　　　　　　　　　　500

**例6-17**　业务描述：承例6-15，2022年8月31日，支付短期借款利息，偿还短期借款本金。

**【解析】**会计人员根据计收利息清单、还款凭证，编制如下会计分录：

借：短期借款　　　　　　　　　　　　　　　　　　　　　　100 000

　　　应付利息　　　　　　　　　　　　　　　　　　　　　　1 500

　　贷：银行存款　　　　　　　　　　　　　　　　　　　　　　101 500

### 二、长期借款

长期借款是指企业从银行或其他金融机构借入的期限在一年以上（不含一年）的各种借款。长期借款一般是企业为了固定资产的购建、改扩建工程等、进行对外投资、扩大生产经营规模等而借入的款项，因此相较于短期借款，长期借款具有金额大、时间长、利息高的特征。在会计上，将长期借款列为非流动负债进行核算。

【知识点应用】关于长期借款下列说法正确的有(　　)

A. 偿还期限在一年以上的借款，包含一年

B. 其利息既可以分期支付又可以到期一次支付

C. 其本金既可以分期偿还又可以到期一次偿还

D. 长期借款的取得方式包括从银行和其他金融机构借入的借款

【解析】BCD。长期借款的借入期限不包含一年。

### 三、长期借款业务的会计核算

企业应设置"长期借款"科目，用以核算长期借款的借入、归还等情况，其核算原理同"短期借款"。根据长期借款的性质，应设置"本金""应计利息""利息调整"等明细科目。其中："长期借款——本金"科目，核算的是长期借款的本金金额，贷方登记借入时的本金，借方登记归还的本金。"长期借款——应计利息"科目，核算的是到期一次还本付息时按借款本金和合同利率计算的应付利息。"长期借款——利息调整"科目核算的是企业应借金额与实借金额的差额以及借款内按实际利率法分摊的差额。

会计上，长期借款的核算内容包括：取得长期借款业务核算、计提长期借款利息会计核算、归还长期借款会计核算。

#### (一) 长期借款取得业务的核算

借：银行存款（实际收到的款项）

　　长期借款——利息调整（差额）

　　贷：长期借款——本金（借款本金）

#### (二) 长期借款利息计提业务的核算

长期借款利息费用应当在资产负债表日按照实际利率法计算确定，实际利率与合同利率差异较小的，也可以采用合同利率计算确定利息费用。长期借款利息费用的计算，应当按以下原则计入有关成本、费用：

(1) 属于筹建期间的，计入管理费用。

(2) 属于生产经营期间的，计入财务费用。

(3) 如果长期借款用于购建固定资产等符合资本化条件的，在资产尚未达到预定可使用状态前，所发生的利息支出应当予以资本化，计入在建工程等相关资产成本。

(4) 资产达到预定可使用状态后发生的利息支出，以及按规定不予资本化的利息支出，计入财务费用。

◆ ──────── 职业风险点

企业向金融机构借入长期借款，用于构建长期资产或生产周期较长的存货时，在其资本化期间，借款的利息支出需要资本化计入相关资产的成本中，将来作为资产的

入账成本，以折旧摊销或销售货物成本的形式进行税前扣除，不得在利息支出发生当期计入财务费用进行扣除的。

相关账务处理如下：

（1）计提利息时：

借：财务费用（长期借款期初摊余成本×实际利率，费用化利息）

　　在建工程等（长期借款期初摊余成本×实际利率，资本化利息）

　　贷：应付利息（借款本金×合同利率，分期付息计提的利息）

　　　　长期借款——应计利息（到期一次还本付息的计提利息）

　　　　长期借款——利息调整（差额）

（2）支付利息时：

借：应付利息

　　贷：银行存款

【知识点应用】为构建固定资产而发生的长期借款费用，在固定资产交付使用后，应记入（　　）

A. 固定资产　　　　　　　　　　B. 在建工程

C. 管理费用　　　　　　　　　　D. 财务费用

【解析】D。购建或生产符合资本化条件的资产达到预定可使用或者可销售状态时，借款费用应当停止资本化并根据其发生额确认为费用，计入当期损益。

（3）长期借款归还业务的核算：

借：长期借款——本金

　　　　　　——应计利息

　　贷：银行存款（实际归还的款项）

【业务实操】典型经济业务举例

例6-18　业务描述：2022年7月1日，甲公司因购建机器设备，从银行借入五年期借款10 000 000元，借款年利率6%，每年付息一次，到期还本。构建的机器设备已经动工。

【解析】会计人员根据银行借款借据，编制如下会计分录：

借：银行存款　　　　　　　　　　　　　　　　　　　10 000 000

　　贷：长期借款　　　　　　　　　　　　　　　　　　10 000 000

例6-19　业务描述：承例6-18，2022年12月31日，计提当年长期借款利息。

借：在建工程　　　　　　　　　　　　　　　　　　　　300 000

　　贷：应付利息　　　　　　　　　　　　　　　　　　　300 000

【职业素养养成】

分小组对前导案例进行以下两个方面的分析、讨论：

（1）请结合所学知识分析案例，思考利息资本化和利息费用化对会计核算影响的区别是？

（2）会计人员应当如何确认资本化条件？

【专业能力测评】智慧职教平台知识点自测。

# 模块七　纳税业务会计核算

【业务简介】

从财务会计的角度来看，纳税业务的核算范围比较广，即企业凡是涉及各个税种的经济业务或事项，会计都需要对该纳税业务进行会计核算。一般而言，各部门发生的采购或销售事项，会涉及增值税、消费税等税种，除此之外，企业在生产经营过程中，还会涉及城市建设维护税、教育费附加、资源税、房产税、印花税等各类税种。在会计实务中，纳税业务的会计核算大体分为两部分：发生应税行为的会计核算、缴纳税额的会计核算。

纳税业务会计核算的流程图如图 7-1 所示：

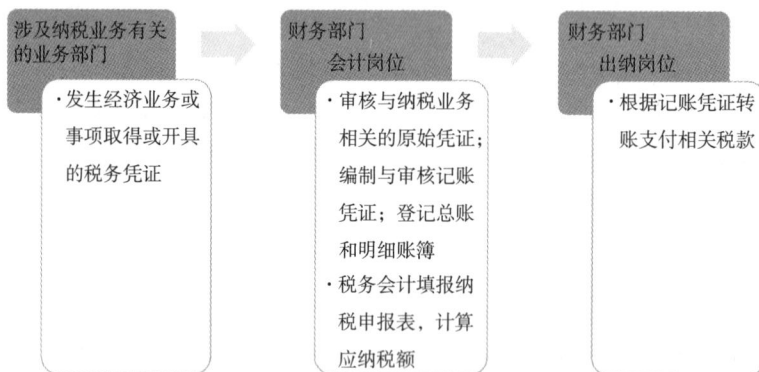

图 7-1　纳税业务会计核算业务流程图

# 任务 1　增值税业务

【学习目标】

（1）知识目标：了解增值税的相关税收规定；熟悉增值税核算的相关会计科目及专栏设置；掌握增值税业务的会计核算。

（2）能力目标：能够根据增值税的相关凭证，准确计算应纳税额并作出正确的账务处理。

【前导案例】

小晴成立了一家代理记账公司，2018 年 5 月，小晴开始为贾某公司代账，且由小晴代理记账开票，但由于贾某经常不提供业务凭证材料，最终发现了贾某通过"空壳公司"虚开增值税专用发票的事情。而此时，小晴却要求，如果再代账就要增加费用，且需要专门租赁办公室、购置手机接收开票信息等。对于小晴的要求，贾某都同意了。

2019 年底，贾某虚开增值税专用发票一案案发，小晴向公安机关投案自首。后经税务稽查部门、公安机关侦查确认，贾某虚开增值税专用发票行为，一共造成国家税款损失 670 余万元，虚开的增值税专用发票已被实际抵扣税款 230 余万元。

2020 年 4 月，贾某被人民法院一审判决有期徒刑 11 年，并处没收财产。小晴系从犯，并具有自首、从犯等从轻处罚情节，被法院一审判决有期徒刑 2 年 6 个月，并处罚金 8 万元。

——资料来源：新浪财经

## 一、增值税概述

增值税是对我国境内销售货物、提供劳务、销售服务、销售无形资产和不动产以及进口货物等各项经济活动中所产生的增值额作为征税对象的一种流转税。发生上述经济活动的单位和个人，都属于增值税的纳税义务人。按照纳税人的经营规模及会计核算的健全程度，增值税的纳税义务人分为一般纳税人和小规模纳税人。

一般纳税人适用的增值税税率分为 13%、9%、6% 和零税率。小规模纳税人适用 3% 的征收率。

## 二、增值税业务核算科目设置

为了核算企业增值税相关业务，增值税一般纳税人应当在"应交税费"总分类科目，并且在此总分类科目下设置"应交增值税""未交增值税""预交增值税""待抵扣进项税额""待认证进项税额""待转销项税额""简易计税""转让金融商品应交增值税""代扣代交增值税"和"增值税留抵税额"等明细科目。

1. "应交税费——应交增值税"科目

该明细账户下设置以下专栏：

（1）"进项税额"专栏：记录一般纳税人购进货物、加工修理修配劳务、服务、无形资产或不动产而支付或负担的、准予从当期销项税额中抵扣的增值税税额。

（2）"销项税额"专栏：记录一般纳税人销售货物、提供劳务、销售服务、无形资产或不动产而应收取的增值税税额。

（3）"已交税金"专栏：记录一般纳税人当月已缴纳的应交增值税税额。

（4）"转出未交增值税"和"转出多交增值税"专栏：分别记录一般纳税人月度终了转出当月应交未交或多交的增值税税额。

（5）"减免税款"专栏：记录一般纳税人按现行增值税制度规定准予减免的增值税税额。

（6）"出口抵减内销产品应纳税额"专栏：记录实行"免、抵、退"办法的一般纳税人按规定计算的出口货物的进项税抵减内销产品的应纳税额。

（7）"销项税额抵减"专栏：记录一般纳税人按照现行增值税制度规定因扣减销售额而减少的销项税额。

（8）"出口退税"专栏：记录一般纳税人出口货物、加工修理修配劳务、服务、无形资产按规定退回的增值税税额。

（9）"进项税额转出"专栏：记录一般纳税人购进货物、加工修理修配劳务、服务、无形资产或不动产等发生非正常损失以及其他原因而不应从销项税额中抵扣、按规定转出的进项税额。

2. "应交税费——未交增值税"明细科目

用以核算一般纳税人月度终了从"应交增值税"或"预交增值税"明细科目转入当月应交未交、多交或预交的增值税税额，以及当月缴纳以前期间未交的增值税税额。该明细科目贷方登记转入的当月应交未交的增值税额，借方登记转入的当月多交或预交的增值税额和实际缴纳的以前期间欠交的增值税额，借方余额表示累计多交增值税额，贷方余额表示累计未交增值税额。

3. "应交税费——预交增值税"明细科目

用以核算一般纳税人转让不动产、提供不动产经营租赁服务、提供建筑服务、采用预收款方式销售自行开发的房地产项目等，以及其他按现行增值税制度规定应预交的增值税税额。该明细科目借方登记预交的增值税额，贷方登记转出的已经发生纳税义务的预交增值税，借方余额表示转让不动产、提供不动产经营租赁服务、提供建筑服务、销售自行开发的房地产项目尚未发生纳税义务的预交增值税。

4. "应交税费——待抵扣进项税额"明细科目

用以核算一般纳税人已取得增值税扣税凭证并经税务机关认证，按照现行增值税制度规定准予以后期间从销项税额中抵扣的进项税额。

5. "应交税费——待认证进项税额"明细科目

用以核算一般纳税人由于未经税务机关认证而不得从当期销项税额中抵扣的进项税额。包括已取得增值税扣税凭证、按照现行增值税制度规定准予从销项税额中抵扣，但尚未经税务机关认证的进项税额；一般纳税人已申请稽核但尚未取得稽核相符结果的海关缴款书进项税额。该明细科目借方登记支付的待认证进项税额，贷方登记转出的经过认证的进项税额，借方余额表示尚未认证的进项税额。

6. "应交税费——待转销项税额"明细科目

用以核算一般纳税人销售货物、加工修理修配劳务、服务、无形资产或不动产，已确认相关收入（或利得）但尚未发生增值税纳税义务而需以后期间确认为销项税额的增值税税额。该明细科目贷方登记未来应缴纳的销项税额，借方登记转出的确认的销项税额，贷方余额表示未来应缴纳的销项税额。

## 职业法规

我国《增值税暂行条例》规定，增值税纳税义务发生时间：

（1）纳税人发生销售货物或者加工、修理修配劳务，销售服务、无形资产、不动产的应税销售行为，先开具增值税发票的，为开具发票的当天。

（2）纳税人采取直接收款方式销售货物，不论货物是否发出，均为收到销售款或者取得索取销售款凭据的当天。

（3）纳税人采取赊销方式销售货物，签订了书面合同的，为书面合同约定的收款日期的当天。

（4）纳税人采取赊销方式销售货物，无书面合同的或者书面合同没有约定收款日期的，为货物发出的当天。

（5）纳税人采取分期收款方式销售货物，签订了书面合同的，为书面合同约定的收款日期的当天。

（6）纳税人采取分期收款方式销售货物，无书面合同的或者书面合同没有约定收款日期的，为货物发出的当天。

（7）纳税人采取预收货款方式销售货物（特定货物除外），为货物发出的当天。

（8）纳税人采取预收货款方式，生产销售生产工期超过12个月的大型机械设备、船舶、飞机等特定货物，为收到预收款或者书面合同约定的收款日期的当天。

（9）纳税人委托其他纳税人代销货物，为收到代销单位的代销清单或者收到全部或者部分货款的当天。未收到代销清单及货款的，为发出代销货物满180天的当天。

（10）纳税人销售加工、修理修配劳务，为提供劳务同时收讫销售款或者取得索取销售款的凭据的当天。

（11）纳税人进口货物，为报关进口的当天。

7. "应交税费——简易计税"明细科目

用以核算一般纳税人采用简易计税方法发生的增值税计提、扣减、预缴、缴纳等业务。该明细科目贷方登记应交增值税，借方登记预交、补交的增值税，贷方余额表示未交的增值税，借方余额表示多交的增值税。

8. "应交税费——转让金融商品应交增值税"明细科目

用以核算增值税纳税人转让金融商品发生的增值税税额。该明细科目贷方登记转让金融商品应缴纳的销项税额以及月末转入"未交增值税"明细科目的多缴增值税，借方登记转让金融商品亏损可以抵扣的增值税额、本月缴纳的增值税额以及月末转入"未交增值税"明细科目的未交增值税，借方余额表示转让金融商品亏损尚未抵扣的增值税额。

9. "应交税费——代扣代交增值税"明细科目

用以核算纳税人购进在境内未设经营机构的境外单位或个人在境内的应税行为代扣代缴的增值税。该明细科目贷方登记代扣的增值税，借方登记代交的增值税，贷方余额表示未交的增值税。

**【知识点应用】**（初级会计师考试 2019 年真题）下列各项中，增值税一般纳税人当期发生（增值税专用发票已经税务机关认证）准予以后期间抵扣的进项税额，应记入的会计科目是(    )。

A. 应交税费——待转销项税额          B. 应交税费——未交增值税

B. 应交税费——待抵扣进项税额        D. 应交税费——应交增值税

**【解析】** C。"待抵扣进项税额"明细科目，核算一般纳税人已取得增值税扣税凭证并经税务机关认证，按照现行增值税制度规定准予以后期间从销项税额中抵扣的进项税额。

### 三、增值税业务会计核算

**（一）一般纳税企业的会计核算**

1. 取得资产、接受劳务或服务

（1）采购等业务进项税额允许抵扣的情况。

借：在途物资/原材料/库存商品/生产成本/无形资产/固定资产/管理费用等
　　应交税费——应交增值税（进项税额）（按当月已认证的可抵扣增值税额）
　　　　　　　——待认证进项税额（按当月未认证的可抵扣增值税额）
　贷：应付账款/应付票据/银行存款（按应付或实际支付的金额）

一般纳税人购进货物等发生的退货，应根据税务机关开具的红字增值税专用发票编制相反的会计分录，如原增值税专用发票未做认证，应将发票退回并作相反的会计分录。

企业购进农产品，除取得增值税专用发票或者海关进口增值税专用缴款书外，按照农产品收购发票或者销售发票上注明的农产品买价和9%的扣除率计算进项税额；购进用于生产销售或委托加工13%税率货物的农产品，按照农产品收购发票或者销售发票上注明的农产品买价和10%的扣除率计算的进项税额。

**【知识点应用】**湘环公司为增值税一般纳税人，2021 年 8 月购买了免税农产品一批，作为原材料入库，用以生产税率为 13% 的农产品。该批农产品的买价为 20 万元，下列说法正确的是(    )。

A. 计入借方"原材料"科目的金额是 20 万元

B. 计入借方"应交税费——应交增值税（进项税额）"科目的金额是 1.8 万元

C. 计入借方"原材料"科目的金额是 18.8 万元

D. 计入借方"应交税费——应交增值税（进项税额）"科目的金额是 2 万元

**【解析】** D。购进用于生产销售或委托加工13%税率货物的农产品，按照农产品收购发票或者销售发票上注明的农产品买价和10%的扣除率计算的进项税额。因此，湘环公司可以抵扣的进项税额是 20×10% = 2（万元），原材料的入账成本应是 20−2 = 18（万元）。

（2）进项税额转出的情况。企业已确认进项税额的购进货物、劳务和服务等但其事后改变用途（如用于非增值税应税项目、集体福利或个人消费等）或发生非正常损失（"非正常损失"，是指因管理不善造成货物被盗、丢失、霉烂变质，以及因违反法律法规造成货物或者不动产被依法没收、销毁、拆除的情形），需要做进项税额转出处理。

借：待处理财产损溢/应付职工薪酬/固定资产/无形资产等
　　贷：应交税费——应交增值税（进项税额转出）（认证转出金额）
　　　　　　　　——待认证进项税额（认证转出金额）
　　　　　　　　——待抵扣进项税额（认证转出金额）

【知识点应用】甲公司 2021 年 9 月 15 日由于暴雨毁损一批原材料，该批材料系 9 月 1 日购入的，增值税专用发票上注明价款 200 万元，增值税税额 26 万元。报经批准后，由保险公司赔款 155 万元。甲公司下列会计处理中正确的有（　　　）。

A. 计入营业外支出 45 万元　　　　　　B. 计入管理费用 71 万元
C. 该批材料的增值税进项税额需转出　　D. 该批材料的增值税进项税额不需转出

【解析】AD。暴雨属于自然灾害，购买的货物发生因自然灾害导致的毁损，增值税进项税额不需转出。计入营业外支出的净损失 = 200−155 = 45（万元）。

2. 销售等业务

（1）企业销售货物、加工修理修配劳务、服务、无形资产或不动产的情况。

借：应收账款/应收票据/银行存款（应收或已收的金额）
　　贷：主营业务收入/其他业务收入/固定资产清理等（取得收入的金额）
　　　　应交税费——应交增值税（销项税额）
　　　　应交税费——简易计税（简易计税办法）

（2）按照国家统一的会计制度确认收入或利得的时点早于按照增值税制度确认增值税纳税义务发生时点的情况。

应将相关销项税额计入"应交税费——待转销项税额"科目，待实际发生纳税义务时再转入"应交税费——应交增值税（销项税额）"或"应交税费——简易计税"科目。

（3）按照增值税制度确认增值税纳税义务发生时点早于按照国家统一的会计制度确认收入或利得的时点的情况。

借：应收账款
　　贷：应交税费——应交增值税（销项税额）（计税价格×增值税税率）
　　　　应交税费——简易计税（简易计税办法）

（4）视同销售的情况。

借：应付职工薪酬/利润分配等
　　贷：主营业务收入/其他业务收入（公允价值）
　　　　应交税费——应交增值税（销项税额）
　　　　应交税费——简易计税（简易计税办法）

📄 ──────── 职业法规

我国《增值税暂行条例实施细则》规定，单位或者个体工商户的下列行为，视同销售货物：

（1）将货物交付其他单位或者个人代销。

（2）销售代销货物。

（3）设有两个以上机构并实行统一核算的纳税人，将货物从一个机构移送其他机构用于销售，但相关机构设在同一县（市）的除外。

（4）将自产或者委托加工的货物用于非增值税应税项目。

（5）将自产、委托加工的货物用于集体福利或者个人消费。

（6）将自产、委托加工或者购进的货物作为投资，提供给其他单位或者个体工商户。

（7）将自产、委托加工或者购进的货物分配给股东或者投资者。

（8）将自产、委托加工或者购进的货物无偿赠送其他单位或者个人。

3. 缴纳增值税

（1）缴纳当月应交增值税。

借：应交税费——应交增值税（已交税金）

　　贷：银行存款

（2）缴纳以前期间未交增值税。

借：应交税费——未交增值税

　　贷：银行存款

（3）预交增值税。

借：应交税费——预交增值税

　　贷：银行存款

月末，企业应将"预交增值税"明细科目余额转入"未交增值税"明细科目：

借：应交税费——未交增值税

　　贷：应交税费——预交增值税

4. 月末转出多交增值税和未交增值税

月度终了，企业应当将当月应交未交或多交的增值税自"应交增值税"明细科目转入"未交增值税"明细科目。

（1）当月应交未交的增值税。

借：应交税费——应交增值税（转出未交增值税）

　　贷：应交税费——未交增值税

（2）当月多交的增值税。

借：应交税费——未交增值税

　　贷：应交税费——应交增值税（转出多交增值税）

【业务实操】典型经济业务举例

例7-1　业务描述：2019年1月1日，工会领用一批外购原材料用于集体福利，该批原材料的实际成本为 60 000 元，相关增值税专用发票上注明的增值税税额为 7 800元，领料单见图 7-2。

**领　料　单**

领料部门　工会

用　　途　员工福利　　2019 年 1 月 1 日　　NO. 000000001

| 编号 | 材料名称 | 规格 | 单位 | 请领数 | 实发数 | | | | | | | | | | 备注 |
|---|---|---|---|---|---|---|---|---|---|---|---|---|---|---|---|
| | | | | | 数量 | 单价 | 金额 | | | | | | | | |
| | | | | | | | 万 | 千 | 百 | 十 | 元 | 角 | 分 | | |
| | 植物油 | | 桶 | 600 | 600 | 100 | 6 | 0 | 0 | 0 | 0 | 0 | 0 | | |
| | | | | | | | | | | | | | | | |
| | | | | | | | | | | | | | | | |
| | | | | | | | | | | | | | | | |
| | | | | | | | | | | | | | | | |

领用部门负责人：　　领用人：　　审核：　　保管员：

第一联存根

图 7-2　领料单

【解析】将外购的原材料用于集体福利，根据增值税相关条例规定，其进项税额不能抵扣。根据原始凭证，会计人员编制了如下会计分录：

借：应付职工薪酬——职工福利费　　67 800

　贷：原材料　　60 000

　　　应交税费——应交增值税（进项税额转出）　　7 800

**例 7-2**　业务描述：湖南光明灯泡有限公司，5 月 7 日，销售商品，原始凭证如图 7-3所示：

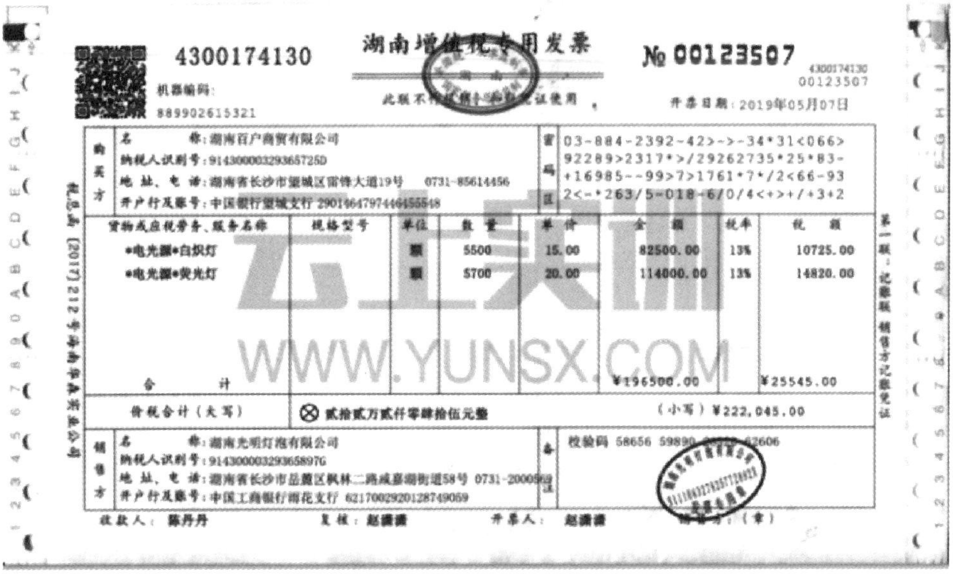

湖南增值税专用发票

4300174130　　№ 00123507

机器编码：889902615321

此联不作报销、扣税凭证使用　　开票日期：2019年05月07日

购买方　名称：湖南百户商贸有限公司
纳税人识别号：91430000329365725D
地址、电话：湖南省长沙市望城区雷锋大道19号　0731-85614456
开户行及账号：中国银行望城支行 29014647974446155548

密码区：03-884-2392-42>->-34*31<066>
92289>2317*>/29262735*25*83-
+16985--99>7>1761*7*/2<66-93
2<-*263/5-018-6/0/4<+>+/+3+2

| 货物或应税劳务、服务名称 | 规格型号 | 单位 | 数量 | 单价 | 金额 | 税率 | 税额 |
|---|---|---|---|---|---|---|---|
| *电光源*白炽灯 | | 颗 | 5500 | 15.00 | 82500.00 | 13% | 10725.00 |
| *电光源*荧光灯 | | 颗 | 5700 | 20.00 | 114000.00 | 13% | 14820.00 |
| 合计 | | | | | ¥196500.00 | | ¥25545.00 |

价税合计（大写）⊗贰拾贰万贰仟零肆拾伍元整　（小写）¥222,045.00

销售方　名称：湖南光明灯泡有限公司
纳税人识别号：91430000329365897G
地址、电话：湖南省长沙市岳麓区枫林二路咸嘉湖街道58号 0731-2000989
开户行及账号：中国工商银行雨花支行 6217002920128749059

备注：校验码 58656 59890 …… 62606

收款人：陈丹丹　复核：赵潇潇　开票人：赵潇潇　销售方：（章）

第一联：记账联　销售方记账凭证

图 7-3

**ICBC 🏦 中国工商银行**　　　　　业务回单(收款)　　凭证

日期：2019年05月07日　　　　回单编号：1524700001

收款人户名：湖南光明灯泡有限公司　　　　收款人开户行：中国工商银行雨花支行
收款人账号：6217002920128749059
付款人户名：湖南百户商贸有限公司　　　　付款人开户行：中国银行望城支行
付款人账号：2901464797446455548
金额合计（大写）：贰拾贰万贰仟零肆拾伍元整　　小写：RMB222,045.00
业务（产品）种类：现金　　凭证种类：0000000　　凭证号码：0000000000000
摘要：商品款　　用途：　　币种：人民币
交易机构：0190010180　　记账柜员：00132　　交易代码：52139　　渠道：网上银行

附言：
支付交易序号：56123078　报文种类：小额客户发起普通贷记业务　委托日期：2019-05-07
业务类型（种类）：普通汇兑　指令编号：HQP1070013780　提交人：0920130905200002　1901
最终授权人：

本回单为第1次打印，注意重复　　打印日期：2019年05月07日　　打印柜员：9　　验证码：249F6AERFB001

---

# 销货单

客　户：湖南百户商贸有限公司
联系电话：0731-85614456　　仓库：　　　　单据日期：2019年05月07日
送货地址：湖南省长沙市望城区雷锋大道19号　　单据编号：YI-2019-06-15-00SX-0001

| 存货名称 | 单位 | 数量 | 单价 | 金额 | 备注 | |
|---|---|---|---|---|---|---|
| 白炽灯 | 箱 | 5500 | 16.95 | 93225.00 | | 一联存根（白） 二联客户（红） |
| 荧光灯 | 箱 | 5700 | 22.60 | 128820.00 | | |
| | | | | | | |
| | | | | | | |
| | | | | | | |
| | | | | | | |
| 合　　计： | | | | ￥222,045.00 | | |

备注：
制单人：　　　　仓管：李梅　　业务员：宋一　　客户签名：邹丽

# 商品购销合同

甲方（购货方）：　湖南百户商贸有限公司

乙方（销货方）：　湖南光明灯泡有限公司

　　根据《中华人民共和国合同法》及有关法律、法规规定，甲、乙双方本着平等、自愿、公平、互惠互利和诚实守信的原则，就产品供销的有关事宜协商一致订立本合同，以便共同遵守。

　　一、合同价款及付款方式：

　　合同总价款为人民币贰拾贰万贰仟零肆拾伍元整（¥222,045.00 元）。

　　二、产品质量：

　　1. 乙方保证所提供的产品货真价实，来源合法，无任何法律纠纷和质量问题，如果乙方所提供产品与第三方出现了纠纷，由此引起的一切法律后果均由乙方承担。

　　2. 如果甲方在使用上述产品过程中，出现产品质量问题，乙方负责调换，若不能调换，予以退还。

　　三、违约责任

　　1. 甲乙双方均应全面履行本合同约定，一方违约给另一方造成损失的，应当承担赔偿责任。

　　2. 乙方未按合同约定供货的，按延迟供货的部分款，每延迟一日承担货款的万分之五违约金，延迟 10 日以上的，除支付违约金外，甲方有权解除合同。

　　3. 甲方未按照合同约定的期限结算的，应按照中国人民银行有关延期付款的规定，延迟一日，需支付结算货款的万分之五的违约金;延迟 10 日以上的，除支付违约金外，乙方有权解除合同。

　　4. 甲方不得无故拒绝接货，否则应当承担由此造成的损失和运输费用。

　　5. 合同解除后，双方应当按照本合同的约定进行对帐和结算，不得刁难。

　　四、其他约定事项

　　本合同一式两份，自双方签字之日起生效。如果出现纠纷，双方均可向有管辖权的人民法院提起诉讼。

　　五、其它事项：

甲方：湖南百户商贸有限公司　　　　　乙方：湖南光明灯泡有限公司

签约代表：　　　　　　　　　　　　　签约代表：

开户银行：中国银行望城支行　　　　　开户银行：中国工商银行雨花支行

账号：2901464797446455548　　　　　账号：6217002920128749059

2019 年 05 月 07 日　　　　　　　　　2019 年 05 月 07 日

图 7-3　原始凭证

（业务资料来自"专一网——湖南职业院校技能抽查平台"）

【解析】根据原始凭证，会计人员编制了如下会计分录：

借：银行存款——工商银行雨花支行　　　　　　　　　　　222 045

　　贷：主营业务收入——销售白炽灯收入　　　　　　　　　82 500

　　　　主营业务收入——销售荧光灯收入　　　　　　　　114 000

> 应交税费——应交增值税（销项税额）　　　　　　　　　　　25 545

**例 7-3** 业务描述：甲公司 10 日，以公司生产的产品对外捐赠，该批产品的实际成本为 200 000 元，市场不含税售价为 250 000 元，开具的增值税专用发票上注明的增值税税额为 32 500 元。

【解析】企业将自产的货物对外捐赠，视同销售，应缴纳增值税。

借：营业外支出　　　　　　　　　　　　　　　　　　　232 500
　　贷：库存商品　　　　　　　　　　　　　　　　　　200 000
　　　　应交税费——应交增值税（销项税额）　　　　　　32 500

**例 7-4** 业务描述：2019 年 08 月 31 日，结转未交增值税，明细见图 7-4。

应交税费——应交增值税 明细账

| 编制单位：湖南李师傅食品有限公司 | 2019年9月 | 单位：元 |
| --- | --- | --- |
| 日期 | 进项税额 | 销项税额 | 应纳税额 |
| 2019/8/31 | 199.80 | 73,320.00 | |

制表人：周丽

**图 7-4　应交税费——应交增值税明细账**

（业务资料来自"专一网——湖南职业院校技能抽查平台"）

【解析】

借：应交税费——应交增值税（转出未交增值税）　　　　73 120.2
　　贷：应交税费——未交增值税　　　　　　　　　　　73 120.2

### （二）小规模纳税企业的会计核算

小规模纳税人关于应交增值税的核算采用简化的方法，即购进货物、应税服务或行为所支付的增值税额，一律不予抵扣，直接计入相关成本或费用中。小规模纳税人应征增值税销售额的计算方法与一般纳税人相同，即：

不含税销售额 = 含税销售额÷(1+征收率 3%)

应纳税额 = 不含税销售额×征收率 3%

小规模纳税人进行增值税业务会计核算时，应在"应交税费"科目下设

置"应交增值税"明细科目，该明细科目不需要设置专栏。"应交税费——应交增值税"科目贷方登记应交纳的增值税，借方登记已交纳的增值税；期末贷方余额，反映小规模纳税人尚未交纳的增值税，期末借方余额，反映小规模纳税人多交纳的增值税。

1. 发生购进货物、应税服务或应税行为

借：原材料等（应付或实际支付的全部款项，包括支付的增值税税额）
　　贷：银行存款等

2. 发生销售货物、应税服务或应税行为

借：银行存款等（全部价款，包括应交的增值税额）

贷：主营业务收入（不含税的销售额）

应交税费——应交增值税

【业务实操】典型经济业务举例

**例7-5** 业务描述：某企业为增值税小规模纳税人，适用增值税征收率为3%，原材料按实际成本核算。该企业发生经济交易如下：购入原材料一批，取得增值税专用发票上注明的价款为30 000元，增值税税额为900元，全部款项以银行存款支付，材料已验收入库。销售产品一批，开具的普通发票上注明的货款（含税）为51 500元，款项已存入银行。用银行存款交纳增值税1 500元。

【解析】

（1）购入原材料：

| 借：原材料 | 30 900 |
| 贷：银行存款 | 30 900 |

（2）销售产品：

| 借：银行存款 | 51 500 |
| 贷：主营业务收入 | 50 000 |
| 应交税费——应变增值税 | 1 500 |

不含税销售额＝含税销售额÷（1+征收率）＝51 500÷（1+3%）＝50 000（元）

应纳增值税＝不含税销售额×征收率＝50 000×3%＝1 500（元）

（3）交纳增值税：

| 借：应交税费——应交增值税 | 1 500 |
| 贷：银行存款 | 1 500 |

【职业素养养成】

分小组对前导案例进行以下两个方面的分析、讨论：

（1）小晴违背了什么会计职业法规和职业道德？

（2）假如你是小晴，在面对贾某的要求时，你会怎么做？

【专业能力测评】智慧职教平台知识点自测。

# 任务 2　消费税业务

## 【学习目标】

（1）知识目标：了解消费税的相关税收规定；掌握消费税业务的会计核算。

（2）能力目标：能够根据消费税业务的相关凭证，准确计算应纳税额并作出正确的账务处理。

## 【前导案例】

2019 年 12 月 3 日，财政部和国家税务总局发布了《中华人民共和国消费税法（征求意见稿）》征求意见，其目的是完善税收法律制度，将消费税纳入到法律范畴，消费税正式进入立法程序。

在过去几十年当中，我国消费税也曾经做出过多次调整，例如 2008 年 9 月 1 日起，我国开始调整了汽车消费税，例如汽车排气量在 3.0 升以上至 4.0 升的乘用车税率由 15% 上调至 25%，汽车排量在 4.0 升以上的乘用车税率由 20% 上调到 40%，而对应的 1.0 升以下的乘用车税率由 3% 下调到 1%。到 2014 年，我国又正式启动了新一轮的消费税改革，从征收范围，环节税率进行了调整，同时把高耗能高污染产品及部分高档消费品纳入到征收范围。

## 一、消费税概述

消费税是指对在我国境内的应税消费品，就其消费品的销售额或销售数量或者销售额与销售数量相结合征收的一种流转税。其纳税义务人是指在我国境内从事生产、委托加工和进口应税消费品的单位和个人。

我国消费税的征税范围一共包括 15 类应税消费品。消费税的征收方法有 3 种，即从价定率、从量定额以及复合计税。

## 二、消费税业务会计核算

为了核算消费税相关业务，企业应当在"应交税费"科目下设置"应交消费税"明细科目，用以核算应交消费税的发生和交纳情况，贷方登记应交未交的消费税额，借方登记已交纳的消费税额，期末贷方余额，反映企业尚未交纳的消费税额，期末借方余额，反映企业多交纳的消费税额。

除此之外，企业在核算消费税时，还应设置"税金及附加"科目，该科目属于费用类科目，用以核算企业经营活动发生的消费税、城市维护建设税、资源税和教育费附加等相关税费。

（一）销售应税消费品

借：税金及附加（不含增值税价款×适用税率）

贷：应交税费——应交消费税

## （二）自产自用应税消费品

借：在建工程等（用于在建工程等非生产机构）
　　贷：应交税费——应交消费税
借：税金及附加（用于对外投资、分配给职工等）
　　贷：应交税费——应交消费税

## （三）委托加工应税消费品

1. 收回后直接用于销售或用于非消费税项目
借：委托加工物资
　　贷：银行存款/应付账款
2. 收回后用于连续生产应税消费品
借：应交税费——应交消费税
　　贷：银行存款/应付账款

## （四）进口应税消费品

借：材料采购/固定资产/库存商品等
　　贷：银行存款

【业务实操】典型经济业务举例

**例 7-6**　业务描述：甲企业销售所生产的化妆品，价款 100 万元（不含增值税）。开具的增值税专用发票上注明的增值税税额为 13 万元，适用的消费税税率为 15%，款项已存入银行。

【解析】

1. 取得价款和税款时：

| | |
|---|---|
| 借：银行存款 | 1 130 000 |
| 　贷：主营业务收入 | 1 000 000 |
| 　　　应交税费——应交增值税（销项税额） | 130 000 |

2. 计算应交纳的消费税：

应纳消费税税额 = 100×15% = 15（万元）

| | |
|---|---|
| 借：税金及附加 | 150 000 |
| 　贷：应交税费——应交消费税 | 150 000 |

**例 7-7**　业务描述：丙企业下设的职工食堂享受企业提供的补贴，本月领用自产产品一批。该产品的成本为 20 000 元，市场不含税售价为 30 000 元，适用的增值税税率为 13%、消费税税率为 10%。

【解析】

| | |
|---|---|
| 借：应付职工薪酬——职工福利费 | 33 900 |
| 　　税金及附加 | 3 000 |
| 　贷：主营业务收入 | 30 000 |

| | |
|---|---|
| 应交税费——应交增值税（销项税额） | 3 900 |
| ——应交消费税 | 3 000 |

同时：

| | |
|---|---|
| 借：主营业务成本 | 20 000 |
| 　贷：库存商品 | 20 000 |

**【职业素养养成】**

分小组对前导案例进行以下两个方面的分析、讨论：

（1）消费税与我们的生活有什么联系？

（2）消费税立法对老百姓的生活以及对企业有什么影响？

**【专业能力测评】** 智慧职教平台知识点自测。

## 任务3 其他税种业务

【学习目标】

（1）知识目标：熟悉城市维护建设税、教育费附加、资源税、土地增值税、印花税的相关税收规定；掌握城市维护建设税、教育费附加、资源税、土地增值税、印花税业务会计核算。

（2）职业能力目标：能够根据城市维护建设税、教育费附加、资源税、土地增值税、印花税业务的相关凭证，准确计算应纳税额并作出正确的账务处理。

【前导案例】

海口某房地产开发有限公司1998年12月11日与琼山市规划土地管理局签订《国有土地使用权出让合同（宗地出让合同）》，取得谭文风圯水库西侧的宗地，土地面积1 299 634.00平方米，出让金为每平方米3.81元，合同总额为4 951 605.54元。2007年9月7日将上述土地全部转让给海南某实业有限公司，三宗土地面积共1 299 634.67平方米，转让价格为每平方米45元，共取得土地使用权转让收入58 483 559.00元。2007年9月25日通过提供虚假的琼山府函〔2000〕174号文件向海口税务局申报办理土地使用权转让过户手续，进行虚假纳税申报，虚增土地成本87 620 000.00元。根据《中华人民共和国税收征收管理法》第六十三条第一款的规定：通过虚假纳税申报，导致少交土地增值税合计27 330 343.74元，是偷税行为。依法追缴少缴土地增值税合计27 330 343.74元。

——资料来源：腾讯新闻

### 一、城市维护建设税

城市维护建设税是以增值税和消费税为计税依据征收的一种税。其纳税人是实际缴纳增值税、消费税的单位和个人。城市维护建设税是以纳税人实际缴纳的增值税和消费税作为计税依据，其税额的计算附加于这两个税种的税额，因此，具有附加税的性质。其征收的目的是专门用于城市的公用事业和公共设施的维护建设。

应纳税额＝（实际交纳的增值税+实际交纳的消费税)×适用税率

为了核算城市维护建设税的相关业务，企业应当在"应交税费"科目下设置"应交城市维护建设税"明细科目，用以核算应交城市维护建设税的发生和交纳情况。同时，应设置"税金及附加"科目。

（1）企业计算出应交的城市维护建设税时：

借：税金及附加

　　贷：应交税费——应交城市维护建设税

（2）实际缴纳时：

借：应交税费——应交城市维护建设税

贷：银行存款

## 二、教育费附加

教育费附加是由税务机关负责征收，同级教育部门统筹安排，同级财政部门监督管理，专门用于发展地方教育事业的预算外资金。

地方教育费附加是指一些地方政府为发展本地教育事业，增加地方教育的资金投入，促进地方教育事业发展，开征的一项地方政府性基金。

教育费附加和地方教育费附加同城市维护建设税一样，是以纳税人实际缴纳的增值税、消费税的税额为计征依据，也具有附加税性质，也是特定目的税。

为了核算教育费附加和地方教育费附加的相关业务，企业应当在"应交税费"科目下设置"应交教育费附加""应交地方教育费附加"明细科目，同时，应设置"税金及附加"科目。

（1）企业计算出应交的教育费附加和地方教育费附加时：

借：税金及附加

　　贷：应交税费——应交教育费附加

　　　　　　　　——应交地方教育费附加

（2）实际缴纳时：

借：应交税费——应交教育费附加

　　　　　　　——应交地方教育费附加

　　贷：银行存款

【业务实操】典型经济业务举例

例 7-8　业务描述：2019 年 7 月，湖南牛牛箱包制造有限公司结转增值税应纳税额并计提附加税，资料如图 7-5 所示。

**应交税费——应交增值税　明细账**

编制单位：湖南牛牛箱包制造有限公司　　　　　　　2019年7月　　　　　　　单位：元

| 日期 | 进项税额 | 销项税额 | 应纳税额 |
|------|---------|---------|---------|
| 2019/7/31 | | 63,050.00 | |

制表人：武帅

**附加税计提表**

单位：元

| 序号 | 项目 | 纳税基数（增值税应纳税额） | 税率 | 金额 |
|------|------|---------|------|------|
| 1 | 城市维护建设税 | | 7% | |
| 2 | 教育费附加 | | 3% | |
| 3 | 地方教育费附加 | | 2% | |
| 合计 | | | | |

制单人：武帅

**图 7-5　相关资料**

（业务资料来自"专一网——湖南职业院校技能抽查平台"）

【解析】该公司 2019 年 7 月只有销项税额无进项税额，所以增值税应纳税额为 63 050（元），城市维护建设税为 63 050×7% = 4 413.5（元），教育费附加为 63 050×3% = 1 891.5（元），地方教育费附加为 63 050×2% = 1 261（元）。

计提税金及附加时，应当制作以下分录：

借：税金及附加　　　　　　　　　　　　　　　　　　　　　7 566.0
　　贷：应交税费——应交城市维护建设税　　　　　　　　　　　4 413.5
　　　　　　　　——应交教育费附加　　　　　　　　　　　　　1 891.5
　　　　　　　　——应交地方教育费附加　　　　　　　　　　　1 261.0

例 7-9　业务描述：2019 年 7 月 9 日，湖南牛牛箱包制造有限公司缴纳上月税费，资料如图 7-6 所示。

**付款申请单**

| | | | 字　号 | |
| --- | --- | --- | --- | --- |
| 2019 年 07 月 09 日 | | | 付款原因 | |
| 收款单位 | 湖南省国家税务局雨花区分局 | | 缴纳上月税费 | |
| 账号 | | | | |
| 开户行 | | | 银行转讫 | |
| 大写金额 | ⊗佰⊗拾陆万壹仟陆佰壹拾壹元贰角零分 | | | |
| 附件 | | 小写：￥61,611.20 | | |
| 审 | 同意付款 | 财 | 同意付款 | |
| 批 | | 务 | | |

会计主管　　　　　复核　　　　　出纳

中国建设银行 China Construction Bank

**中国建设银行单位客户专用回单**　　　　　NO.

业务日期：2019年07月09日　　　凭证字号：3001201907095283108

| 纳税人全称及纳税人识别号（信用代码）： | 湖南牛牛箱包制造有限公司 914301021650214890 |
| --- | --- |
| 付款人全称：湖南牛牛箱包制造有限公司 | 咨询（投诉）电话:12366 |
| 付款人账号：43001265012031470256 | 征收机关名称（委托方）:湖南省国家税务局雨花区分局 |
| 付款人开户银行：中国建设银行雨花区支行 | 收款国库（银行）名称国家金库长沙市雨花区区支库 |
| 小写（合计）金额：￥61611.20 | 缴款书交易流水号:20190709652145800026598 7126453 |
| 大写（合计）金额：人民币陆万壹仟陆佰壹拾壹元贰角整 | 税票号码:32018208000000275 |

| 税（费）种名称 | 所属时期 | | 实缴金额 |
| --- | --- | --- | --- |
| 增值税 | 20190601 | 20190630 | 55010.00 |
| 城市维护建设税 | 20190601 | 20190630 | 3850.70 |
| 教育费附加 | 20190601 | 20190630 | 1650.30 |
| 地方教育费附加 | 20190601 | 20190630 | 1100.20 |

图 7-6　相关资料

（业务资料来自"专一网——湖南职业院校技能抽查平台"）

【解析】根据上述资料，应当制作以下分录：

借：应交税费——未交增值税　　　　　　　　　　　　　　55 010.00
　　　　　　——城市维护建设税　　　　　　　　　　　　　3 850.70

| | |
|---|---|
| ——教育费附加 | 1 650. 30 |
| ——地方教育费附加 | 1 100. 20 |
| 贷：银行存款 | 61 611. 20 |

### 三、资源税

资源税是对在我国境内开采矿产品或者生产盐的单位和个人征收的税。为了核算资源税的相关业务，企业应当在"应交税费"科目下设置"应交资源税"明细科目，同时，应设置"税金及附加"科目。

（1）企业销售应税产品按规定应交纳的资源税。

借：税金及附加

  贷：应交税费——应交资源税

（2）企业自产自用应税产品应交纳的资源税。

借：生产成本/制造费用等

  贷：应交税费——应交资源税

### 四、土地增值税

土地增值税是对转让国有土地使用权、地上的建筑物及其附着物（简称"转让房地产"）并取得增值性收入的单位和个人所征收的一种税。

为了核算土地增值税的相关业务，企业应当在"应交税费"科目下设置"应交土地增值税"明细科目，同时，应设置"税金及附加"科目。

（1）企业转让的土地使用权连同地上建筑物及其他附着物一并在"固定资产"等科目核算的：

借：固定资产清理

  贷：应交税费——应交土地增值税

（2）若土地使用权在"无形资产"科目中核算的：

借：银行存款

  累计摊销

  贷：无形资产

   应交税费——应交土地增值税

   资产处置损益（倒挤，或在借方）

（3）待该房地产营业收入实现时，计算当期销售负担的土地增值税时：

借：税金及附加

  贷：应交税费——应交土地增值税

### 五、印花税

印花税是指对书立、领受购销合同等凭证行为征收的税款。关于印花税，企业一般预先购买一定的印花税税票，在发生应税行为时，根据凭证的性质和规定的比例税率或者按照件数计算应纳税额。因为企业在购买印花税税票时，已经缴纳了印花税，因此在进行会计核算时，不需要再通过"应交税费"科目核算。

借：税金及附加

　　贷：银行存款

**【职业素养养成】**

分小组对前导案例进行以下两个方面的分析、讨论：

（1）海口某房地产开发有限公司违反了什么法律？

（2）房地产企业如何避免这种行为？

**【专业能力测评】**智慧职教平台知识点自测。

# 模块八  财务成果业务会计核算

## 【岗位简介】

企业财务成果业务可以分为四个业务，即收入业务；费用业务；利润业务；所有者权益业务。在会计实务中，涉及该部分业务的部门有：销售部门销售商品取得的收入和产生的费用、管理部门购买办公用品等产生的管理费用、财务部门为借款支付的财务费用、企业运营期间产生的税金等。

财务成果业务会计核算的流程如图8-1所示：

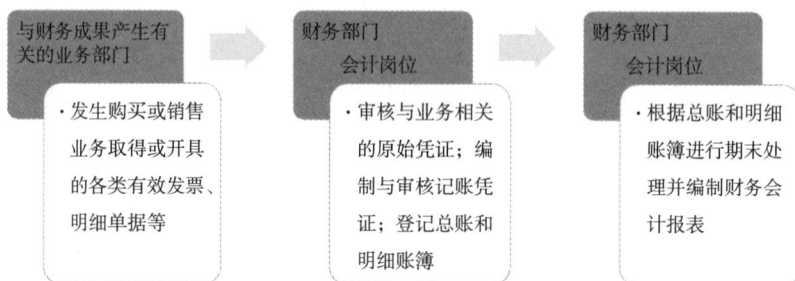

**图8-1  财务成果会计核算业务流程图**

# 任务 1　收入业务

**【学习目标】**

（1）知识目标：了解收入的概念和构成；理解收入确认的原则与条件；掌握销售商品一般业务和特殊业务的会计核算。

（2）职业能力目标：能够根据收入准则，正确判断和审核与收入相关的合同等原始凭证，准确核算收入金额并做出账务处理。

**【前导案例】**

东方××是以××市服装总厂为主要发起人，通过定向募集方式成立的股份有限公司。2016 年 12 月至 2018 年 5 月间，东方××为完成营业收入、利润总额等业绩指标，虚构翡翠原石销售和采购交易，导致 2016 年年报、2017 年年报和 2018 年半年报虚增营业收入、营业成本、利润总额、应收账款合计占当年合并利润表上利润总额的 29.60%、59.70% 和 211.48%，严重扰乱了证券市场秩序，损害投资者利益。

——资料来源：新浪财经

## 一、收入概述

收入是指企业在日常活动产生的、会导致所有者权益增加、但是与所有者投入资本无关的经济利益的总流入。日常活动是指企业为了经营目标而进行的经常性活动和与之相关的其他活动。

根据经济业务的性质不同，收入可以分为：销售商品取得的收入、提供劳务取得的收入和让渡商品使用权取得的收入。根据企业经营业务的核心强弱不同，收入可以分为：主营业务收入和其他业务收入。根据收入确认期限的不同，收入可以分为跨期收入和非跨期收入。

## 二、收入的确认与计量

### （一）确认

按照《企业会计准则第 14 号——收入》（2017）的规定，企业应当在履行了合同中的履约义务，即在客户取得相关商品控制权时确认收入（取得相关商品控制权，是指能够主导该商品的使用并从中获得几乎全部的经济利益）。

## 职业法规

《企业会计准则第 14 号——收入》规定，当企业与客户之间的合同同时满足下列条件时，企业应当在客户取得相关商品控制权时确认收入：

（1）合同各方已批准该合同并承诺将履行各自义务。

（2）该合同明确了合同各方与所转让商品相关的权利和义务。

（3）该合同有明确的与所转让商品相关的支付条款。

（4）该合同具有商业实质，即履行该合同将改变企业未来现金流量的风险、时间分布或金额。

（5）企业因向客户转让商品而有权取得的对价很可能收回。

合同开始日，企业应当对合同进行评估，识别该合同所包含的各单项履约义务，并确定各单项履约义务是在某一时段内履行，还是在某一时点履行，然后，在履行了各单项履约义务时分别确认收入。履约义务，是指合同中企业向客户转让可明确区分商品的承诺，它既包括合同中明确的承诺，也包括由于企业已公开宣布的政策、特定声明或以往的习惯做法等导致合同订立时客户合理预期企业将履行的承诺。

## 职业法规

《企业会计准则第 14 号——收入》第十一条规定，满足下列条件之一的，属于在某一时段内履行履约义务；否则，属于在某一时点履行履约义务：

（1）客户在企业履约的同时即取得并消耗企业履约所带来的经济利益。

（2）客户能够控制企业履约过程中在建的商品。

（3）企业履约过程中所产出的商品具有不替代用途，且该企业在整个合同期间内有权就累计至今已完成的履约部分收取款项。

## （二）计量

企业应当按照分摊至各单项履约义务的交易价格计量收入。交易价格，是指企业因向客户转让商品而预期有权收取的对价金额。

## 职业风险点

企业代第三方收取的款项以及企业预期将退还给客户的款项，应当作为负债进行会计处理，不计入交易价格。

企业应当根据合同条款，并结合其以往的习惯做法确定交易价格。在确定交易价格时，企业应当考虑可变对价、合同中存在的重大融资成分、非现金对价、应付客户对价等因素的影响。

（1）合同中存在可变对价的，企业应当按照期望值或最可能发生金额确定可变对价的最佳估计数，但包含可变对价的交易价格，应当不超过在相关不确定性消除时累计已确认收入极可能不会发生重大转回的金额。

（2）合同中存在重大融资成分的，企业应当按照假定客户在取得商品控制权时即以现金支付的应付金额确定交易价格。该交易价格与合同对价之间的差额，应当在合同期间内采用实际利率法摊销。

（3）客户支付非现金对价的，企业应当按照非现金对价的公允价值确定交易价格。非现金对价的公允价值不能合理估计的，企业应当参照其承诺向客户转让商品的单独售价间接确定交易价格。

（4）企业应付客户对价的，应当将该应付对价冲减交易价格，并在确认相关收入与支付（或承诺支付）客户对价二者孰晚的时点冲减当期收入，但应付客户对价是为了向客户取得其他可明确区分商品的除外。

**【知识点应用】** 甲企业与客户签订合同为其建造一栋厂房，约定的价款为 100 万元，4 个月完工，交易价格为固定金额 100 万元；假如合同中约定若提前 1 个月完工，客户将额外奖励甲公司 10 万元，甲企业对合同估计工程提前 1 个月完工的概率为95%。请计算甲企业该项业务的交易价格是多少？

**【解析】** 本例中甲企业对合同估计工程提前 1 个月完工的概率为 95%，则预计有权收取的对价为 110 万元，即交易价格应包括固定金额 100 万元和可变金额 10 万元，总计为 110 万元。

合同中包含两项或多项履约义务的，企业应当在合同开始日，按照各单项履约义务所承诺商品的单独售价的相对比例，将交易价格分摊至各单项履约义务。

## 职业风险点

企业不得因合同开始日之后单独售价的变动而重新分摊交易价格。

**【知识点应用】**（初级会计师考试 2020 年真题）甲公司与乙公司签订合同，向乙公司销售 E、F 两种产品，不含增值税的合同总价款为 3 万元。E、F 产品不含增值税的单独售价分别为 2.2 万元和 1.1 万元。该合同包含两项可明确区分的履约义务。不考虑其他因素，按照交易价格分摊原则，E 产品应分摊的交易价格为（　　　）万元。

A. 2　　　　　　　B. 1　　　　　　　C. 2.2　　　　　　　D. 1.1

**【解析】** A。合同包含两项可明确区分的履约义务，给出不含增值税的合同总价款为 3 万元，E、F 产品不含增值税的单独售价分别为 2.2 万元和 1.1 万元，确定分摊比例进行分摊即可。

E 产品应分摊的交易价格 = 2.2÷（2.2+1.1）×3 = 2（万元）。

综上所述，企业进行收入确认与计量可以分为以下 5 步：

第 1 步：识别与客户订立的合同。

第 2 步：识别合同中的单向履约义务。

第 3 步：确定交易价格。

第 4 步：将交易价格分摊至各单向履约义务。

第 5 步：履行各单向履约义务时确认收入。

以上 5 个步骤中，第 1 步、第 2 步和第 5 步主要与收入的确认有关，第 3 步和第

4 步主要与收入的计量有关。一般来说，无论是什么样的合同收入，都需要考虑所有 5 个步骤来确认和计量收入。但是，对履行特定合同义务确认的收入并不一定要经过全部 5 个步骤，例如企业根据第 2 步确定合同仅是单项履约义务，则不需要经过第 4 步（交易价格分摊），可以从第 3 步直接进入第 5 步确认收入。

## 三、会计科目设置

为了正确核算与客户之间的合同产生的收入及相关的成本费用，企业一般需要设置以下会计科目：

### （一）"主营业务收入"科目

用以核算企业确认的销售商品、提供服务等主营业务的收入。该科目贷方登记企业主营业务活动实现的收入，借方登记期末转入"本年利润"科目的主营业务收入，结转后该科目应无余额。

### （二）"其他业务收入"科目

用以核算企业确认的除主营业务活动以外的其他经营活动实现的收入。该科目贷方登记企业其他业务活动实现的收入，借方登记期末转入"本年利润"科目的其他业务收入，结转后该科目应无余额。

### （三）"主营业务成本"科目

用以核算企业确认销售商品、提供服务等主营业务收入时应结转的成本。该科目借方登记企业应结转的主营业务成本，贷方登记期末转入"本年利润"科目的主营业务成本，结转后该科目应无余额。

### （四）"其他业务成本"科目

用以核算企业确认的除主营业务活动以外的其他经营活动所形成的成本。该科目借方登记企业应结转的其他业务成本，贷方登记期末转入"本年利润"科目的其他业务成本，结转后该科目应无余额。

### （五）"合同取得成本"科目

用以核算企业取得合同发生的、预计能够收回的增量成本。该科目借方登记发生的合同取得成本，贷方登记摊销的合同取得成本，期末借方余额，反映企业尚未结转的合同取得成本。

### （六）"合同履约成本"科目

用以核算企业为履行当前或预期取得的合同所发生的、按照收入准则应当确认为一项资产的成本。该科目借方登记发生的合同履约成本，贷方登记摊销的合同履约成本，期末借方余额反映企业尚未结转的合同履约成本。该科目可设置"服务成本""工程施工"等明细科目。

## （七）"合同资产"科目

用以核算企业已向客户转让商品而有权收取对价的权利，且该权利取决于时间流逝之外的其他因素（如履行合同中的其他履约义务）。该科目借方登记因已转让商品而有权收取的对价金额，贷方登记取得无条件收款权的金额，期末借方余额反映企业已向客户转让商品而有权收取的对价金额。

## （八）"合同负债"科目

用以核算企业已收或应收客户对价而应向客户转让商品的义务。该科目贷方登记企业在向客户转让商品之前，已经收到或已经取得无条件收取合同对价权利的金额；借方登记企业向客户转让商品时冲销的金额；期末贷方余额反映企业在向客户转让商品之前，已经收到的合同对价或已经取得的无条件收取合同对价权利的金额。

此外，企业发生减值的，还应当设置"合同履约成本减值准备""合同取得成本减值准备""合同资产减值准备"等科目进行核算。

### 四、销售商品的一般业务会计核算

销售商品的一般业务属于在某一时点履行的履约义务。根据会计准则的规定，对于在某一时点履行的履约义务，企业应当在客户取得相关商品控制权时点确认收入。

**职业法规**

《企业会计准则第14号——收入》第十三条规定，在判断客户是否已取得商品控制权时，企业应当考虑下列迹象：

（1）企业就该商品享有现时收款权利，即客户就该商品负有现时付款义务。

（2）企业已将该商品的法定所有权转移给客户，即客户已拥有该商品的法定所有权。

（3）企业已将该商品实物转移给客户，即客户已实物占有该商品。

（4）企业已将该商品所有权上的主要风险和报酬转移给客户，即客户已取得该商品所有权上的主要风险和报酬。

（5）客户已接受该商品。

（6）其他表明客户已取得商品控制权的迹象。

### （一）满足收入确认条件的销售商品/材料的一般业务

1. 确认收入

借：银行存款（现金结算方式）
　　应收账款（赊销或委托收款结算方式）
　　应收票据（商业汇票结算方式）
　贷：主营业务收入（销售商品按收入准则确定的交易价格）

其他业务收入（销售材料按收入准则确定的交易价格）

应交税费——应交增值税（销项税额）（计税价格×适用税率）

2. 结转成本

借：主营业务成本（倒挤）

其他业务成本（倒挤）

存货跌价准备（销售部分应结转的存货跌价准备）

贷：库存商品（账面余额）

【知识点应用】甲公司向乙公司销售一批商品，开出的增值税专用发票上注明的价款为 50 000 元，增值税税额为 6 500 元；商品已经发出，并已向银行办妥托收手续。该批商品的成本为 40 000 元。不考虑其他因素，下列说法中正确的有(　　)。

A. 主营业务成本增加 40 000 元　　　B. 主营业务收入增加 56 500 元

C. 主营业务收入增加 50 000 元　　　D. 应收账款增加 56 500 元

【解析】ACD。

（二）不符合收入确认条件的销售商品的一般业务

1. 发出商品时

借：发出商品（发出商品成本）

贷：库存商品

2. 如果销售该批商品的纳税义务已经发生

借：应收账款/银行存款等

贷：应交税费——应交增值税（销项税额）

（注意：如果销售该批商品的纳税义务尚未发生，则待纳税义务发生时再做应交增值税处理。）

3. 后期满足收入确认条件时

借：应收账款/银行存款等

贷：主营业务收入

4. 结转成本

借：主营业务成本（倒挤）

存货跌价准备（销售部分应结转的存货跌价准备）

贷：发出商品（账面余额）

【知识点应用】下列各项中，企业已经发出但不符合收入确认条件的商品成本，应借记的会计科目是(　　)。

A. 主营业务成本　　　B. 发出商品　　　C. 销售费用　　　D. 其他业务成本

【解析】B。

（三）存在商业折扣情况的销售商品一般业务

借：银行存款/应收账款等（折后价款+折后计税额）

贷：主营业务收入（扣除商业折扣）

应交税费——应交增值税（销项税额）（折后计税额）

【知识点应用】（初级会计师考试 2020 年真题）某公司为增值税一般纳税人，销售商品适用的增值税税率为 13%。2019 年 9 月 2 日该公司销售商品 10 000 件，每件商品不含税标价为 50 元。由于成批销售，该公司给予客户 20% 的商业折扣，并开具增值税专用发票。不考虑其他因素，下列各项中，该公司确认的营业收入金额为（　　）元。

　　A. 500 000　　　　　B. 400 000　　　　　C. 452 000　　　　　D. 565 000

【解析】B。销售商品 10 000 件，每件商品不含税标价为 50 元，给予客户 20% 的商业折扣，应在扣除商业折扣的基础上确认收入以及计算增值税销项税额。该公司确认的营业收入金额 = 10 000×50×（1−20%） = 400 000 （元）。

【业务实操】典型经济业务举例

例 8-1　业务描述：2020 年 6 月 1 日，甲公司向乙公司销售一批商品，开具的增值税专用发票上注明售价为 100 000 元，增值税税额为 13 000 元；当日甲公司收到乙公司支付的款项存入银行；该批商品的实际成本为 90 000 元；乙公司收到商品并验收入库。

【解析】本例中甲公司已经收到乙公司支付的货款，客户乙公司收到商品并验收入库，因此，该项业务为单项履约义务且属于在某一时点履行的履约义务。甲公司应编制如下会计分录：

（1）确认收入时：

借：银行存款　　　　　　　　　　　　　　　　　　　　113 000

　　贷：主营业务收入　　　　　　　　　　　　　　　　　　100 000

　　　　应交税费——应交增值税（销项税额）　　　　　　　13 000

（2）结转销售商品成本：

借：主营业务成本　　　　　　　　　　　　　　　　　　90 000

　　贷：库存商品　　　　　　　　　　　　　　　　　　　90 000

例 8-2　业务描述：2020 年 7 月 1 日，甲公司向乙公司赊销一批商品，开具的增值税专用发票上注明售价为 10 000 元，增值税税额为 1 300 元；双方约定两个月内支付货款。当日乙公司收到商品并验收入库；该批商品的实际成本为 8 000 元。8 月 31 日，甲公司收到乙公司支付的货款 11 300 元存入银行。

【解析】本例中甲公司与乙公司约定两个月内付款，客户乙公司收到商品并验收入库，因此，该项业务为单项履约义务且属于在某一时点履行的履约义务。甲公司应编制如下会计分录：

（1）7 月 1 日，确认收入时：

借：应收账款　　　　　　　　　　　　　　　　　　　　11 300

　　贷：主营业务收入　　　　　　　　　　　　　　　　　　10 000

　　　　应交税费——应交增值税（销项税额）　　　　　　　1 300

同时，结转销售商品成本：

借：主营业务成本　　　　　　　　　　　　　　　　　　8 000

　　贷：库存商品　　　　　　　　　　　　　　　　　　　8 000

（2）8 月 31 日，收到货款时：

借：银行存款　　　　　　　　　　　　　　　　　　　　11 300

　　贷：应收账款　　　　　　　　　　　　　　　　　　　　　　　　　　11 300

　　**例 8-3**　业务描述：甲公司向乙公司销售一批原材料，开具的增值税专用发票上注明售价为 20 000 元，增值税税额为 2 600 元；甲公司收到乙公司支付的款项存入银行；该批原材料的实际成本为 15 000 元；乙公司收到原材料并验收入库。

　　**【解析】**本例中甲公司已经收到乙公司支付的货款，乙公司收到原材料并验收入库，该项业务为单项履约义务且属于在某一时点履行的履约义务。甲公司应编制如下会计分录：

　　（1）确认收入时：

　　借：银行存款　　　　　　　　　　　　　　　　　　　　　　　　　　22 600

　　　　贷：其他业务收入　　　　　　　　　　　　　　　　　　　　　　20 000

　　　　　　应交税费——应交增值税（销项税额）　　　　　　　　　　　2 600

　　（2）结转销售原材料成本：

　　借：其他业务成本　　　　　　　　　　　　　　　　　　　　　　　　15 000

　　　　贷：原材料　　　　　　　　　　　　　　　　　　　　　　　　　15 000

　　**例 8-4**　业务描述：2020 年 7 月 10 日，甲公司向乙公司销售一批商品，开出的增值税专用发票上注明的销售价款为 200 000 元，增值税税额为 26 000 元，款项尚未收到；该批商品成本为 120 000 元。甲公司在销售时已知乙公司资金周转发生困难，但为了减少存货积压，同时也为了维持与乙公司长期建立的商业合作关系，甲公司仍将商品发往乙公司且办妥托收手续。假定甲公司发出该批商品时其增值税纳税义务尚未发生。

　　**【解析】**本例中由于乙公司资金周转存在困难，因而甲公司在货款回收方面存在较大的不确定性，与该批商品所有权有关的风险和报酬没有转移给乙公司。根据在某一时点履行的履约义务的收入确认条件，甲公司在发出商品且办妥托收手续时不能确认收入。

　　甲公司发出商品时应编制如下会计分录：

　　借：发出商品　　　　　　　　　　　　　　　　　　　　　　　　　120 000

　　　　贷：库存商品　　　　　　　　　　　　　　　　　　　　　　　120 000

## 五、销售商品的特殊业务会计核算

### （一）附有现金折扣的销售商品业务

　　企业赊销的商品如果附有现金折扣的条件，则其对价为可变对价，应根据最可能收取的对价确认收入。资产负债表日，应重新估计可能收到的对价，按其差额调整营业收入。

　　（1）赊销时：

　　借：应收账款

　　　　贷：主营业务收入（扣除企业预计将会发生的现金折扣后的金额）

　　　　　　应交税费——应交增值税（销项税额）（全款计税）

　　（2）折扣期内收款：

借：银行存款

　　贷：应收账款

（注意：在计算现金折扣时，应注意具体是按不包含增值税的价款提供现金折扣，还是按包含增值税的价款提供现金折扣，两种情况下购买方享有的折扣金额不同。）

## （二）发生销售折让的销售商品业务

销售折让是指企业因售出的商品存在质量、规格等方面不符合销售合同规定条款的要求，而给予客户的价格减让。

（1）如果销售折让发生在企业确认收入之前，企业应直接从原定的价格中扣除给予客户的销售折让作为实际的售价，并以此确认收入。（账务处理如前述"存在商业折扣情况的销售商品一般业务"的账务处理）

（2）如果销售折让发生在企业确认收入之后：

借：主营业务收入（发生销售折让的金额）

　　应交税费——应交增值税（销项税额）（折让的税额）

　　贷：银行存款/应收账款

## （三）发生销售退回业务

销售退回是指企业因售出的商品存在质量、规格等方面不符合销售合同规定条款的要求，客户要求企业予以退货。

（1）本年度没有确认收入的售出商品发生销售退回：

借：库存商品

　　贷：发出商品

（2）本年度已经确认收入的售出商品发生销售退回：

借：主营业务收入

　　应交税费——应交增值税（销项税额）

　　贷：银行存款/应收账款

借：库存商品

　　贷：主营业务成本

## （四）采用支付手续费方式委托代销商品

（1）发出商品时：

借：发出商品（成本金额）

　　贷：库存商品

（2）收到代销清单时：

借：应收账款

　　贷：主营业务收入（专用发票上注明的销售价款）

　　　　应交税费——应交增值税（销项税额）

借：主营业务成本

　　贷：发出商品

借：销售费用（销售价款×约定比例）
　　应交税费——应交增值税（进项税额）
　　　贷：应收账款

（3）收到受托方支付的贷款时：
借：银行存款
　　　贷：应收账款

【知识点应用】甲公司委托乙公司代销一批商品 10 000 件，不含税的代销价款为 100 元/件。该商品成本为 80 元/件，甲公司适用的增值税税率为 13%。2019 年 5 月，甲公司收到乙公司开来的代销清单上列明已销售代销商品的 50%，甲公司向乙公司开具增值税专用发票。甲公司按售价的 3% 向乙公司支付手续费。乙公司不承担包销责任，没有售出的商品须退回给甲公司。不考虑其他因素，甲公司 2019 年 5 月应确认的销售收入为（　　）元。

A. 300 000　　　　　B. 188 000　　　　　C. 500 000　　　　　D. 388 000

【解析】C。甲公司应确认的销售收入 = 10 000×100×50% = 500 000（元）。

### （五）采用预收款方式销售商品的业务

企业采用预收款方式销售商品的，应先将预收款确认为负债，待履行了相关履约义务后再转为收入。

（1）企业收到预收款时：
借：银行存款
　　　贷：合同负债

（2）企业履行合同义务发出商品或提供劳务时：
借：合同负债
　　　贷：主营业务收入应交税费——应交增值税（销项税额）

（3）收到补付的剩余款项时：
借：银行存款（补付的款项）
　　　贷：合同负债

（4）退回多收的款项时：
借：合同负债
　　　贷：银行存款

【业务实操】典型经济业务举例

例 8-5　业务描述：甲公司为增值税一般纳税人，适用的增值税税率为 13%。2021 年 9 月 1 日，该企业向某客户销售商品 20 000 件，单位售价为 20 元（不含增值税），单位成本为 10 元，销售合同约定的现金折扣条件为：2/20，N/30（计算现金折扣时不考虑增值税）；当日商品发出，客户收到商品并验收入库。基于对客户的了解，预计客户 20 天内付款的概率为 90%，20 天后付款的概率为 10%。2021 年 9 月 18 日收到客户支付的货款。

【解析】甲公司与客户签订的销售合同中附有现金折扣的条件，则其对价为可变对价，应根据最可能收取的对价确认收入。即：20 000×20×(1-2%) = 392 000（元）。

增值税额＝20 000×20×13%＝52 000（元）。

9月1日，确认收入、结转成本：

| | |
|---|---|
| 借：应收账款 | 444 000 |
|    贷：主营业务收入 | 392 000 |
|      应交税费——应交增值税（销项税额） | 52 000 |
| 借：主营业务成本 | 200 000 |
|    贷：库存商品 | 200 000 |

9月18日，收到客户的货款：

| | |
|---|---|
| 借：银行存款 | 444 000 |
|    贷：应收账款 | 444 000 |

**例8-6**　业务描述：承例8-5，假设客户9月25日再将款项支付。

【解析】因为客户付款的时间不满足合同规定的现金折扣的时间，因此要调整收入金额。

| | |
|---|---|
| 借：应收账款 | 8 000 |
|    贷：主营业务收入 | 8 000 |

9月25日，实际收到货款：

| | |
|---|---|
| 借：银行存款 | 452 000 |
|    贷：应收账款 | 452 000 |

**例8-7**　业务描述：2020年6月1日，甲公司向客户销售一批商品，增值税专用发票上注明售价为600 000元，增值税税额为78 000元，款项尚未收到；该批商品成本为540 000元。2020年6月20日，客户在验收过程中发现商品外观上存在瑕疵，但基本上不影响使用，要求甲公司在价格上（不含增值税税额）给予5%的折让。假定甲公司已确认收入。甲公司同意价格折让，并按规定向乙公司开具了增值税专用发票（红字）。2020年6月30日，甲公司收到客户支付的货款存入银行。

【解析】甲公司应编制如下会计分录：

（1）6月1日，确认收入时：

| | |
|---|---|
| 借：应收账款 | 678 000 |
|    贷：主营业务收入 | 600 000 |
|      应交税费——应交增值税（销项税额） | 78 000 |

同时，结转销售商品成本：

| | |
|---|---|
| 借：主营业务成本 | 540 000 |
|    贷：库存商品 | 540 000 |

（2）6月20日，发生销售折让30 000元（600 000×5%）时：

| | |
|---|---|
| 借：主营业务收入 | 30 000 |
|    应交税费——应交增值税（销项税额） | 3 900 |
|    贷：应收账款 | 33 900 |

（3）6月30日，收到货款时：

| | |
|---|---|
| 借：银行存款 | 644 100 |
|    贷：应收账款 | 644 100 |

**例 8-8** 业务描述：2020 年 5 月 20 日，甲公司销售一批商品，增值税专用发票上注明售价为 400 000 元，增值税税额为 52 000 元；客户收到该批商品并验收入库；当日收到客户支付的货款存入银行。该批商品成本为 300 000 元。该项业务属于在某一时点履行的履约义务并确认销售收入。

2020 年 7 月 20 日，该批部分商品质量出现严重问题，客户将该批商品的 50% 退回给甲公司。甲公司同意退货，于退货当日支付退货款，并按规定向客户开具了增值税专用发票（红字）。

【解析】假定不考虑其他因素，甲公司应编制如下会计分录：

（1）5 月 20 日，确认收入时：

借：银行存款　　　　　　　　　　　　　　　　　　452 000

　　贷：主营业务收入　　　　　　　　　　　　　　　　400 000

　　　　应交税费——应交增值税（销项税额）　　　　　52 000

同时，结转销售商品成本：

借：主营业务成本　　　　　　　　　　　　　　　　300 000

　　贷：库存商品　　　　　　　　　　　　　　　　　300 000

（2）7 月 20 日，商品的 50% 销售退回时：

借：主营业务收入　　　　　　　　　　　　　　　　200 000

　　应交税费——应交增值税（销项税额）　　　　　　26 000

　　贷：银行存款　　　　　　　　　　　　　　　　　226 000

借：库存商品　　　　　　　　　　　　　　　　　　150 000

　　贷：主营业务成本　　　　　　　　　　　　　　　150 000

**例 8-9** 业务描述：2021 年 3 月 2 日，甲公司与客户签订销售合同，合同规定，客户需预先支付货款 20 000 元。3 月 10 日，客户将 20 000 元预付款以银行转账的方式支付。3 月 15 日甲公司按照合同，向客户发出商品，并开出增值税专用发票，发票上注明不含税货款 50 000 元，增值税税额 6 500 元。该批商品的实际生产成本为 38 000 元。3 月 25 日，甲公司收到客户转账支付的剩余货款。

【解析】

（1）3 月 10 日，甲公司收到预付的货款：

借：银行存款　　　　　　　　　　　　　　　　　　20 000

　　贷：合同负债　　　　　　　　　　　　　　　　　20 000

（2）3 月 15 日，甲公司发货确认收入，并结转成本：

借：合同负债　　　　　　　　　　　　　　　　　　56 500

　　贷：主营业务收入　　　　　　　　　　　　　　　50 000

　　　　应交税费——应交增值税（销项税额）　　　　　6 500

借：主营业务成本　　　　　　　　　　　　　　　　38 000

　　贷：库存商品　　　　　　　　　　　　　　　　　38 000

（3）3 月 25 日，收到客户补付的货款：

借：银行存款　　　　　　　　　　　　　　　　　　36 500

　　贷：合同负债　　　　　　　　　　　　　　　　　36 500

## 六、在某一时段内完成履约义务确认收入

对于在某一时段内完成履约义务的销售业务，与前所述的在某一时点完成履约义务的销售业务关于收入的核算不同，它在确认收入之前，需要确定恰当的履约进度，根据履约进度，分期确认营业收入。具体由以下公式表示：

本期应确认的收入＝合同总收入×本期履约进度－以前期间已经确认的收入

本期应确认的成本＝合同总成本×本期履约进度－以前期间已经结转的成本

（注意：公式中以前期间已经确认的收入和成本是一个累计数。）

关于履约进度的确定，有两种方法：产出法和投入法。其中：产出法是根据已提供给客户的服务对于客户的价值确定履约进度。投入法是根据企业为履行履约义务的投入确定履约进度。

【知识点应用】甲公司与乙公司签订一项服务合同，合同总收入为 300 万元，合同总成本预计 200 万元，期限为 2 年。资产负债表日，经专业测量师测量认定，该项服务的价值累计履约进度为 10%。该项服务的累计服务成本为 40 万元。请分别根据产出法和投入法确认本期的收入。

【解析】产出法是根据已提供给客户的服务对于客户的价值确定履约进度，所以本期收入＝300×10%＝30（万元）。

投入法是根据企业为履行履约义务的投入确定履约进度。已知已发生累计服务成本 40 万元，则履约进度＝40÷200＝20%，本期收入＝300×20%＝60（万元）。

### （一）合同履约进度能合理确定

（1）实际发生劳务成本时：

借：合同履约成本

　　贷：应付职工薪酬等

（2）预收劳务款时：

借：银行存款

　　贷：合同负债

（3）资产负债表日确认提供劳务收入并结转劳务成本时：

借：合同负债

　　贷：主营业务收入/其他业务收入（按照履约进度确认的收入）

　　　　应交税费——应交增值税（销项税额）

借：主营业务成本/其他业务成本（按照履约进度结转的成本）

　　贷：合同履约成本

### （二）合同履约进度不能合理确定

如果已发生的成本预计能够得到补偿，则按照已发生的成本金额确认收入，直到履约进度能够合理确定为止。

【业务实操】典型经济业务举例

**例 8-10**　业务描述：湘环装饰有限公司为增值税一般纳税人，适用的增值税率为

9%。2016 年 10 月，公司与华美电器商城签订了一项装修合同，期限 6 个月，合同规定装修总价款为 300 万元（不含税），预计合同成本为 240 万元，合同价款在签订合同时预先收取 10%，剩余款项按照装修完工进度的 50%、70%、100% 进行支付。截至 2016 年 12 月 31 日，该项服务累计发生劳务成本 20 万元（其中：材料费 12 万元，人工费 8 万元）。经专业测量师测量累计完工进度为 30%。

【解析】湘环装饰公司提供的装修服务属于在某一时段内完成履约义务的销售业务，应分期确认收入。

（1）2016 年 10 月预收劳务款时：

借：银行存款　　　　　　　　　　　　　　　　　　　　　　300 000
　　贷：合同负债　　　　　　　　　　　　　　　　　　　　　300 000

（2）实际发生劳务成本时：

借：合同履约成本　　　　　　　　　　　　　　　　　　　　200 000
　　贷：原材料　　　　　　　　　　　　　　　　　　　　　　120 000
　　　　应付职工薪酬　　　　　　　　　　　　　　　　　　　80 000

（3）资产负债表日确认提供劳务收入并结转劳务成本时：

根据履约进度确认的收入 = 300×30% = 90（万元）

增值税销项税额 = 90×9% = 8.1（万元）

根据履约进度应结转的成本 = 240×30% = 72（万元）

借：合同负债　　　　　　　　　　　　　　　　　　　　　　981 000
　　贷：主营业务收入　　　　　　　　　　　　　　　　　　　900 000
　　　　应交税费——应交增值税（销项税额）　　　　　　　　81 000

借：主营业务成本　　　　　　　　　　　　　　　　　　　　720 000
　　贷：合同履约成本　　　　　　　　　　　　　　　　　　　720 000

【职业素养养成】

分小组对前导案例进行以下 3 个方面的分析、讨论：

(1) 东方××的收入舞弊事件中，违反了哪些法律法规？

(2) 在企业的收入核算中，应如何规避此类风险？

(3) 作为财务人员，在处理收入核算业务中，应如何更好地保证职业规范？

【专业能力测评】智慧职教平台知识点自测。

# 任务 2　费用业务

**【学习目标】**

（1）知识目标：熟悉费用的内容及其分类；掌握费用类业务的会计核算。

（2）能力目标：能够根据会计准则，正确判断和审核与费用相关的原始凭证，准确核算费用金额并做出账务处理。

**【前导案例】**

××岛集团股份有限公司成立于 1992 年 9 月 21 日，公司以水产增养殖为主，是集海珍品育苗、增养殖、加工、贸易、海上运输于一体的综合性海洋食品企业。××岛自 2014 年 11 月末，曝出"扇贝出走"事件，资产减记近 10 亿元以来，相继上演了多出"扇贝游走""扇贝饿死"的戏码。直到 2020 年中报，××岛净资产从历史上峰值的 27 亿元，降至 6 100 万元。2020 年 7 月，证监会调查认定 ××岛 2016 年虚增利润 1.31 亿元，2017 年虚减利润 2.79 亿元。

——资料来源：第一财经

## 一、费用概述

费用是指在企业日常活动中所发生的、会导致所有者权益减少的经济利益的总流出。主要包括营业成本、税金及附加和期间费用。

### （一）营业成本

营业成本是指企业为生产产品、提供服务等经常性活动所发生的成本。会计核算中，一般在确认营业收入时，需要结转营业成本。营业成本分为：主营业务成本和其他业务成本。主营业务成本是指企业销售商品、提供劳务等经常性活动所发生的成本。其他业务成本是指企业确认的除主营业务活动之外的其他日常经营活动所发生的支出。

**【知识点应用】**A 公司 2020 年发生如下业务：对出租的固定资产计提折旧 20 万元；销售剩余原材料，成本为 150 万元；将成本为 80 万元的自产产品对外捐赠；将成本为 500 万元的自产产品对外投资。假定不存在其他业务，则本年利润表中"营业成本"项目的本期金额为（　　）万元。

A.150　　　　　　B.730　　　　　　C.750　　　　　　D.670

**【解析】**D。出租固定资产的折旧，销售剩余原材料的成本，对外投资的自产产品的成本都应计入"营业成本"项目，所以营业成本=20+150+500=670（万元）。

### （二）税金及附加

税金及附加是指企业经营活动应负担的相关税费，包括消费税、城市维护建设税、教育费附加、资源税、土地增值税、房产税、环境保护税、城镇土地使用税、车船税、印花税等。

### (三) 期间费用

期间费用是指企业日常活动发生的不能计入特定核算对象的成本，而应计入当期损益的费用。因为期间费用是企业为组织和管理整个经营活动所发生的费用，与可以确定特定成本核算对象的材料采购、产成品生产等没有直接关系，因此通常不计入特定的成本核算对象，而是在发生时直接计入当期损益。期间费用主要包括销售费用、管理费用和财务费用。

1. 销售费用

销售费用是指企业在销售商品和材料、提供服务的过程中所发生的各种费用，例如，企业在销售商品过程中发生的保险费、包装费、展览费、广告费、商品维修费、预计产品质量保证损失、运输费、装卸费等，以及为销售本企业商品而专设的销售机构（含销售网点、售后服务网点等）的职工薪酬、业务费、折旧费等经营费用，企业发生的与专设销售机构相关的固定资产修理费用等后续支出也属于销售费用。

2. 管理费用

管理费用是指企业为组织和管理生产经营发生的各种费用。包括企业在筹建期间内发生的开办费，董事会和行政管理部门在企业的经营管理中发生的以及应由企业统一负担的公司经费（包括行政管理部门职工薪酬、物料消耗、低值易耗品摊销、办公费和差旅费等），行政管理部门负担的工会经费、董事会费（包括董事会成员津贴、会议费和差旅费等）、聘请中介机构费、咨询费（含顾问费）、诉讼费、业务招待费、技术转让费、研究费用等，企业行政管理部门发生的固定资产修理费用等后续支出，也作为管理费用核算。

3. 财务费用

财务费用是指企业为筹集生产经营所需资金等而发生的筹资费用，包括利息支出（减利息收入）、汇兑损益以及相关的手续费等。

## 二、费用类业务的会计核算

### (一) 税金及附加

计算缴纳（消费税、城市维护建设税、资源税、教育费附加、房产税、城镇土地使用税、车船税等）时：

借：税金及附加
  贷：应交税费——应交消费税
       ——应交城市维护建设税
       ——应交资源税
       ——应交教育费附加
       ——应交房产税
       ——应交城镇土地使用税
       ——应交车船税

### （二）销售费用

为核算销售费用的发生和结转情况，企业应设置"销售费用"科目。该科目借方登记企业所发生的各项销售费用，贷方登记期末转入"本年利润"科目的销售费用，结转后，"销售费用"科目应无余额。

借：销售费用

　　应交税费——应交增值税（进项税额）

　贷：银行存款/应付职工薪酬/累计折旧等

### （三）管理费用

为核算管理费用的发生和结转情况，企业应设置"管理费用"科目。该科目借方登记企业发生的各项管理费用，贷方登记期末转入"本年利润"科目的管理费用，结转后，"管理费用"科目应无余额。

借：管理费用

　　应交税费——应交增值税（进项税额）

　贷：银行存款/应付职工薪酬/累计折旧等

### （四）财务费用

为核算财务费用的发生和结转情况，企业应设置"财务费用"科目。该科目借方登记企业发生的各项财务费用，贷方登记期末转入"本年利润"科目的财务费用，结转后，"财务费用"科目应无余额。

**【业务实操】典型经济业务举例**

**例 8-11** 业务描述：甲公司为增值税一般纳税人，2020 年 6 月 1 日为宣传新产品发生广告费，取得的增值税专用发票上注明的价款为 100 000 元，增值税税额为 6 000元，价税款项用银行存款支付。

**【解析】** 该公司应编制如下会计分录：

| | |
|---|---:|
| 借：销售费用 | 100 000 |
| 　　应交税费——应交增值税（进项税额） | 6 000 |
| 　贷：银行存款 | 106 000 |

**例 8-12** 业务描述：甲公司为增值税一般纳税人，2020 年 9 月 10 日，行政管理部门用银行存款支付接待客户的住宿费和餐费，取得的增值税专用发票上注明的住宿费为 10 000 元、增值税税额为 600 元，取得的增值税普通发票上注明的餐费为5 000元、增值税税额为 300 元。

**【解析】** 该公司应编制如下会计分录：

| | |
|---|---:|
| 借：管理费用 | 15 900 |
| 　贷：银行存款 | 15 900 |

**例 8-13** 业务描述：2020 年 12 月 1 日，甲公司向银行借入生产经营用短期借款 360 000 元，期限 6 个月，年利率 5%，该借款本金到期后一次归还，利息分月预提，按季支付。

【解析】该公司每月月末，预提当月应计利息=360 000×5%÷12=1 500（元）。

12月31日应编制如下会计分录：

借：财务费用——利息支出                                               1 500

    贷：应付利息                                               1 500

【职业素养养成】

分小组对前导案例进行以下3个方面的分析、讨论：

（1）××岛的财务造假事件中，违反了哪些法律法规？

（2）在企业的费用成本核算中，应如何规避此类风险？

（3）作为财务人员，在处理费用成本核算业务中，应如何更好地保证遵守职业规范？

【专业能力测评】智慧职教平台知识点自测。

# 任务3 利润业务

【学习目标】

（1）知识目标：熟悉利润的构成内容和结转本年利润的方法；掌握利润类业务的会计核算。

（2）职业能力目标：能够根据准则要求准确计算利润，并进行正确的账务处理。

【前导案例】

长×集团是一家大型企业集团，专业从事辐射功能材料和电网设备的研发、生产及销售。2016年6月7日。长×集团与上海和×实业发展有限公司等16名股东签订"股份转让协议"，购买上海和×机电科技股份有限公司（后更名为长×和×）80%股权。2016年7月28日，长×和×成为长×集团控股子公司。自2016年8月起，长×集团将长×和×纳入合并报表范围。但不久后，长×和×便被曝出通过虚构海外销售、提前确认收入、重复确认收入、签订"阴阳合同"、项目核算不符合会计准则等多种方式虚增业绩，其间，母子公司之间还曾演绎了一场"自曝子公司业绩造假"的剧情。2019年7月，证监会对长×集团展开立案调查，数据显示，长×集团2016年度报告虚增营业收入14 971.27万元，虚增利润总额12 300.38万元，分别占公开披露的长×集团当期营业收入、利润总额（追溯调整前）的2.56%、15.21%；2017年度报告虚增营业收入20 958.78万元，虚增利润总额17 989.83万元，分别占公开披露的长×集团当期营业收入、利润总额（追溯调整前）的2.82%、14.85%。

——资料来源：新浪财经

## 一、利润概述

利润是企业在一定会计期间的经营成果，包括收入减去费用后的净额、直接计入当期利润的利得和损失等。利润按其形成过程，可以分为营业利润、利润总额和净利润。

### （一）营业利润

按照利润表的列报要求，营业利润的构成内容如下：

营业利润＝营业收入－营业成本－税金及附加－销售费用－管理费用－研发费用－财务费用＋其他收益＋投资收益（－投资损失）＋净敞口套期收益（－净敞口套期损失）＋公允价值变动收益（－公允价值变动损失）－信用减值损失－资产减值损失＋资产处置收益（－资产处置损失）

其中：

研发费用是指企业进行研究与开发过程中发生的费用化支出，以及计入管理费用的自行开发无形资产的摊销。

其他收益是指与企业日常活动相关，除冲减相关成本费用以外的政府补助。

投资收益（或损失）是指企业以各种方式对外投资所取得的收益（或损失）。

公允价值变动收益（或损失）是指企业交易性金融资产等公允价值变动形成的应计入当期损益的利得（或损失）。

信用减值损失是指企业计提各项金融资产信用减值准备所确认的信用损失。

资产减值损失是指企业计提有关资产减值准备所形成的损失。

资产处置收益（或损失）反映企业出售划分为持有待售的非流动资产（金融工具、长期股权投资和投资性房地产除外）或处置组（子公司和业务除外）时确认的处置利得或损失，以及处置未划分为持有待售的固定资产、在建工程、生产性生物资产及无形资产而产生的处置利得或损失，还包括非货币性资产交换中换出非流动资产产生的利得或损失。

## （二）利润总额

利润总额=营业利润+营业外收入-营业外支出

## （三）净利润

净利润=利润总额-所得税费用

【知识点应用】某工业企业 2019 年度主营业务收入为 10 000 万元，主营业务成本为 6 000 万元，其他业务收入为 80 万元，其他业务成本为 40 万元，管理费用为 100 万元（全部为职工薪酬，税法规定的计税标准为 80 万元），财务费用为 20 万元，营业外收入为 40 万元，营业外支出为 10 万元（其中 5 万元属于支付的税收滞纳金，税法规定，计算所得税时，税收滞纳金不允许抵扣）。该企业适用的所得税税率为 25%。假定不考虑其他因素，该企业 2019 年度的净利润应为（　　）万元。

A. 922.5　　　　　B. 992.5　　　　　C. 987.5　　　　　D. 2 956.25

【解析】D。利润总额=10 000-6 000+80-40-100-20+40-10=3 950（万元）。因为企业已计入当期费用的工资是 100 万元，超过税法规定扣除标准（80 万元）的金额为 20 万元，在计算应纳税所得额时，要纳税调增；税法规定，税收滞纳金不允许税前扣除，在计算利润总额时，已经进行了扣除，所以计算应纳税所得额时，也要纳税调增。因此，应交所得税=所得税费用=［3 950+（100-80）+5］×25%=993.75（万元），净利润=3 950-993.75=2 956.25（万元）。

## 二、营业外收入与营业外支出

### （一）营业外收入

营业外收入是指企业确认的与其日常活动无直接关系的各项利得。主要包括非流动资产毁损报废收益、与企业日常活动无关的政府补助、盘盈利得、捐赠利得等。

（1）确认报废、毁损非流动资产利得。

借：固定资产清理等

　　贷：营业外收入

（2）确认现金盘盈利得、捐赠利得。

借：待处理财产损溢

　　贷：营业外收入（批准后转入营业外收入的现金盘盈利得）

借：库存现金等（接受捐赠）

　　贷：营业外收入

## （二）营业外支出

营业外支出是指企业发生的与其日常活动无直接关系的各项损失，主要包括非流动资产毁损报废损失、捐赠支出、盘亏损失、非常损失、罚款支出等。

（1）确认报废、损毁非流动资产损失。

借：营业外支出

　　贷：固定资产清理等

（2）确认盘亏、罚款支出。

借：营业外支出

　　贷：银行存款（罚款支出）

　　　　待处理财产损溢（盘亏）

## 三、所得税费用

所得税费用是指应在会计税前利润中扣除的所得税费用，包括当期所得税费用和递延所得税费用。当期所得税费用是按照所得税法的规定所计算出来的当期应缴纳的所得税额确定的费用。在实际中，由于按照企业会计准则所计算出的会计税前利润与按照所得税法所计算出的应纳税所得额，存在计算口径、计算时间的不一致，导致两者之间存在差异，该差异按照未来期间能否转回可以分为永久性差异和暂时性差异。由于暂时性差异的发生或转回而确认的所得税费用称为递延所得税费用。

### （一）暂时性差异

暂时性差异主要是指资产或负债的账面价值与其计税基础之间的差额。分为可抵扣暂时性差异和应纳税暂时性差异。

可抵扣暂时性差异是指在确定未来收回资产或清偿负债期间的应纳税所得额时，将导致产生可抵扣金额的暂时性差异。也就是说，该差异在未来期间转回时会减少转回期间的应纳税所得额。具体分为以下两种情况：①资产的账面价值小于其计税基础；②负债的账面价值大于其计税基础。

应纳税暂时性差异是指在确定未来收回资产或清偿负债期间的应纳税所得额时，将导致产生应纳税金额的暂时性差异。也就是说，该差异在未来期间转回时会增加转回期间的应纳税所得额。具体分为以下两种情况：①资产的账面价值大于其计税基础；②负债的账面价值小于其计税基础。

资产的计税基础，是指企业收回资产账面价值的过程中，计算应纳税所得额时按照税法规定可以自应税经济利益中抵扣的金额。负债的计税基础，是指负债的账面价值减去未来期间计算应纳税所得额时按照税法规定可予抵扣金额的差额。

【知识点应用】甲公司 2020 年 12 月 31 日购入一台固定资产，原值为 60 000 元，预计净残值为 0。税法规定采用直线法计提折旧，折旧年限为 5 年；甲公司同样采用直线法计提折旧，折旧年限为 3 年。

【解析】2020 年 12 月 31 日，该项固定资产的账面价值 = 60 000 元，计税基础 = 60 000 元，未产生差异。

2021 年，按照税法的规定，该项固定资产应计提折旧 12 000 元，年末计税基础 = 60 000 - 12 000 = 48 000（元）；公司实际计提折旧 20 000 元，年末账面价值 = 60 000 - 20 000 = 40 000（元）。年末账面价值 < 年末计税基础，48 000 - 40 000 = 8 000（元）属于可抵扣暂时性差异。

## （二）所得税费用的计算

### 1. 当期所得税的计算

应纳税所得额 = 税前会计利润 + 纳税调整增加额 - 纳税调整减少额

当期应交所得税 = 应纳税所得额 × 所得税税率

其中：纳税调整增加额主要包括企业所得税法规定允许扣除项目中，企业已计入当期费用但超过税法规定扣除标准的金额。纳税调整减少额主要包括按企业所得税法规定允许弥补的亏损和准予免税的项目。

【知识点应用】2020 年甲公司全年利润总额（即税前会计利润）为 10 200 000 元，其中包括本年实现的国债利息收入 200 000 元，所得税税率为 25%。假定甲公司全年无其他纳税调整因素。

【解析】按照企业所得税法的有关规定，企业购买国债的利息收入免交所得税，即在计算应纳税所得额时可将其扣除。甲公司当期所得税的计算如下：

应纳税所得额 = 税前会计利润 - 纳税调整减少额

$$= 10\ 200\ 000 - 200\ 000 = 10\ 000\ 000（元）$$

当期应交所得税额 = 10 000 000 × 25% = 2 500 000（元）

### 2. 递延所得税的计算

递延所得税资产 = 可抵扣暂时性差异 × 所得税税率

递延所得税负债 = 应纳税暂时性差异 × 所得税税率

递延所得税 =（递延所得税负债的期末余额 - 递延所得税负债的期初余额）-（递延所得税资产的期末余额 - 递延所得税资产的期初余额）

### 3. 所得税费用的计算

所得税费用 = 当期所得税 + 递延所得税 = 当期应交所得税 +（递延所得税负债的期末余额 - 递延所得税负债的期初余额）-（递延所得税资产的期末余额 - 递延所得税资产的期初余额）

## （三）所得税费用的账务处理

为核算企业所得税费用的确认及其结转情况，企业应设置"所得税费用"科目。期末，应将"所得税费用"科目的余额转入"本年利润"科目，结转后，"所得税费用"科目应无余额。

借：所得税费用（会计立场）
　　递延所得税资产（或贷方）
　贷：应交税费——应交所得税（税务立场）
　　　递延所得税负债（或借方）

【业务实操】典型经济业务举例

**例 8-14**　业务描述：2020 年甲公司应交所得税税额为 5 000 000 元；递延所得税负债年初数为 400 000 元，年末数为 500 000 元；递延所得税资产年初数为 250 000 元，年末数为 200 000 元。

甲公司所得税费用的计算如下：

递延所得税 =（500 000-400 000）-（200 000-250 000）= 150 000（元）

所得税费用 = 5 000 000+150 000 = 5 150 000（元）

甲公司应编制如下会计分录：

借：所得税费用　　　　　　　　　　　　　　　　　　　5 150 000
　贷：应交税费——应交所得税　　　　　　　　　　　　　5 000 000
　　　递延所得税负债　　　　　　　　　　　　　　　　　　100 000
　　　递延所得税资产　　　　　　　　　　　　　　　　　　 50 000

## 四、本年利润

### （一）结转本年利润的方法

会计期末，结转本年利润的方法有表结法和账结法两种。

1. 表结法

表结法下，各损益类科目每月月末只需结计出本月发生额和月末累计余额，不结转到"本年利润"科目，只有在年末时才将全年累计余额结转入"本年利润"科目。但每月月末要将损益类科目的本月发生额合计数填入利润表的本月数栏，同时将本月月末累计余额填入利润表的本年累计数栏，通过利润表计算反映各期的利润（或亏损）。表结法下，年中损益类科目无需结转入"本年利润"科目，从而减少了转账环节和工作量，同时并不影响利润表的编制及有关损益指标的利用。

2. 账结法

账结法下，每月月末均需编制转账凭证，将在账上结计出的各损益类科目的余额结转入"本年利润"科目。结转后"本年利润"科目的本月余额反映当月实现的利润或发生的亏损，"本年利润"科目的本年余额反映本年累计实现的利润或发生的亏损。账结法在各月均可通过"本年利润"科目提供当月及本年累计的利润（或亏损）额，但增加了转账环节和工作量。

### （二）本年利润结转的账务处理

1. 结转各项收入、利得类科目

借：主营业务收入/其他业务收入/公允价值变动损益（收益）/投资收益（收益）/其他收益/资产处置损益（收益）/营业外收入等

贷：本年利润

2. 结转各项费用、损失类科目

借：本年利润

    贷：主营业务成本/其他业务成本/税金及附加/销售费用/管理费用/财务费用/资产减值损失/信用减值损失/投资收益（损失）/公允价值变动损益（损失）/资产处置损益（损失）/营业外支出等

3. 确认所得税费用

借：所得税费用

    贷：应交税费——应交所得税（应纳税所得额×适用税率）

借：递延所得税资产

    贷：所得税费用

或相反分录。

借：所得税费用

    贷：递延所得税负债

或相反分录。

4. 将所得税费用结转入"本年利润"科目

借：本年利润

    贷：所得税费用

（注意：如果企业亏损，则不做该处理。）

5. 将"本年利润"科目年末余额转入"利润分配——未分配利润"科目

借：本年利润

    贷：利润分配——未分配利润

（注意：如果亏损，则做相反的会计分录。）

【职业素养养成】

分小组对前导案例进行以下3个方面的分析、讨论：

（1）长×集团业绩造假案中，违反了哪些法律法规？

（2）在企业的业绩管理中，应如何规避此类风险？

（3）作为财务人员，在处理利润核算业务中，应如何更好地保证遵守职业规范？

【专业能力测评】智慧职教平台知识点自测。

# 任务 4　所有者权益业务

**【学习目标】**

（1）知识目标：熟悉所有者权益的构成内容及相互关系；掌握实收资本、资本公积、留存收益业务的会计核算。

（2）职业能力目标：能够根据审核无误的募股说明书、股东大会决议等原始凭证，准确进行所有者权益相关业务的会计核算，并据以登记相关总账和明细账。

**【前导案例】**

2021 年 8 月 23 日消息，据上证报报道，上海银保监局近日发布的行政许可批复显示，经审核，批准三星财产保险（中国）有限公司（下称三星财险）增加注册资本金约 5.517 亿元。增资后，三星财险的注册资本金从 3.24 亿元变更为约 8.757 亿元。

三星财险去年审议通过的关于该公司增加注册资本的相关议案显示，新增股东 5 家，分别为：深圳市腾讯网域计算机网络有限公司、宇星科技发展（深圳）有限公司、曼巴特（张家港）投资发展有限公司、博裕三期（上海）股权投资合伙企业（有限合伙）、安徽国海投资发展有限公司。新增股东中，深圳市腾讯网域计算机网络有限公司出资约 2.8 亿元，增资完成后持股比例为 32%，将成为三星财险第二大股东。

——资料来源：IT 之家

## 一、所有者权益概述

所有者权益又称股东权益，是指企业的所有者对企业净资产的要求权，也就是企业资产扣除负债后由所有者享有的剩余权益。其金额可以通过会计恒等式来表示，即：资产－负债＝所有者权益。

企业的投资者向企业投入了资本，便产生了所有者权益。从企业资金的来源来看，企业的所有者和债权人均为企业资金的提供者，二者对企业的资产均具有要求权，但二者之间又存在着明显的差异，主要表现在：

（1）性质不同。企业对债权人承担的是偿还的义务，而对所有者则负有将净资产对其分配的责任。

（2）权利不同。债权人对企业资产的要求权仅限于企业用以清偿债务的资产的要求权；而所有者则具有参与企业经营管理与决策、参与企业利润分配的权利。

（3）期限不同。企业的负债通常都有约定的偿还期限；而所有者权益不存在偿还期限的问题，只要企业存续，所有者不撤资，其权益就一直存在。

（4）风险不同。债权人只需根据借贷合同，按期收回本金和利息即可，同企业是否盈利无关，因此风险相对较小；而所有者是否能获得收益，以及获得多少收益，取决于企业的盈利水平，因此风险相对较大。

依照公司制企业的特点，会计上将所有者权益划分为实收资本（或股本）、其他权益工具（如优先股、永续债等）、资本公积、其他综合收益和留存收益五部分。其中，盈余公积和未分配利润统称为留存收益。

## 二、实收资本（或股本）

实收资本是指企业按照章程规定或合同、协议约定，接受投资者投入企业的资本。实收资本的构成比例或股东的股份比例，是确定所有者在企业所有者权益中所占份额的基础，也是企业进行利润或股利分配的主要依据。实收资本适用于除股份有限公司以外的其他类型的企业，股本适用于股份有限公司。

### 职业法规

我国《公司法》规定，股东可以用货币出资，也可以用实物、知识产权、土地使用权等可以用货币估价并可以依法转让的非货币财产作价出资；但是，法律、行政法规规定不得作为出资的财产除外。

## 三、实收资本（或股本）业务核算

### （一）实收资本业务

企业应当设置"实收资本"科目，反映有限责任公司和国有独资公司接受股东和国家投入的资本。该科目贷方登记企业收到投资者符合注册资本的出资额，借方登记企业按照法定程序报经批准减少的注册资本额，期末余额在贷方，反映企业实有的资本额。

1. 接受货币资金投资

借：银行存款（实际收到的金额）

　　贷：实收资本（根据投资合同或协议约定的投资者在公司注册资本中所占份额的部分）

　　　　资本公积——资本溢价（实际收到金额与投资者占注册资本份额的差额）

【知识点应用】甲有限责任公司为增值税一般纳税人，收到乙公司投入的原材料，投资合同约定，该批原材料的不含税的公允价值为100万元，乙公司享有甲公司注册资本的份额为75万元，假设不考虑其他因素，甲公司接受乙公司投资的账务处理中，"实收资本"的入账金额为（　　）万元。

A. 100　　　　　　B. 75　　　　　　C. 113　　　　　　D. 38

【解析】B。企业接受投资时，"实收资本"的贷方登记企业收到投资者符合注册资本的出资额。

2. 接受非货币资金投资

除了货币资金以外，企业接受的投资还可以是非货币资金，包括接受固定资产投资、接受原材料投资、接受无形资产投资等。当企业接受非货币资金投资时，应按投资合同或协议约定的价值（不公允的除外）作为相关资产的入账价值，按投资合同或协议约定的投资者在企业注册资本或股本中所占份额的部分作为实收资本入账，投资合同或协议约定的价值（不公允的除外）超过投资者在企业注册资本或股本中所占份额的部分，计入"资本公积——资本溢价"。

借：固定资产/原材料/无形资产（投资合同或协议约定的价值）

应交税费——应交增值税（进项税额）

贷：实收资本(根据投资合同或协议约定的投资者在公司注册资本中所占份额的部分)

资本公积——资本溢价(投资合同或协议约定的价值超过投资者在企业注册资本或股本中所占份额的部分)

【知识点应用】某公司收到投资者的投资 200 万元已入账，房屋及固定资产 68 万元，专利技术 79 万元，借方科目分别是(　　　)

A. 银行存款  B. 固定资产

C. 无形资产  D. 股本

【解析】ABC。投资款、房屋及固定资产、专利技术对应的借方科目为银行存款、固定资产、无形资产。

3. 实收资本的增加

实收资本增加主要有 3 个途径：投资者追加投资、资本公积转增资本和盈余公积转增资本。

企业按规定接受投资者追加投资时，其核算方法与投资者初次投入时相同。

企业采用资本公积或盈余公积转增资本时，应按转增的资本金额确认实收资本。

借：资本公积/盈余公积

贷：实收资本

## (二) 股本业务

企业应当设置"股本"科目，反映股份有限公司发行普通股。该科目贷方登记已发行的普通股的面值，借方登记经批准核销的普通股面值，贷方余额反映发行在外的普通股面值。

1. 发行普通股

股份有限公司发行股票时，既可以按面值发行，也可以溢价发行，但不得折价发行。股份有限公司在核定的股本总额及核定的股份总额的范围内发行股票时，应在实际收到现金资产时进行会计处理。

借：银行存款（实际收到的金额）

贷：股本（发行股票的面值）

资本溢价——股本溢价（实际收到的投资金额超过股票面值部分）

2. 股本的减少

企业股本减少的原因一般包括：资本过剩；企业发生重大亏损而减少股本；因企业发展需要而调节资本结构。

股份有限公司返还投资时，采用收购本公司股票方式减资的，应通过"库存股"科目核算。库存股是指公司已经发行但由于各种原因又回到公司手中，为公司所持有的股票。尚未发行的股票，不属于库存股。

（1）回购股票时。

借：库存股

　　贷：银行存款

（2）注销股票。

借：股本

　　资本公积——股本溢价

　　贷：库存股

**【业务实操】典型经济业务举例**

**例 8-15**　业务描述：甲有限责任公司于设立时收到乙公司作为资本投入的不需要安装的机器设备一台，合同约定该机器设备的价值为 200 万元，增值税税额为 26 万元（由投资方支付税款，并提供或开具增值税专用发票）。经约定，甲有限责任公司接受乙公司的投入资本为 226 万元，全部作为实收资本。合同约定的固定资产价值与公允价值相符，不考虑其他因素。

**【解析】**该项固定资产合同约定的价值与公允价值相符，甲有限责任公司接受乙公司投入的固定资产按合同约定金额与增值税税额之和作为实收资本。因此，会计人员根据投资合同和增值税专用发票等，做如下会计分录：

借：固定资产　　　　　　　　　　　　　　　　　　　2 000 000

　　应交税费——应交增值税（进项税额）　　　　　　　260 000

　　贷：实收资本——乙公司　　　　　　　　　　　　2 260 000

**例 8-16**　业务描述：甲、乙、丙三人共同投资设立了 A 有限责任公司，原注册资本为 400 万元，甲、乙、丙分别出资 50 万元、200 万元和 150 万元。为扩大经营规模，经批准，A 有限责任公司注册资本扩大为 500 万元，甲、乙、丙按照原出资比例分别追加投资 12.5 万元、50 万元和 37.5 万元。A 有限责任公司如期收到甲、乙、丙追加的现金投资。

**【解析】**甲、乙、丙三人按原出资比例（甲、乙、丙分别为 12.5%，50% 和 37.5%）追加实收资本，因此，A 有限责任公司应分别按照 12.5 万元、50 万元和 37.5 万元的金额，贷记"实收资本"科目中甲、乙、丙明细分类账。会计人员根据追加投资合同和银行进账回单等，做如下会计分录：

借：银行存款　　　　　　　　　　　　　　　　　　　1 000 000

　　贷：实收资本——甲　　　　　　　　　　　　　　　125 000

　　　　　　——乙　　　　　　　　　　　　　　　500 000

　　　　　　——丙　　　　　　　　　　　　　　　375 000

**例 8-17**　业务描述：承例 2，因扩大经营规模需要，经批准，有限责任公司按原出资比例将资本公积 100 万元转增资本。

**【解析】**资本公积 100 万元按原出资比例转增实收资本，因此，A 有限责任公司应分别按照 12.5 万元、50 万元和 37.5 万元的金额，贷记"实收资本"科目中甲、乙、丙明细分类账。

借：资本公积　　　　　　　　　　　　　　　　　　　1 000 000

|  |  |  |
|---|---|---|
| 贷：实收资本——甲 | | 125 000 |
| ——乙 | | 500 000 |
| ——丙 | | 375 000 |

**例 8-18**　业务描述：B 股份有限公司发行普通股 1 000 万股，每股面值 1 元，每股发行价格 5 元。假定股票发行成功，股款 5 000 万元已全部收到，不考虑发行过程中的税费等因素。

【解析】根据 B 股份有限公司发行股票的相关资料及银行对账单，会计人员做如下会计分录：

|  |  |
|---|---|
| 借：银行存款 | 50 000 000 |
| 贷：股本 | 10 000 000 |
| 资本公积——股本溢价 | 40 000 000 |

**例 8-19**　业务描述：A 上市公司 2020 年 12 月 31 日的股本为 10 000 万元（面值为 1 元），资本公积（股本溢价）为 30 000 万元，盈余公积为 4 000 万元。经股东大 会批准，A 上市公司以现金回购方式回购本公司股票 2 000 万股并注销。假定 A 上市公司按每股 2 元回购股票，不考虑其他因素。

【解析】会计人员根据股票回购的相关资料，做如下会计分录：

（1）回购本公司股份时：

库存股成本 = 2 000×2 = 4 000（万元）

|  |  |
|---|---|
| 借：库存股 | 40 000 000 |
| 贷：银行存款 | 40 000 000 |

（2）注销本公司股份时：

应冲减的资本公积 = 2 000×2 - 2 000×1 = 2 000（万元）

|  |  |
|---|---|
| 借：股本 | 20 000 000 |
| 资本公积——股本溢价 | 20 000 000 |
| 贷：库存股 | 40 000 000 |

## 四、资本公积

### （一）资本公积概述

资本公积是所有者投资资本的组成部分，具体来说，它是指企业收到投资者出资额超出其在注册资本（或股本）中所占份额的部分，以及除资本（或股本）溢价之外所形成的其他资本公积。其核算内容主要包括资本溢价（或股本溢价）和其他资本公积。

**职业法规**

我国《公司法》规定：资本公积主要用于扩大公司生产经营或者转为增加公司资本。但是，资本公积金不得用于弥补公司的亏损。

与实收资本（或股本）不同，资本公积不直接反映企业所有者在企业的基本产权关系，不能作为企业持续经营期间进行利润或股利分配的依据。

### （二）资本公积业务核算

1. 资本（或股本）溢价

资本（或股本）溢价是指企业收到投资者的超出其在企业注册资本（或股本）中所占的份额。具体的核算在实收资本业务中已经详细阐述，这里不再赘述。

2. 其他资本公积

其他资本公积主要是指企业非日常经营活动所形成的直接计入所有者权益的利得和损失。其核算内容主要有：

（1）以权益结算的股份支付。主要是指企业为获取服务以期权等作为对价进行结算的交易。企业以权益结算的股份支付换取职工提供的服务，以授予职工期权日的公允价值为基础计量，计入相关成本费用，同时确认资本公积。

借：管理费用等科目（授予日权益工具的公允价值）
　　贷：资本公积——其他资本公积

（2）采用权益法进行核算的长期股权投资业务。在持股比例不变的情况下，被投资单位除净收益、其他综合收益和利润分配以外所有者权益的其他变动，投资企业应按持股比例计算其享有被投资企业所有者权益的份额。

借：长期股权投资——其他权益变动（利得）
　　贷：资本公积——其他资本公积（利得）

或：

借：资本公积——其他资本公积（损失）
　　贷：长期股权投资——其他权益变动（损失）

日后处置该项长期股权投资时，应同时将与该笔投资相关的其他资本公积进行转销。

借：资本公积——其他资本公积
　　贷：投资收益

或：

借：投资收益
　　贷：资本公积——其他资本公积

【知识点应用】A公司发行普通股10 000股，每股面值1元，每股对外发行价格6元。按规定从发行收入中支付发行费用2 000元。A公司应计入"资本公积"科目的金额是（　　）

A. 50 000　　　　　B. 52 000　　　　　C. 48 000　　　　　D. 58 000

【解析】C。该股为溢价发行，等于股票面值部分计入股本，超出股票面值的溢价收入计入股本溢价，支付的发行费用应从溢价中抵扣，冲减资本公积，所以计入资本公积的科目金额为48 000元。

3. 资本公积转增资本的核算

经股东大会或类似机构决议，用资本公积转增资本时，应冲减资本公积，同时按照转增资本前的实收资本（或股本）的结构或比例，将转增的金额记入"实收资本（或股本）"科目下各所有者的明细分类科目。

【知识点应用】下列各项中，引起"资本公积"科目出现借方发生额的是（   ）。

A. 接受现金投资　　　　　　　B. 接受非现金资产捐赠

C. 用资本公积转增资本　　　　D. 对外捐赠

【解析】C。资本公积为所有者权益类科目，借方发生额表示减少，资本公积转增资本会导致资本公积的减少。

## 五、留存收益

### （一）留存收益概述

留存收益是指企业从历年实现的利润中提取或形成的留存于企业内部的积累。留存收益即可以满足企业维持或扩大再生产经营活动的资金需要，保持或提高企业的获利能力，又能够保证企业有足够的资金弥补以后年度可能出现的亏损。留存收益主要包括盈余公积和未分配利润。

盈余公积是指企业按照有关规定从净利润中提取的积累资金。公司制企业的盈余公积包括法定盈余公积和任意盈余公积。其中，法定盈余公积是指企业按照《公司法》规定的比例从净利润中提取的盈余公积；任意盈余公积是指企业按照股东大会决议提取的盈余公积。盈余公积可以用于以下3个方面：①弥补以前年度亏损；②转增资本；③发放现金股利或利润。

### 📄 ───────── 职业法规

我国《公司法》规定：公司制企业应按照净利润（减弥补以前年度亏损，下同）的10%提取法定盈余公积。非公司制企业法定盈余公积的提取比例可超过净利润的10%，法定盈余公积累计额已达注册资本的50%时可以不再提取。

未分配利润是指企业实现的净利润经过弥补亏损、提取盈余公积和向投资者分配利润后留存在企业的、历年结存的利润，是企业留待以后年度进行分配的结存利润。相对于所有者权益的其他部分来说，企业对于未分配利润的使用分配有较大的自主权。

利润分配以可供分配利润为基础，按以下顺序进行：①提取法定盈余公积；②提取任意盈余公积；③向投资者分配利润。其中：

可供分配利润=当年实现的净利润（或净亏损）+年初未分配利润（或−年初未弥补亏损）+其他转入

### （二）留存收益业务核算

1. 盈余公积业务

为了反映和监督盈余公积的形成和使用情况，企业应设置"盈余公积"科目，贷方登记按规定提取的盈余公积数额，借方登记用盈余公积弥补亏损和转增资本的实际数额，贷方余额反映企业的留存盈余公积数额。该科目按照盈余公积形成的来源，分设"法定盈余公积"和"任意盈余公积"两个明细科目。

（1）提取盈余公积。

借：利润分配——提取法定盈余公积

　　　　——提取任意盈余公积

　　贷：盈余公积——提取法定盈余公积

　　　　　　——提取任意盈余公积

（2）盈余公积补亏。

借：盈余公积

　　贷：利润分配——盈余公积补亏

（3）盈余公积转增资本（或股本）。

具体的账务处理见实收资本的相关内容。

（4）用盈余公积发放现金股利。

借：盈余公积

　　贷：应付股利

**【知识点应用】**（初级会计师考试 2021 年真题）下列各项中，关于盈余公积会计处理的表述正确的是(　　)。

A. 用盈余公积弥补亏损时，应借记"盈余公积"科目，贷记"利润分配——盈余公积补亏"科目

B. 用盈余公积发放现金股利时，应借记"盈余公积"科目，贷记"利润分配——应付现金股利或利润"科目

C. 提取盈余公积时，应借记"本年利润"科目，贷记"盈余公积"科目

D. 用盈余公积转增资本时，应借记"盈余公积"科目，贷记"资本公积"科目

**【解析】** A。选项 B 错误，用盈余公积发放现金股利时，应借记"盈余公积"科目，贷记"应付股利"科目。选项 C 错误，提取盈余公积时，应借记"利润分配——提取××盈余公积"科目，贷记"盈余公积"科目。选项 D 错误，用盈余公积转增资本时，应借记"盈余公积"科目，贷记"实收资本"或"股本"科目。

2. 未分配利润

企业应设置"利润分配——未分配利润"明细科目，用以反映企业利润的分配（或亏损的弥补）和历年分配（或弥补）后的未分配利润（或未弥补亏损）。"利润分配"科目应设置"提取法定盈余公积""提取任意盈余公积""应付现金股利或利润""盈余公积补亏""未分配利润"等明细科目进行明细核算。

（1）分配股利或利润。

借：利润分配——应付现金股利或利润

　　贷：应付股利

（2）期末结转。企业期末结转利润时，应将各损益类账户的余额转入"本年利润"账户，结平各损益类账户。结转损益后，"本年利润"的贷方余额为当期实现的净利润，借方余额为当期发生的净损失。年度终了，应将本年收入和支出相抵后结出的本

年实现的净利润或净亏损，转入"本年利润——未分配利润"账户。同时，将"利润分配"账户所属的其他明细账户的余额，转入"未分配利润"明细账户

**【知识点应用】** 某企业年初未分配利润为 20 000 元，本年实现利润 100 000 元，本年提取法定盈余公积 10 000 元，向投资者分配利润 65 000 元，该企业年末未分配利润为（　　）。

A. 120 000　　　　　B. 85 000　　　　　C. 45 000　　　　　D. 25 000

**【解析】** C。年初未分配利润为 20 000 元，本年在利润中提取法定盈余公积并分配利润 75 000 元，年末未分配利润为 20 000+25 000＝45 000（元）。

（3）弥补亏损。因为企业在年末结账时，将实现的利润结转至"利润分配——未分配利润"账户的贷方，结转后自然抵减了借方的未弥补亏损，所以企业以当年实现的利润弥补以前年度亏损时，不需要进行专门的会计处理。

**【知识点应用】**（初级会计师考试 2020 年真题）某企业年初所有者权益总额为 500 万元，当年以资本公积转增资本 50 万元，实现净利润 300 万元，提取盈余公积 30 万元，向投资者分配现金股利 70 万元。不考虑其他因素，该企业年末所有者权益为（　　）万元。

A. 650　　　　　B. 730　　　　　C. 680　　　　　D. 770

**【解析】** B。

（1）以资本公积转增资本 50 万元、提取盈余公积 30 万元，均属于所有者权益内部的此增彼减，不影响所有者权益总额。

（2）实现净利润 300 万元，导致所有者权益总额增加 300 万元。

（3）向投资者分配现金股利 70 万元，导致所有者权益总额减少 70 万元。

综上所述，该企业年末所有者权益＝年初总额+本期增加额−本期减少额＝500+300−70＝730（万元）。

**【业务实操】** 典型经济业务举例

**例 8-20**　业务描述：经股东大会批准，丙股份有限公司用以前年度提取的盈余公积弥补当年亏损，当年弥补亏损的金额为 60 万元。假定不考虑其他因素。

**【解析】**

借：盈余公积　　　　　　　　　　　　　　　　　　　　600 000

　　贷：利润分配——盈余公积补亏　　　　　　　　　　　　　600 000

**例 8-21**　业务描述：因扩大经营规模需要，经股东大会批准，丁股份有限公司将盈余公积 40 万元转增股本。

**【解析】**

借：盈余公积　　　　　　　　　　　　　　　　　　　　400 000

　　贷：股本　　　　　　　　　　　　　　　　　　　　　400 000

**例 8-22**　业务描述：戊股份有限公司 2020 年 12 月 31 日股本为 5 000 万元（每股面值 1 元），可供投资者分配的利润为 600 万元，盈余公积为 2 000 万元。2021 年 3 月 20 日，股东大会批准了 2020 年度利润分配方案，按每 10 股 2 元发放现金股利。戊公司共需要分派 1 000 万元现金股利，其中动用可供投资者分配的利润 600 万元、盈余公积 400 万元。假定不考虑其他因素。

【解析】

借：利润分配——应付现金股利或利润        6 000 000

   盈余公积               4 000 000

 贷：应付股利              10 000 000

**例 8−23** 业务描述：甲股份有限公司年初未分配利润为 100 万元，本年实现净利润 200 万元，本年提取法定盈余公积 20 万元，宣告发放现金股利 80 万元，假定不考虑其他因素。

【解析】"利润分配——未分配利润"明细科目的余额在贷方，此贷方余额 200 万元（年初未分配利润 100 万元+本年利润 200 万元−提取法定盈余公积 20 万元−应付现金股利 80 万元）为甲股份有限公司本年年末的累积未分配利润。

（1）结转实现净利润时：

借：本年利润              2 000 000

 贷：利润分配——未分配利润        2 000 000

（2）提取法定盈余公积、宣告发放现金股利时：

借：利润分配——提取法定盈余公积      200 000

      ——应付现金股利或利润     800 000

 贷：盈余公积             200 000

   应付股利            800 000

（3）将"利润分配"科目所属其他明细科目的余额结转至"未分配利润"明细科目：

借：利润分配——未分配利润        1 000 000

 贷：利润分配——提取法定盈余公积     2 000 000

      ——应付现金股利或利润     800 000

【职业素养养成】

分小组对前导案例进行以下两个方面的分析、讨论：

（1）三星财险收到腾讯公司的入股资金应当做怎样的会计处理？

（2）三星财险若想回购本公司股票应当做怎样的会计处理？

【专业能力测评】智慧职教平台知识点自测。

# 模块九　财务会计报告

【业务简介】

财务会计报告的编报工作是会计核算系统的最后一个步骤，它也是进行财务会计各项工作的最终目的。企业在进行财务会计报告编报之前，必须要做好以下准备工作：①完成全面财产清查工作。具体是指清查、核实各结算款项（即债权债务）是否一致；清查、核实存货、固定资产等财产物资的账实是否相符；清查、核实各项投融资是否存在，是否按照国家统一的会计制度规定进行确认和计量等；②完成凭证、账簿的检查处理工作。具体是指核对是否账证相符、账账相符；检查相关的会计核算是否按照国家统一的会计制度的规定进行，是否按照会计核算的一般原则进行确认和计量以及相关账务处理是否合理等。

财务会计报告编报的主要工作是进行各财务报表的列报的工作。本模块选取最典型的三类财务报表：资产负债表、利润表和现金流量表，以《会计法》和《企业会计准则》为准绳，从报表的概念、作用、基本要求、列报格式和方法等方面进行具体的阐述。

财务报告会计核算业务流程如图9-1所示。

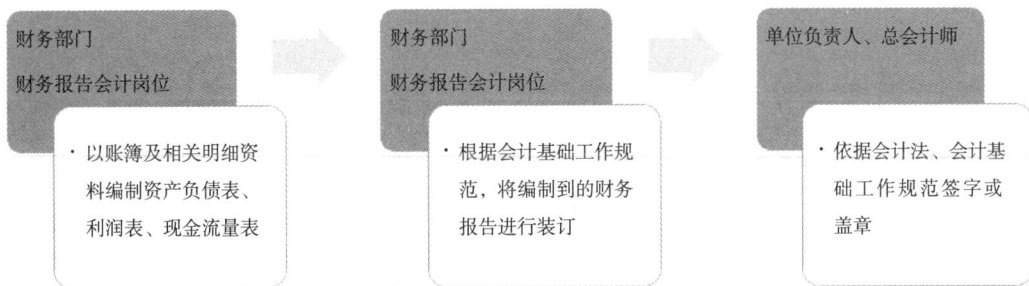

图9-1　财务报告会计核算业务流程图

# 任务1  财务会计报告概述

【学习目标】

（1）知识目标：了解财务会计报告的概念、意义；熟悉财务会计报告的编报要求。

（2）能力目标：能够严格遵照法律法规的规定，正确编报财务会计报告。

## 一、财务报告概念的界定

我国《企业会计准则——基本准则》中对财务报告的定义是：财务会计报告是指企业对外提供的反映企业某一特定日期的财务状况和某一会计期间的经营成果、现金流量等会计信息的文件。财务会计报告，又称财务报告。"财务报告"从国际范围来看是一个比较通用的术语，但是在我国现行有关法律、行政法规中使用的是"财务会计报告"术语，为了保持法规体系上的一致性，基本准则仍然沿用了"财务会计报告"的术语，但同时又引入了"财务报告"这一术语，并指出"财务会计报告"又称"财务报告"，从而较好地解决了立足国情与国际趋同的问题。

根据财务报告的定义，财务会计报告具有以下3层含义：

（1）属于对外报告，其服务对象主要是投资者、债权人等会计信息的外部使用者，专门为了内部管理需要的、特定目的的报告不属于财务报告的范畴。

（2）综合反映了企业的生产经营状况，包括某一时点的财务状况和某一时期的经营成果与现金流量等信息。

（3）必须形成一个系统的文件，而不是零星的或者不完整的信息。

## 二、财务会计报告的意义

财务会计报告所提供的关于企业财务状况、经营成果和现金流量等信息是企业投资者、债权人、政府管理者和社会公众等利益相关者评价、考核、监督企业管理者受托经管责任履行状况的基本手段，是企业投资者、债权人等作出投资或信贷决策的重要依据；真实、完整、有用的财务会计报告是经济社会诚信的重要内容和基石；提供虚假的财务会计报告是违法行为，构成犯罪的应依法追究刑事责任。

## 三、财务会计报告的构成

财务会计报告由财务报表和其他应当在财务会计报告中披露的相关信息和资料组成。其中：财务报表由报表本身及其附注两部分构成，报表是主体部分。财务报表至少应当包括资产负债表、利润表、现金流量表等报表。

资产负债表是指反映企业在某一特定日期的财务状况的会计报表。

利润表是指反映企业在一定会计期间的经营成果的会计报表。

现金流量表是指反映企业在一定会计期间的现金和现金等价物流入和流出的会计报表。

附注是指对在会计报表中列示项目所作的进一步说明，以及对未能在这些报表中列示项目的说明等。

　　关于财务报表的内容和填报，本模块的任务 2-4 将做具体的阐述。

### 四、财务会计报告的编报要求

**职业法规**

　　根据《中华人民共和国会计法》第二十条规定：财务会计报告应当根据经过审核的会计账簿记录和有关资料编制，并符合本法和国家统一的会计制度关于财务会计报告的编制要求、提供对象和提供期限的规定；其他法律、行政法规另有规定的，从其规定。

　　财务会计报告的列报主要是财务报表的列报。根据我国《企业会计准则》的规定，财务报表编报的基本要求如下：

　　(1) 企业应当以持续经营为基础，根据实际发生的交易和事项，按照《企业会计准则——基本准则》和其他各项会计准则的规定进行确认和计量，在此基础上编制财务报表。

**职业风险点**

　　企业不应以附注披露代替确认和计量。以持续经营为基础编制财务报表不再合理的，企业应当采用其他基础编制财务报表，并在附注中披露这一事实。

　　(2) 财务报表项目的列报应当在各个会计期间保持一致，不得随意变更。但下列情况除外：①会计准则要求改变财务报表项目的列报；②企业经营业务的性质发生重大变化后，变更财务报表项目的列报能够提供更可靠、更相关的会计信息。

　　(3) 性质或功能不同的项目，应当在财务报表中单独列报，但不具有重要性的项目除外。

　　(4) 财务报表中的资产项目和负债项目的金额、收入项目和费用项目的金额不得相互抵销，但其他会计准则另有规定的除外。

　　(5) 当期财务报表的列报，至少应当提供所有列报项目上一可比会计期间的比较数据，以及与理解当期财务报表相关的说明，但其他会计准则另有规定的除外。

**职业法规**

　　我国《企业会计准则第 30 号——财务报表列报》规定：财务报表项目的列报发生变更的，应当对上期比较数据按照当期的列报要求进行调整，并在附注中披露调整的原因和性质，以及调整的各项目金额。对上期比较数据进行调整不切实可行的，应当在附注中披露不能调整的原因。

（6）企业应当在财务报表的显著位置至少披露下列各项：编报企业的名称；资产负债表日或财务报表涵盖的会计期间；人民币金额单位。

（7）企业至少应当按年编制财务报表。

## 职业法规

根据《中华人民共和国会计法》第二十一条规定：财务会计报告应当由单位负责人和主管会计工作的负责人、会计机构负责人（会计主管人员）签名并盖章；设置总会计师的单位，还须由总会计师签名并盖章。单位负责人应当保证财务会计报告真实、完整。

# 任务 2　资产负债表

**【学习目标】**

（1）知识目标：了解资产负债表的定义和作用；理解资产负债表的结构原理、内容；掌握资产负债表的列报方法。

（2）能力目标：能够严格遵照法律法规的规定，根据相关资料正确编制资产负债表。

**【前导案例】**

2018 年 1 月至 2019 年 12 月，广州市××实业股份有限公司（简称广州××）通过虚构大宗商品贸易、虚增存货等方式，累计虚增收入 129 亿元，虚增资产 20 亿元。本案警示，上市公司应当依法诚信经营，向投资者如实披露经营成果和财务状况，弄虚作假必将付出沉重代价。

现状：3 月 16 日，＊ST××发布《关于公司股票可能被终止上市的风险提示公告》显示，2020 年度，＊ST××经审计的期末净资产为负，公司已于 2021 年 5 月 6 日起被深圳证券交易所实施退市风险警示。

——资料来源：新浪财经

## 一、资产负债表概述

资产负债表是反映企业在某一特定日期的财务状况的报表，具体来说，是反映企业在特定日期的资产、负债和所有者权益情况的报表。

资产负债表的作用主要体现在以下 4 个方面：

（1）提供了企业在资产负债表日的资产总额及其构成情况的信息，信息使用者能够以此对企业的资产结构进行分析和评价。

（2）提供了企业在资产负债表日的负债总额及其构成情况的信息，信息使用者能够以此将负债与相关资产进行比较，从而了解企业的偿债能力。

（3）提供了企业在资产负债表日的所有者权益总额及其构成情况的信息，信息使用者能够以此通过计算分析相关指标，来判断企业资本保值、增值的情况以及对负债的保障程度和举借债务的能力。

（4）还可以将其与利润表的相关项目结合进行分析，计算企业的资产利用效率和资金周转能力，从而判断企业的获利能力、可持续发展能力等。

## 二、资产负债表列报的基本要求

（1）资产负债表应分类别进行列报，即资产项目、负债项目、所有者权益项目。

（2）资产负债表中的资产类项目应当包括流动资产、非流动资产，以及资产的合计项目。资产负债表中的资产类至少应当单独列示反映下列信息的项目：货币资金；

应收及预付款项；交易性投资；存货；持有至到期投资；长期股权投资；投资性房地产；固定资产；生物资产；递延所得税资产；无形资产。

（3）资产负债表中的负债类项目应当包括流动负债、非流动负债和负债的合计项目。资产负债表中的负债类至少应当单独列示反映下列信息的项目：短期借款；应付及预收款项；应交税金；应付职工薪酬；预计负债；长期借款；长期应付款；应付债券；递延所得税负债。

（4）资产负债表中的所有者权益类应当包括所有者权益的合计项目。资产负债表中的所有者权益类至少应当单独列示反映下列信息的项目：实收资本（或股本）；资本公积；盈余公积；未分配利润。

### 三、资产负债表的列报格式及方法

#### （一）资产负债表的列报格式

我国现行的资产负债表主要采用账户式结构，分为左右两方，左方为资产项目，按资产的流动性强弱进行排列，右方为负债及所有者权益项目，其中负债项目按负债清偿时间的先后顺序进行排列，所有者权益项目则是将企业清算之前不需要偿还的所有者权益项目排在后面。

采用账户式进行资产负债表列报的原理是会计恒等式，即"资产=负债+所有者权益"。因此，资产各项目的合计等于负债和所有者权益各项目的合计（具体格式如表9-1所示）。

表9-1　资产负债表

| 编制单位 | | | 填表日期 | | | 单位：元 | |
|---|---|---|---|---|---|---|---|
| 资产 | 行次 | 年初数 | 期末数 | 负债及所有者权益 | 行次 | 年初数 | 期末数 |
| 流动资产： | — | — | — | 流动负债： | — | — | — |
| 货币资金 | 1 | | | 短期借款 | 30 | | |
| 短期投资 | 2 | | | 应付票据 | 31 | | |
| 应收票据 | 3 | | | 应付账款 | 32 | | |
| 应收账款 | 4 | | | 预收账款 | 33 | | |
| 减：坏账准备 | 5 | | | 其他应付款 | 34 | | |
| 应收账款净额 | 6 | | | 应付工资 | 35 | | |
| 预付账款 | 7 | | | 应付福利费 | 36 | | |
| 应收补贴款 | 8 | | | 未交税金 | 37 | | |
| 其他应收款 | 9 | | | 未付利润 | 38 | | |
| 存货 | 10 | | | 其他未交款 | 39 | | |
| 待摊费用 | 11 | | | 预提费用 | 40 | | |

续表

| 编制单位 | | 填表日期 | | | | 单位：元 | |
|---|---|---|---|---|---|---|---|
| 资产 | 行次 | 年初数 | 期末数 | 负债及所有者权益 | 行次 | 年初数 | 期末数 |
| 待处理流动资产净损失 | 12 | | | 一年内到期的长期负债 | 41 | | |
| 一年内到期的长期债券投资 | 13 | | | 其他流动负债 | 42 | | |
| 其他流动资产 | 14 | | | | | | |
| 流动资产合计 | 15 | | | 流动负债合计 | 43 | | |
| 长期投资： | — | | | 长期负债： | — | | |
| 长期投资 | 16 | | | 长期借款 | 44 | | |
| 固定资产： | — | | | 应付债券 | 45 | | |
| 固定资产原价 | 17 | | | 长期应付款 | 46 | | |
| 减：累计折旧 | 18 | | | 其他长期负债 | 47 | | |
| 固定资产净值 | 19 | | | 其中：住房周转金 | 48 | | |
| 固定资产清理 | 20 | | | 长期负债合计 | 49 | | |
| 在建工程 | 21 | | | 递延税项： | — | | |
| 特处理固定资产净损失 | 22 | | | 递延税款贷项 | 50 | | |
| 固定资产合计 | 23 | | | 负债合计 | 51 | | |
| 无形资产及递延资产： | — | | | 所有者权益： | — | | |
| 无形资产 | 24 | | | 实收资本 | 52 | | |
| 递延资产 | 25 | | | 资本公积 | 53 | | |
| 无形资及递延资产合计 | 26 | | | 盈余公积 | 54 | | |
| 其他长期资产： | — | | | 其中：公益金 | 55 | | |
| 其他长期资产 | 27 | | | 未分配利润 | 56 | | |
| 递延税项： | — | | | 所有者权益合计 | 57 | | |
| 递延税款借项 | 28 | | | | | | |
| 资产总计 | 29 | | | 负债及所有者权益总计 | 58 | | |
| 补充资料 | 1. 已贴现的商业承兑汇票 | | | 元 | | | 元 |
| | 2. 已包括在固定资产原价内的融资租入固定资产原价 | | | 元 | | | 元 |
| | 3. 国家资本 | | | 元 | | | 元 |
| 单位负责人 | | 财会负责人 | | 复核 | | 制表 | |

### （二）资产负债表的列报方法

1. 资产项目列报方法

（1）"货币资金"项目，反映企业货币资金余额。本项目应根据"库存现金""银行存款""其他货币资金"科目期末余额的合计数填列。

（2）"交易性金融资产"项目，反映资产负债表日企业分类为以公允价值计量且其变动计入当期损益的金融资产，以及企业持有的指定为以公允价值计量且其变动计入当期损益的金融资产的期末账面价值。该项目应根据"交易性金融资产"科目的相关明细科目期末余额分析填列。自资产负债表日起超过一年到期且预期持有超过一年的以公允价值计量且其变动计入当期损益的非流动金融资产的期末账面价值，在"其他非流动金融资产"项目反映。

（3）"应收票据"项目，后映资产负债表日以摊余成本计量的，企业因销售商品、提供服务等收到的商业汇票，包括银行承兑汇票和商业承兑汇票。该项目应根据"应收票据"科目的期末余额，减去"坏账准备"科目中相关坏账准备期末余额后的金额分析填列。

（4）"应收账款"项目，反映资产负债表日以摊余成本计量的，企业因销售商品提供服务等经营活动应收取的款项。该项目应根据"应收账款"科目的期末余额，减去"坏账准备"科目中相关坏账准备期末余额后的金额分析填列。

（5）"应收款项融资"项目，反映资产负债表日以公允价值计量且其变动计入其他综合收益的应收票据和应收账款等。

（6）"预付款项"项目，反映企业按照购货合同规定预付给供应单位的款项项目应根据"预付账款"和"应付账款"科目所属各明细科目的期末借方余额合计数，减去"坏账准备"科目中有关预付账款计提的坏账准备期末余额后的净额填列。如"预付账款"科目所属明细科目期末为贷方余额的，应在资产负债表"应付账款"项目内填列。

【知识点应用】2021年12月31日甲公司"应付账款"科目贷方余额为300万元，其中明细账借方余额100万元，贷方余额400万元，"坏账准备"科目中与应收账款有关的金额为30万元，与预付账款有关的金额为10万元。假定不考虑其他因素，2021年12月31日甲公司资产负债表中"预付款项"项目的期末余额为（　　）万元。

A. 70　　　　　　B. 90　　　　　　C. 290　　　　　　D. 270

【解析】B。2021年12月31日甲公司资产负债表中"预付款项"项目的期末余额＝"预付账款"明细科目期末借方余额＋"应付账款"明细科目期末借方余额－"坏账准备"科目中与预付账款有关的金额＝0+100-10=90（万元），选项B正确。

（7）"其他应收款"项目，反映企业除应收票据、应收账款、预付账款等经营活动以外的其他各种应收、暂付的款项。本项目应根据"应收利息""应收股利""其他应收款"科目的期末余额合计数，减去"坏账准备"科目中相关坏账准备期末余额后的金额填列。其中的"应收利息"仅反映相关金融工具已到期可收取但于资产负债表日尚未收到的利息，基于实际利率法计提的金融工具的利息应包含在相应金融工具的账面余额中。

（8）"存货"项目，反映企业期末在库、在途和在加工中的各种存货的可变现净值或成本（成本可变现净值孰低）。存货包括各种材料、商品、在产品、半成品包装物、低值易耗品、发出商品等。本项目应根据"材料采购""原材料""库存商品""周转材料""委托加工物资""发出商品""生产成本""受托代销商品"等科目的期末余额合计数，减去"受托代销商品款""存货跌价准备"科目期末余额后的净额填列。材料采用计划成本核算，以及库存商品采用计划成本核算或售价核算的企业，还应按加或减材料成本差异、商品进销差价后的金额填列。

【知识点应用】2021 年 12 月 31 日，A 公司有关科目余额如下："工程物资"科目借方余额为 100 万元，"发出商品"科目借方余额为 300 万元，"生产成本"科目借方余额为 200 万元，"原材料"科目借方余额为 50 万元，"委托加工物资"科目借方余额为 40 万元，"材料成本差异"科目贷方余额为 20 万元，"存货跌价准备"科目贷方余额为 10 万元，"受托代销商品"科目借方余额为 150 万元，"受托代销商品款"科目贷方余额为 150 万元，则 2021 年 12 月 31 日，A 公司资产负债表中"存货"项目"期末余额"的列报金额为(　　　)万元。

A. 660　　　　　B. 260　　　　　C. 560　　　　　D. 360

【解析】C。"存货"项目应根据"材料采购""原材料""发出商品""库存商品""周转材料""委托加工物资""生产成本""受托代销商品"等科目的期末余额合计数，减去"受托代销商品款""存货跌价准备"科目期末余额后的净额填列。材料采用计划成本核算，以及库存商品采用计划成本核算或售价核算的企业，还应按加或减材料成本差异、商品进销差价后的金额填列。"工程物资"科目余额不填列在"存货"项目中，因此 2021 年 12 月 31 日，A 公司资产负债表中"存货"项目"期末余额"的列报金额 = 300［发出商品］+200［生产成本］+50［原材料］+40［委托加工物资］-20［材料成本差异］-10［存货跌价准备］+150［受托代销商品］-150［受托代销商品款］= 560（万元）。

（9）"合同资产"项目，反映企业按照《企业会计准则第 14 号——收入》（2017）的相关规定，根据本企业履行履约义务与客户付款之间的关系在资产负债表中列示的合同资产。"合同资产"项目应根据"合同资产"科目的相关明细科目期末余额分析填列，同一合同下的合同资产和合同负债应当以净额列示，其中净额为借方余额的，应当根据其流动性在"合同资产"或"其他非流动资产"项目中填列，已计提减值准备的，还应以减去"合同资产减值准备"科目中相关的期末余额后的金额填列；其中净额为贷方余额的，应当根据其流动性在"合同负债"或"其他非流动负债"项目中填列。

（10）"持有待售资产"项目，反映资产负债表日划分为持有待售类别的非流动资产及划分为持有待售类别的处置组中的流动资产和非流动资产的期末账面价值。该项目应根据"持有待售资产"科目的期末余额，减去"持有待售资产减值准备"科目的期末余额后的金额填列。

（11）"一年内到期的非流动资产"项目，反映企业自资产负债表日起一年内变现的非流动资产。本项目应根据有关科目的期末余额分析填列。

（12）"债权投资"项目，反映资产负债表日企业以摊余成本计量的长期债权投资的期末账面价值。该项目应根据"债权投资"科目的相关明细科目期末余额，减去"债权投资减值准备"科目中相关减值准备的期末余额后的金额分析填列。自资产负债表日起一年内到期的长期债权投资的期末账面价值，在"一年内到期的非流动资产"项目反映。企业购入的以摊余成本计量的一年内到期的债权投资的期末账面价值，在"其他流动资产"项目反映。

（13）"其他债权投资"项目，反映资产负债表日企业分类为以公允价值计量且其变动计入其他综合收益的长期债权投资的期末账面价值。该项目应根据"其他债权投资"科目的相关明细科目期末余额分析填列。自资产负债表日起一年内到期的长期债权投资的期末账面价值，在"一年内到期的非流动资产"项目反映 企业购入的以公允价值计量且其变动计入其他综合收益的一年内到期的债权投资的期末账面价值，在"其他流动资产"项目反映。

（14）"长期应收款"项目，反映企业租赁产生的应收款项和采用递延方式分别收款、实质上具有融资性质的销售商品和提供劳务等经营活动产生的应收款项。本项目应根据"长期应收款"科目的期末余额，减去相应的"未实现融资收益"科目和"坏账准备"科目所属相关明细科目期末余额后的金额填列。

（15）"长期股权投资"项目，反映投资方对被投资单位实施控制、重大影响的权益性投资，以及对其合营企业的权益性投资。本项目应根据"长期股权投资"科目的期末余额，减去"长期股权投资减值准备"科目的期末余额后的净额填列。

（16）"其他权益工具投资"项目，反映资产负债表日企业指定为以公允价值计量且其变动计入其他综合收益的非交易性权益工具投资的期末账面价值。本项目应根据"其他权益工具投资"科目的期末余额填列。

（17）"固定资产"项目，反映资产负债表日企业固定资产的期末账面价值和企业尚未清理完毕的固定资产清理净损益。本项目应根据"固定资产"科目的期末余额，减去"累计折旧"和"固定资产减值准备"科目的期末余额后的金额，以及"固定资产清理"科目的期末余额填列。

【知识点应用】2021 年 12 月 31 日，甲公司"固定资产"科目期末借方余额为 1 500 万元，"累计折旧"科目期末贷方余额为 560 万元，"固定资产减值准备"科目期末贷方余额为 100 万元，"固定资产清理"科目期末借方余额为 50 万元。2021 年 12 月 31 日甲公司资产负债表中"固定资产"项目"期末余额"栏应填列的金额为(　　)万元。

A. 890　　　　　B. 790　　　　　C. 840　　　　　D. 1 500

【解析】A。2021 年 12 月 31 日，甲公司资产负债表中"固定资产"项目"期末余额"栏应填列的金额 = 1 500-560-100+50 = 890（万元）。

（18）"在建工程"项目，反映资产负债表日企业尚未达到预定可使用状态的在建工程的期末账面价值和企业为在建工程准备的各种物资的期末账面价值。本项目应根据"在建工程"科目的期末余额，减去"在建工程减值准备"科目的期末余额后的金额，以及"工程物资"科目的期末余额减去"工程物资减值准备"科目的期末余额后的金额填列。

（19）"使用权资产"项目，反映资产负债表日承租人企业持有的使用权资产的期末账面价值。本项目应根据"使用权资产"科目的期末余额，减去"使用权资产累计折旧"和"使用权资产减值准备"科目的期末余额后的金额填列。

（20）"无形资产"项目，反映企业持有的专利权、非专利技术、商标权、著作权、土地使用权等无形资产的资本减去累计摊销和减值准备后的净值。本项目应根据"无形资产"科目的期末余额，减去"累计摊销"和"无形资产减值准备"科目期末余额后的净额填列。

（21）"开发支出"项目，反映企业开发无形资产过程中能够资本化形成无形资产成本的支出部分。本项目应当根据"研发支出"科目所属的"资本化支出"明细科目期末余额填列。

（22）"长期待摊费用"项目，反映企业已经发生但应由本期和以后各期负担的分摊期限在一年以上的各项费用。本项目应根据"长期待摊费用"科目的期末余额，减去将于一年内（含一年）摊销的数额后的金额分析填列，但长期待摊费用的摊销年限只剩一年或不足一年的，或预计在一年内（含一年）进行摊销的部分，不得归类为流动资产，仍在各该非流动资产项目中填列，不转入"一年内到期的非流动资产"项目。

（23）"递延所得税资产"项目，反映企业根据所得税准则确认的可抵扣暂时性差异产生的所得税资产。本项目应根据"递延所得税资产"科目的期末余额填列。

（24）"其他非流动资产"项目，反映企业除上述非流动资产以外的其他非流动资本项目应根据有关科目的期末余额填列。

2. 负债项目的列报方法

（1）"短期借款"项目，反映企业向银行或其他金融机构等借入的期限在一年以内（含一年）的各种借款。本项目应根据"短期借款"科目的期末余额填列。

（2）"交易性金融负债"项目，反映企业资产负债表日承担的交易性金融负债，以及企业持有的直接指定为以公允价值计量且其变动计入当期损益的金融负债的期末账面价值。本项目应根据"交易性金融负债"科目的相关明细科目期末余额填列。

（3）"应付票据"项目，反映资产负债表日以摊余成本计量的、企业因购买材料、商品和接受服务等开出、承兑的商业汇票，包括银行承兑汇票和商业承兑汇票。本项目应根据"应付票据"科目的期末余额填列。

（4）"应付账款"项目，反映资产负债表日以摊余成本计量的、企业因购买材料、商品和接受服务等经营活动应支付的款项。本项目应根据"应付账款"和"预付账款"科目所属的相关明细科目的期末贷方余额合计数填列。

（5）"预收款项"项目，反映企业按照合同规定预收的款项。本项目应根据"预收账款"和"应收账款"科目所属各明细科目的期末贷方余额合计数填列，如"预收账款"科目所属明细科目期末为借方余额的，应在资产负债表"应收账款"项目内填列。

【知识点应用】A 公司 2021 年年末有关明细科目余额如下："应收账款——甲"科目借方余额 80 万元，"预收账款——乙"科目借方余额 20 万元，"预收账款——丙"科目贷方余额 35 万元，与应收账款有关的"坏账准备"科目贷方余额为 3 万元。假定不考虑其他因素，A 公司 2021 年 12 月 31 日资产负债表中"预收款项"项目的期末余额为（　　）万元。

A. 115　　　　　　B. 112　　　　　　C. 35　　　　　　D. 55

【解析】C。"预收款项"项目，应根据"预收账款"和"应收账款"科目所属各明细科目的期末贷方余额合计数填列，所以 A 公司 2021 年 12 月 31 日资产负债表中"预收款项"项目的期末余额为 35 万元。

（6）"合同负债"项目，反映企业已收或应收客户对价而应向客户转让商品的义务，根据本企业履行履约义务与客户付款之间的关系在资产负债表中列示的合同负债。本项目应根据"合同负债"的相关明细科目期末余额分析填列。

（7）"应付职工薪酬"项目，反映企业为获得职工提供的服务或解除劳动关系而给予的各种形式的报酬或补偿。本项目应根据"应付职工薪酬"科目所属各明细科目的期末贷方余额分析填列。

（8）"应交税费"项目，反映企业按照税法规定计算应交纳的各种税费，本项目应根据"应交税费"科目的期末贷方余额填列。

（9）"其他应付款"项目，反映企业除应付票据、应付账款、预收账款、应付职工薪酬、应交税费等经营活动以外的其他各项应付、暂收的款项。本项目应根据"应付利息""应付股利""其他应付款"科目的期末余额合计数填列。其中，"应付利息"科目仅反映相关金融工具已到期应支付但于资产负债表日尚未支付的利息，基于实际利率法计提的金融工具的利息应包含在相应金融工具的账面余额中。

【知识点应用】下列各项中，应列入资产负债表"其他应付款"项目的有（　　）。

A. 宣告发放的现金股利　　　　B. 存入保证金

C. 租入包装物租金　　　　　　D. 预提短期借款利息

【解析】ABCD。

（10）"持有待售负债"项目，反映资产负债表日处置组中与划分为持有待售类别的资产直接相关的负债的期末账面价值。本项目应根据"持有待售负债"科目的期末余额填列。

（11）"一年内到期的非流动负债"项目，反映企业非流动负债中将于资产负债表日后一年内到期部分的金额，如将于一年内偿还的长期借款。本项目应根据有关科目的期末余额分析填列。

（12）"长期借款"项目，反映企业向银行或其他金融机构借入的期限在一年以上（不含一年）的各项借款。本项目应根据"长期借款"科目的期末余额，扣除"长期借款"科目所属的明细科目中将在资产负债表日起一年内到期且企业不能自主地将清偿义务展期的长期借款后的金额计算填列。

（13）"应付债券"项目，反映企业为筹集长期资金而发行的债券本金及应付的利息。本项目应根据"应付债券"科目的期末余额分析填列。对于资产负债表日企业发行的金融工具，分类为金融负债的，应在本项目填列，对于优先股和永续债还应在本项目下的"优先股"项目和"永续债"项目分别填列。

（14）"租赁负债"项目，反映资产负债表日承租人企业尚未支付的租赁付款额的期末账面价值。本项目应根据"租赁负债"科目的期末余额填列自资产负债表日起一年内到期应予以清偿的租赁负债的期末账面价值，在"一年内到期的非流动负债"项目反映。

（15）"长期应付款"项目，应根据"长期应付款"科目的期末余额，减去相关的"未确认融资费用"科目的期末余额后的金额，以及"专项应付款"科目的期末余额填列。

（16）"预计负债"项目，反映企业根据或有事项等相关准则确认的各项预计负债，包括对外提供；直保、未决诉讼、产品质量保证、重组义务以及固定资产和矿区权益弃置义务等产生的预计负债。本项目应根据"预计负债"科目的期末余额填列。企业按照《企业会计准则第 22 号——金融工具确认和计量》（2018）的相关规定，对贷款承诺等项目计提的损失准备，应当在本项目中填列。

（17）"递延所得税负债"项目，反映企业根据所得税准则确认的应纳税暂时性差异产生的所得税负债。本项目应根据"递延所得税负债"科目的期末余额填列。

3. 所有者权益项目的列报方法

（1）"实收资本（或股本）"项目，反映企业各投资者实际投入的资本（或股本）总额。本项目应根据"实收资本（或股本）"科目的期末余额填列。

（2）"其他权益工具"项目，反映资产负债表日企业发行在外的除普通股以外分类为权益工具的金融工具的期末账面价值，并下设"优先股"和"永续债"两个项目，分别反映企业发行的分类为权益工具的优先股和永续债的账面价值。

（3）"资本公积"项目，反映企业收到投资者出资超出其在注册资本或股本中所占的份额以及直接计入所有者权益的利得和损失等。本项目应根据"资本公积"科目的期末余额填列。

（4）"其他综合收益"项目，反映企业综合收益的期末余额。本项目根据"其他综合收益"科目的期末余额填列。

（5）"盈余公积"项目，反映企业盈余公积的期末余额。本项目应根据"盈余公积"科目的期末余额填列。

（6）"未分配利润"项目，反映企业尚未分配的利润。本项目应跟据"本年利润"科目和"利润分配"科目的余额计算填列。

【业务实操】典型经济业务举例

例 9-1　A 公司 2012 年 9 月末部分账户的余额资料如表 9-2 所示：

**表 9-2　部分账户余额资料**　　　　　　　　　　　　　　　单位：元

| 账户名称 | 借或贷 | 总账金额 | 明细账金额 | 账户名称 | 借或贷 | 总账金额 | 明细账金额 |
|---|---|---|---|---|---|---|---|
| 现金 | 借 | 2 100 | | 应付账款 | 贷 | 100 000 | |
| 银行存款 | 借 | 179 500 | | ——A 单位 | 贷 | | 113 000 |
| 其他货币资金 | 借 | 30 000 | | ——B 单位 | 借 | | 13 000 |
| 应收账款 | 借 | 76 000 | | 预收账款 | 贷 | 50 000 | |
| ——甲公司 | 借 | | 78 000 | ——C 单位 | 贷 | | 53 000 |
| ——乙公司 | 贷 | | 2 000 | ——D 单位 | 借 | | 3 000 |
| 预付账款 | 借 | 40 000 | | | | | |
| ——丙公司 | 借 | | 45 000 | | | | |
| ——丁公司 | 贷 | | 5 000 | | | | |
| 原材料 | 借 | 145 000 | | | | | |
| 生产成本 | 借 | 220 000 | | | | | |
| 库存商品 | 借 | 86 000 | | | | | |
| 在途物资 | 借 | 20 000 | | | | | |

要求：计算填列资产负债（表 9-3）中有关流动资产、流动负债项目的金额，并完成资产负债表的编制。

表 9-3　资产负债表

编制单位：A 公司　　　　　　　　　　　2012 年 9 月 30 日　　　　　　　　　　　单位：元

| 资产 | 年初数 | 期末数 | 负债及所有者权益 | 年初数 | 期末数 |
|---|---|---|---|---|---|
| 流动资产： | 略 | | 流动负债： | 略 | |
| 　货币资金 | | （1） | 　短期借款 | | 50 000 |
| 　应收票据 | 50 000 | | 　应付票据 | | 14 000 |
| 　应收账款 | | （2） | 　应付账款 | | （6） |
| 　其他应收款 | 3 500 | | 　预收账款 | | （7） |
| 　预付账款 | | （3） | 　应付福利费 | | 52 000 |
| 　存货 | | （4） | 　应交税金 | | 12 500 |
| 　流动资产合计 | | （5） | 　流动负债合计 | | （8） |
| 长期投资： | | | 长期负债： | | |
| 　长期股权投资 | 380 000 | | 　长期借款 | | 400 000 |
| 　长期投资合计 | 380 000 | | 　长期负债合计 | | 400 000 |
| 固定资产： | | | 所有者权益： | | |
| 　固定资产原价 | 780 900 | | 　实收资本 | | 1 000 000 |
| 　减：累计折旧 | 98 000 | | 　资本公积 | | 80 000 |
| 　固定资产净值 | 682 900 | | 　盈余公积 | | 96 500 |
| 　固定资产合计 | 682 900 | | 　未分配利润 | | 60 000 |
| | | | 　所有者权益合计 | | 1 236 500 |
| 资产总计 | （9） | | 负债及所有者权益总计 | （10） | |

【解析】财务人员将账户上相关金额计算出合计数分别对应填列到资产负债表具体项目中去（表 9-4）。

表 9-4　资产负债表

| 资产 | 年初数 | 期末数 | 负债及所有者权益 | 年初数 | 期末数 |
|---|---|---|---|---|---|
| 流动资产： | 略 | | 流动负债： | 略 | |
| 　货币资金 | | （1）211 600 | 　短期借款 | | 50 000 |
| 　应收票据 | | 50 000 | 　应付票据 | | 14 000 |
| 　应收账款 | | （2）81 000 | 　应付账款 | | （6）118 000 |
| 　其他应收款 | | 3 500 | 　预收账款 | | （7）55 000 |
| 　预付账款 | | （3）58 000 | 　应付福利费 | | 52 000 |
| 　存货 | | （4）471 000 | 　应交税金 | | 12 500 |
| 　流动资产合计 | | （5）875 100 | 　流动负债合计 | | （8）301 500 |
| 长期投资： | | | 长期负债： | | |
| 　长期股权投资 | | 380 000 | 　长期借款 | | 400 000 |
| 　长期投资合计 | | 380 000 | 　长期负债合计 | | 400 000 |
| 固定资产： | | | 所有者权益： | | |
| 　固定资产原价 | | 780 900 | 　实收资本 | | 1 000 000 |
| 　减：累计折旧 | | 98 000 | 　资本公积 | | 80 000 |
| 　固定资产净值 | | 682 900 | 　盈余公积 | | 96 500 |
| 　固定资产合计 | | 682 900 | 　未分配利润 | | 60 000 |
| | | | 　所有者权益合计 | | 1 236 500 |
| 资产总计 | （9）1 938 000 | | 负债及所有者权益总计 | （10）1 938 000 | |

**【职业素养养成】**

分小组对前导案例进行以下分析、讨论。

结合所学知识和基于案例分析，对于资产负债表，作为会计人员应当多关注哪些填制内容？

**【专业能力测评】**智慧职教平台知识点自测。

# 任务 3　利润表

## 【学习目标】

（1）知识目标：了解利润表的定义和作用；理解利润表的结构原理、内容；掌握利润表的列报方法。

（2）能力目标：能够严格遵照法律法规的规定，根据相关资料正确编制利润表。

## 【前导案例】

小刘不懂专业会计，但他想搞清楚自己的家庭财产的增值状况，于是，他选择了一年，对自己的收支、拥有财产的情况进行了详细的记录。

（1）1月1日，小王首先列出了现有的财产及货币价值，如表9-5所示（单位：人民币元，下同）。

表9-5　财产及货币价值

| 项目 | 金额（元） |
| --- | --- |
| 一幢房屋 | 1 000 000 |
| 家具、家庭用品 | 200 000 |
| 一辆已用了3年的小汽车 | 70 000 |
| 银行存款 | 30 000 |
| 持有股票 | 200 000 |
| 欠银行的借款 | 100 000 |

（2）12月31日，小刘再次总结他一年来所发生的收支状况，如表9-6所示：

表9-6　收支状况

| 项目 | 金额（元） |
| --- | --- |
| 收入 | 每月工资（扣除个人所得税）14 000 |
| 支出（平均每月费用） | |
| 支付给银行欠款 | 1 500（含利息） |
| 电费、电话费、暖气费 | 500 |
| 汽车日常费用 | 1 000 |
| 衣服、度假等 | 2 200 |
| 日常事务 | 1 200 |
| 收支抵消后净额 | 7 600 |

（3）12月31日，小刘又将年末的财产重新列了一张表格，如表9-7所示：

表9-7　年末财产

| 项目 | 金额（元） |
|---|---|
| 一幢房屋 | 900 000 |
| 家具、家庭用品 | 190 000 |
| 一辆已用了4年的小汽车 | 65 000 |
| 银行存款 | 121 200 |
| 欠银行的借款 | 82 000 |

### 一、利润表概述

利润表，又称损益表，是反映企业在一定会计期间的经营成果的报表。利润表的作用主要体现在以下两个方面：

（1）反映了企业一定会计期间内的利润来源和构成情况，使信息使用者能够判断企业净利润的质量，预测企业未来净利润的相关情况，帮助信息使用者做出正确的决策。

（2）将利润表与资产负债表结合分析，可以评价企业资本的保值、增值和获利能力等情况。

### 二、利润表列报的基本要求

（1）利润表中的费用应按照功能进行分类，分为从事经营业务发生的成本、管理费用、销售费用和财务费用等。

（2）利润表至少应当单独列示反映下列信息的项目：营业收入；营业成本；营业税金；管理费用；销售费用；财务费用；投资收益；公允价值变动损益；资产减值损失；非流动资产处置损益；所得税费用；净利润。

### 三、利润表的列报格式及方法

#### （一）利润表的列报格式

利润表的列报格式有单步式和多步式两种。单步式利润表是将当期所有的收入列在一起，所有的费用列在一起，然后将两者相减得出当期净损益。我国企业的利润表采用多步式格式，即通过对当期的收入、费用、支出项目按性质加以归类，按利润形成的主要环节列示一些中间性利润指标，分步计算当期净损益，以便财务报表使用者理解企业经营成果的不同来源（具体格式如表9-8所示）。

#### （二）利润表的列报方法

利润表的"本期金额"栏的填列方法，一般应根据损益类科目和所有者权益类有关科目的发生额填列。

表 9-8 利润表

编制单位：          年    月               单位：元

| 项目 | 本期金额 | 上期金额 |
|---|---|---|
| 一、营业收入 | | |
| 减：营业成本 | | |
| 营业税金及附加 | | |
| 减：销售费用 | | |
| 管理费用 | | |
| 财务费用 | | |
| 资产减值损失 | | |
| 加：公允价值变动收益（损失以"-"号填列） | | |
| 投资收益（损失以"-"号填列） | | |
| 其中：对联营企业和合营企业的投资收益 | | |
| 二、营业利润（亏损以"-"号填列） | | |
| 加：营业外收入 | | |
| 减：营业外支出 | | |
| 其中：非流动资产处置损失 | | |
| 三、利润总额（亏损总额以"-"号填列） | | |
| 减：所得税费用 | | |
| 四、净利润（净亏损以"-"号填列） | | |
| 五、每股收益： | | |
| （一）基本每股收益 | | |
| （二）稀释每股收益 | | |

（1）"营业收入"项目，反映企业经营主要业务和其他业务所确认的收入总额。本项目应根据"主营业务收入"和"其他业务收入"科目的发生额分析填列。

【知识点应用】2021 年 12 月，甲公司主营业务收入 80 万元，其他业务收入 20 万元，营业外收入 5 万元，则甲公司 12 月份应确认的营业收入金额为(　　)万元。

A. 80                B. 20                C. 100                D. 105

【解析】C。营业收入包括主营业务收入和其他业务收入，甲公司 12 月份应确认的营业收入＝80（主营业务收入)+20（其他业务收入）= 100（万元）。

（2）"营业成本"项目，反映企业经营主要业务和其他业务所发生的成本总额。本项目应根据"主营业务成本"和"其他业务成本"科目的发生额分析填列。

【知识点应用】下列各项中，不应列入利润表"营业成本"项目的是(　　)。

A. 随同商品出售单独计价的包装物成本

B. 销售材料的成本

C. 商品流通企业销售外购商品的成本

D. 随同商品出售不单独计价的包装物成本

【解析】D。营业成本包括主营业务成本和其他业务成本。选项 AB 计入其他业务成本；选项 C 计入主营业务成本；选项 D，随同商品出售不单独计价的包装物，应按实际成本计入销售费用。

（3）"税金及附加"项目，反映企业经营业务应负担的消费税、城市维护建设税、教育费附加、资源税、土地增值税、房产税、车船税、城镇土地使用税、印花税、环境保护税等相关税费。本项目应根据"税金及附加"科目的发生额分析填列。

【知识点应用】2021 年 10 月，A 公司销售产品实际应交纳增值税 76 万元、消费税 70 万元，适用的城市维护建设税税率为 7%，教育费附加征收率为 3%。假定不考虑其他因素，A 公司当月应列入利润表"税金及附加"项目的金额为（　　）万元。

A. 14. 6　　　　　　　B. 77　　　　　　　C. 84. 6　　　　　　　D. 160. 6

【解析】C。税金及附加包括城市维护建设税、教育费附加、消费税等，城市维护建设税、教育费附加的应纳税额 =（实际交纳的增值税+实际交纳的消费税）×适用税率，因此 A 公司当月应列入利润表"税金及附加"项目的金额 =（76+70）×（7%+3%）+70＝84. 6（万元）。

（4）"销售费用"项目，反映企业在销售商品过程中发生的包装费、广告费等费用和为销售本企业商品而专设的销售机构的职工薪酬、业务费等经营费用。本项目应根据"销售费用"科目的发生额分析填列。

（5）"管理费用"项目，反映企业为组织和管理生产经营发生的管理费用。本项目应根据"管理费用"科目的发生额分析填列。

（6）"研发费用"项目，反映企业进行研究与开发过程中发生的费用化支出以及计入管理费用的自行开发无形资产的摊销。本项目应根据"管理费用"科目下的"研发费用"明细科目的发生额以及"管理费用"科目下"无形资产摊销"明细科目的发生额分析填列。

（7）"财务费用"项目，反映企业为筹集生产经营所需资金等而发生的应予费用化的利息支出。本项目应根据"财务费用"科目的相关明细科目发生额分析填列。其中："利息费用"项目，反映企业为筹集生产经营所需资金等而发生的应予费用化的利息支出，本项目应根据"财务费用"科目的相关明细科目的发生额分析填列。"利息收入"项目，反映企业应冲减财务费用的利息收入，本项目应根据"财务费用"科目的相关明细科目的发生额分析填列。

（8）"其他收益"项目，反映计入其他收益的政府补助，以及其他与日常活动相关且计入其他收益的项目。本项目应根据"其他收益"科目的发生额分析填列。企业作为个人所得税的扣缴义务人，根据《中华人民共和国个人所得税法》收到的扣缴税款手续费，应作为其他与日常活动相关的收益在本项目中填列。

（9）"投资收益"项目，反映企业以各种方式对外投资所取得的收益。本项目应根据"投资收益"科目的发生额分析填列。如为投资损失，本项目以"－"号填列。

（10）"净敞口套期收益"项目，反映净敞口套期下被套期项目累计公允价值变动转入当期损益的金额或现金流量套期储备转入当期损益的金额。本项目应根据"净敞口套期损益"科目的发生额分析填列。如为套期损失，本项目以"－"号填列。

（11）"公允价值变动收益"项目，反映企业应当计入当期损益的资产或负债公允价值变动收益。本项目应根据"公允价值变动损益"科目的发生额分析填列，如为净损失，本项目以"－"号填列。

（12）"信用减值损失"项目，反映企业按照《企业会计准则第22号——金融工具确认和计量》（2018）的要求计提的各项金融工具信用减值准备所确认的信用损失。本项目应根据"信用减值损失"科目的发生额分析填列。

（13）"资产减值损失"项目，反映企业有关资产发生的减值损失。本项目应根据"资产减值损失"科目的发生额分析填列。

（14）"资产处置收益"项目，反映企业出售划分为持有待售的非流动资产（金融工具、长期股权投资和投资性房地产除外）或处置组（子公司和业务除外）时确认的处置利得或损失，以及处置未划分为持有待售的固定资产、在建工程、生产性生物资产及无形资产而产生的处置利得或损失。债务重组中因处置非流动资产（金融工具、长期股权投资和投资性房地产除外）产生的利得或损失和非货币性资产交换中换出非流动资产（金融工具、长期股权投资和投资性房地产除外）产生的利得或损失也包括在本项目内。本项目应根据"资产处置损益"科目的发生额分析填列。如为处置损失，本项目以"－"号填列。

（15）"营业利润"项目，反映企业实现的营业利润。如为亏损，本项目以"－"号填列。

**【知识点应用】** 某企业2021年度实现营业收入1 500万元，发生营业成本800万元，管理费用75万元，销售费用100万元，税金及附加30万元，取得投资收益200万元（其中国债利息收入5万元），报废清理固定资产净收益15万元。不考虑其他因素，该企业2021年度利润表中"营业利润"项目"本期金额"栏应列报的金额为（　　）万元。

A. 705　　　　　　　　B. 710　　　　　　　　C. 690　　　　　　　　D. 695

**【解析】** D。该企业2021年度利润表中"营业利润"项目"本期金额"栏应列报的金额=1 500-800-75-100-30+200=695（万元）。

（16）"营业外收入"项目，反映企业发生的除营业利润以外的收益，主要包括非流动资产毁损报废收益、与企业日常活动无关的政府补助、盘盈利得、捐赠利得（企业接受股东或股东的子公司直接或间接的捐赠，经济实质属于股东对企业的资本性投入的除外）等。本项目应根据"营业外收入"科目的发生额分析填列。

（17）"利润总额"项目，反映企业实现的利润。如为亏损，本项目以"－"号填列。

（18）"所得税费用"项目，反映企业应从当期利润总额中扣除的所得税费用。本项目应根据"所得税费用"科目的发生额分析填列。

（19）"净利润"项目，反映企业实现的净利润。如为亏损，本项目以"－"号填列。

（20）"其他综合收益的税后净额"项目，反映企业根据企业会计准则规定未在损益中确认的各项利得和损失扣除所得税影响后的净额。

（21）"综合收益总额"项目，反映企业净利润与其他综合收益（税后净额）的合计金额。

（22）"每股收益"项目，包括基本每股收益和稀释每股收益两项指标，反映普通股或潜在普通股已公开交易的企业，以及正处在公开发行普通股或潜在普通股过程中的企业的每股收益信息。

【业务实操】典型经济业务举例

例 9-2 南方公司 2020 年度损益类科目本年累计发生净额见表 9-9：

表 9-9 累计发生净额

| 科目名称 | 借方发生额 | 贷方发生额 |
|---|---|---|
| 主营业务收入 | 3 750 000 | |
| 主营业务成本 | 2 250 000 | |
| 税金及附加 | 6 000 | |
| 销售费用 | 210 000 | |
| 管理费用 | 220 000 | |
| 财务费用 | 124 500 | |
| 资产减值损失 | 104 000 | |
| 投资收益 | | 154 500 |
| 营业外收入 | | 150 000 |
| 营业外支出 | 59 100 | |
| 所得税费用 | 307 197 | |

要求：根据上述资料编制该企业 2020 年度利润表（表 9-10）。

【解析】

表 9-10 利润表

编制单位：南方有限责任公司　　　　　　　2020 年　　　　　　　单位：元

| 项　　　目 | 本期金额 | 上期金额 |
|---|---|---|
| 一、营业收入 | 3 750 000 | |
| 减：营业成本 | 2 250 000 | |
| 营业税金及附加 | 6 000 | |
| 减：销售费用 | 210 000 | |
| 管理费用 | 220 000 | |
| 财务费用 | 124 500 | |

续表

| 项　　目 | 本期金额 | 上期金额 |
|---|---|---|
| 　资产减值损失 | 104000 | |
| 加：公允价值变动收益（损失以"－"号填列） | 0 | |
| 　投资收益（损失以"－"号填列） | 154 500 | |
| 　　其中：对联营企业和合营企业的投资收益 | 0 | |
| 二、营业利润（亏损以"－"号填列） | 990 000 | |
| 加：营业外收入 | 150 000 | |
| 减：营业外支出 | 59 100 | |
| 　其中：非流动资产处置损失 | | |
| 三、利润总额（亏损总额以"－"号填列） | 1 080 900 | |
| 减：所得税费用 | 307 197 | |
| 四、净利润（净亏损以"－"号填列） | 773 703 | |
| 五、每股收益： | | |
| （一）基本每股收益 | | |
| （二）稀释每股收益 | | |

**【职业素养养成】**

（1）分小组对前导案例进行以下分析、讨论。

（2）结合所学知识，请为小刘编制一张表显示他一年来财富增加的情况。

**【专业能力测评】** 智慧职教平台知识点自测。

# 任务4　现金流量表

**【学习目标】**

（1）知识目标：了解现金流量表的概念和作用；理解现金流量表的结构原理、内容；掌握现金流量表的列报方法。

（2）能力目标：能够严格遵照法律法规的规定，根据相关资料正确编制现金流量表。

**【前导案例】**

张晓月和苏丽雯是大学同学，毕业后，两人都选择了自主创业。张晓月选择做进口食材的生意，而苏丽雯决定做早餐生意。两人的初始创业资金都只有1万元，且创业初期都没有员工，公司和店面都是租房，以下是关于两人创业初期的关键信息（表9-11~表9-13）：

表9-11　收入分析表

| 项　目 | 张晓月（进口食材） | 苏丽雯（早餐） |
| --- | --- | --- |
| 期初现金 | 1万元 | 1万元 |
| 应付账款（付款给供应商） | 30天 | 60天 |
| 应收账款（收到客户的钱） | 60天 | 当场收现金 |
| 费用/月 | 1万元 | 3万元 |
| 毛利率 | 40% | 30% |

表9-12　张晓月利润表　　单位：元

| 项　目 | 1月 | 2月 | 3月 |
| --- | --- | --- | --- |
| 销货收入 | 20 000 | 30 000 | 45 000 |
| 销售成本 | 12 000 | 18 000 | 27 000 |
| 销售毛利 | 8 000 | 12 000 | 18 000 |
| 营业费用 | 10 000 | 10 000 | 10 000 |
| 净利润 | -2 000 | 2 000 | 8 000 |

表9-13　苏丽雯利润表　　单位：元

| 项　目 | 1月 | 2月 | 3月 |
| --- | --- | --- | --- |
| 销货收入 | 50 000 | 75 000 | 95 000 |
| 销售成本 | 35 000 | 52 500 | 66 500 |
| 销售毛利 | 15 000 | 22 500 | 28 500 |
| 营业费用 | 30 000 | 30 000 | 30 000 |
| 净利润 | -15 000 | -7 500 | -1 500 |

## 一、现金流量表概述

现金流量表，是指反映企业在一定会计期间现金和现金等价物流入和流出的报表。现金，是指企业库存现金以及可以随时用于支付的存款。现金等价物，是指企业持有的期限短、流动性强、易于转换为已知金额现金、价值变动风险很小的投资。

现金流量表的作用主要体现在以下 3 个方面：

（1）反映了企业一定会计期间内现金和现金等价物流入和流出的会计信息情况，在资产负债表与利润表之间架起了一条连接的纽带和桥梁，便于信息使用者更客观和更全面地了解企业会计信息。

（2）提供了经营活动、投资活动和筹资活动所产生的现金流量，从不同角度反映了企业业务活动的现金流入、流出及其影响现金净流量的因素，弥补了资产负债表和利润表分类列报内容的某些不足，从而帮助信息使用了解和评价企业获取现金及现金等价物的能力。

（3）以收付实现制为基础编制，降低了企业盈余管理程度，提高了会计信息质量，有利于更好发挥会计监督职能作用，改善公司治理状况，进而促进实现会计决策有用性和维护经济资源配置秩序、提高经济效益的目标要求。

## 二、现金流量表列报的基本要求

（1）现金流量表应当分别经营活动、投资活动和筹资活动列报现金流量。

（2）现金流量应当分别按照现金流入和现金流出总额列报。

### 职业法规

根据《企业会计准则第 31 号——现金流量表》规定，下列各项可以按照净额列报：①代客户收取或支付的现金；②周转快、金额大、期限短项目的现金流入和现金流出；③金融企业的有关项目，包括短期贷款发放与收回的贷款本金、活期存款的吸收与支付、同业存款和存放同业款项的存取、向其他金融企业拆借资金，以及证券的买入与卖出等。

（3）自然灾害损失、保险索赔等特殊项目，应当根据其性质，分别归并到经营活动、投资活动和筹资活动现金流量类别中单独列报。

（4）外币现金流量以及境外子公司的现金流量，应当采用现金流量发生日的即期汇率或按照系统合理的方法确定的、与现金流量发生日即期汇率近似的汇率折算。汇率变动对现金的影响额应当作为调节项目，在现金流量表中单独列报。

## 三、现金流量表的列报格式、项目及方法

### （一）现金流量表的列报格式

现金流量表的结构内容分为：经营活动产生的现金流量、投资活动产生的现金流量和筹资活动产生的现金流量三部分。上述三部分都按照"现金流入量−现金流出量＝现金净流量"的结构进行列示（具体格式见表 9-14）。

表 9-14 现金流量表

会企 03 表

编制单位： 年 月 单位：元

| 项目 | 行次 | 本期金额 | 上期金额 |
|---|---|---|---|
| 一、经营活动产生的现金流量： | | | |
| 销售商品，提供劳务收到的现金 | 1 | | |
| 收到的税费返还 | 2 | | |
| 收到其他与经营活动有关的现金 | 3 | | |
| 经营活动现金流入小计 | 4 | | |
| 购买商品、接受劳务支付的现金 | 5 | | |
| 支付给职工以及为职工支付的现金 | 6 | | |
| 支付的各项税费 | 7 | | |
| 支付其他与经营活动有关的现金 | 8 | | |
| 经营活动现金流出小计 | 9 | | |
| 经营动产生的现金流量净额 | 10 | | |
| 二、投资活动产生的现金流量： | | | |
| 收回投资收到的现金 | 11 | | |
| 取得投资收益收到的现金 | 12 | | |
| 处置固定资产、无形资产和其他长期资产收回的现金净额 | 13 | | |
| 处置子公司及其他营业单位收到的现金净额 | 14 | | |
| 收到其他与投资活动有关的现金 | 15 | | |
| 投资活动现金流入小计 | 16 | | |
| 购建固定资产、无形资产和其他长期资产支付的现金 | 17 | | |
| 投资支付的现金 | 18 | | |
| 取得子公司及其他营业单位支付的现金净额 | 19 | | |
| 支付其他与投资活动有关的现金 | 20 | | |
| 投资活动现金流出小计 | 21 | | |
| 投资活动产生的现金流量净额 | 22 | | |
| 三、筹资活动产生的现金流量： | | | |
| 吸收投资收到的现金 | 23 | | |

| 项目 | 行次 | 本期金额 | 上期金额 |
|---|---|---|---|
| 取得借款收到的现金 | 24 | | |
| 收到其他与筹资活动有关的现金 | 25 | | |
| 　　筹资活动现金流入小计 | 26 | | |
| 偿还债务支付的现金 | 27 | | |
| 分配股利、利润或偿付利息支付的现金 | 28 | | |
| 支付其他与筹资活动有关的现金 | 29 | | |
| 　　筹资活动现金流出小计 | 30 | | |
| 　　　　筹资活动产生的现金流量净额 | 31 | | |
| 四、汇率变动对现金及现金等价物的影响 | 32 | | |
| 五、现金及现金等价物净增加额 | 33 | | |
| 加：期初现金及现金等价物余额 | 34 | | |
| 六、期末现金及现金等价物余额 | 35 | | |

## （二）现金流量表的列报项目

### 1. 经营活动产生的现金流量

（1）"销售商品、提供劳务收到的现金"项目：反映企业销售商品、提供劳务实际收到的现金（含销售收入和应向购买者收取的增值税额），包括本期销售商品、提供劳务收到的现金，以及前期销售和前期提供劳务本期收到的现金和本期预收的账款，减去本期退回本期销售的商品和前期销售本期退回的商品支付的现金。企业销售材料等业务收到的现金，也在本项目反映。本项目可以根据"库存现金""银行存款""应收账款""应收票据""主营业务收入""其他业务收入"等账户的记录分析填列。

（2）"收到的税费返还"项目：反映企业收到返还的所得税、增值税、消费税、关税和教育费附加等各种税费返还款。该项目可以根据"库存现金""银行存款""税金及附加""营业外收入"等账户的记录分析填列。

（3）"收到的其他与经营活动有关的现金"项目：反映企业除了销售商品、提供劳务收到的现金以外的其他与经营活动有关的现金流入，如罚款收入、流动资产损失中由个人赔偿的现金收入等。其他现金流入如价值较大的，应单列项目反映。本项目可以根据"库存现金""银行存款""营业外收入"等账户的记录分析填列。

（4）"购买商品、接受劳务支付的现金"项目：反映企业购买材料、商品、接受劳务实际支付的现金，包括本期购入材料、商品、接受劳务支付的现金（包括增值税进项税额），以及本期支付前期购入商品、接受劳务的未付款项和本期预付款项。本期发生的购货退回收到的现金应从本项目内减去。本项目可以根据"库存现金""银行存款""应付账款""应付票据""主营业务成本"等账户的记录分析填列。

（5）"支付给职工以及为职工支付的现金"项目：反映企业实际支付给职工，以及为职工支付的现金，包括本期实际支付给职工的工资、奖金、各种津贴和补贴等，以及为职工支付的其他费用。支付的在建工程人员的工资，在"购建固定资产、无形资产和其他长期资产所支付的现金"项目反映。本项目可以根据"应付工资""库存现金""银行存款"等账户的记录分析填列。

企业为职工支付的养老、失业等社会保险基金、补充养老保险、住房公积金、支付给职工的住房困难补助，以及支付给职工或为职工支付的其他福利费用等，应按职工的工作性质和服务对象，分别在本项目和在"购建固定资产、无形资产和其他长期资产所支付的现金"项目反映。

（6）"支付的各项税费"项目：反映企业按规定支付的各种税费，包括本期发生并支付的税费，以及本期支付以前各期发生的税费和预交的税金，如支付的教育费附加、矿产资源补偿费、印花税、房产税、土地增值税、车船使用税、预交的营业税等。不包括计入固定资产价值的税费、实际支付的耕地占用税等，也不包括因多计等原因于本期退回的各项税费。本项目可以根据"应交税金""库存现金""银行存款"等账户的记录分析填列。

（7）"支付的其他与经营活动有关的现金"项目：反映企业除上述各项目外，支付的其他与经营活动有关的现金流出，如罚款支出、支付的差旅费、业务招待费现金支出、支付的保险费等，其他现金流出如价值较大的，应单列项目反映。本项目可以根据有关科目的账户的记录分析填列。

2. 投资活动产生的现金流量

（1）"收回投资所收到的现金"项目：反映企业出售、转让或到期收回除现金等价物以外的短期投资、长期股权投资而收到的现金，以及收回长期债权投资本金而收到的现金。不包括长期债权投资收回的利息、收回的非现金资产以及处置子公司及其他营业单位收到的现金净额。本项目可以根据"交易性金融资产""债权投资""其他债权投资""其他权益工具投资""长期股权投资""投资性房地产""库存现金""银行存款"等账户的记录分析填列。

（2）"取得投资收益所收到的现金"项目：反映企业因股权性投资和债权性投资而取得的现金股利、利息，不包括股票股利。本项目可以根据"库存现金""银行存款""投资收益"等账户的记录分析填列。

（3）"处置固定资产、无形资产和其他长期资产所收回的现金净额"项目：反映企业处置固定资产、无形资产和其他长期资产所取得的现金，减去为处置这些资产而支付的有关费用后的净额。本项目可以根据"固定资产清理""库存现金""银行存款"等账户的记录分析填列。

（4）"收到的其他与投资活动有关的现金"项目：反映企业除了上述各项以外，收到的其他与投资活动有关的现金流入。其他现金流入如价值较大的，应单列项目反映。本项目可以根据有关账户的记录分析填列。

（5）"购建固定资产、无形资产和其他长期资产所支付的现金"项目：反映企业购买、建造固定资产，取得无形资产和其他长期资产所支付的现金，不包括为购建固定资产而发生的借款利息资本化的部分，以及融资租入固定资产支付的租赁费。借款利息和融资租入固定资产支付的租赁费，在筹资活动产生的现金流量中反映。本项目可以根据"固定资产""在建工程""无形资产""库存现金""银行存款"等账户的记录分析填列。

（6）"投资所支付的现金"项目：反映企业进行权益性投资和债权性投资支付的现金，包括企业取得的除现金等价物以外的交易性金融资产、债权投资、其他债权投资、长期股权投资等支付的现金以及支付的佣金、手续费等附加费用。本项目可以根据"长期股权投资""交易性金融资产""债权投资""其他债权投资""其他权益工具投资""库存现金""银行存款"等账户的记录分析填列。

（7）"支付的其他与投资活动有关的现金"项目：反映企业除了上述各项以外，支付的其他与投资活动有关的现金流出。其他现金流出如价值较大的，应单列项目反映。本项目可以根据有关账户的记录分析填列。

【知识点应用】下列各项中，不属于现金流量表中投资活动产生的现金流量的是（　　）。

A. 外购无形资产支付的现金

B. 转让固定资产所有权收到的现金

C. 购买三个月内到期的国库券支付的现金

D. 收到分派的现金股利

【解析】C。三个月内到期的国库券属于现金等价物，现金和现金等价物之间的转换不影响现金流量。

3. 筹资活动产生的现金流量

（1）"吸收投资所收到的现金"项目：反映企业收到的投资者投入的现金，本项目可以根据"实收资本（股本）""资本公积""库存现金""银行存款"等账户的记录分析填列。

（2）"借款所收到的现金"项目：反映企业举借各种短期、长期借款所收到的现金。本项目可以根据"短期借款""长期借款""库存现金""银行存款"等账户的记录分析填列。

（3）"收到的其他与筹资活动有关的现金"：反映企业除上述各项目外，收到的其他与筹资活动有关的现金流入，如接受现金捐赠等。本项目可以根据有关账户的记录分析填列。

（4）"偿还债务所支付的现金"项目：反映企业以现金偿还债务的本金，包括偿还金融企业的借款本金等。企业偿还的借款利息，在"分配股利、利润或偿付利息所支付的现金"项目反映，不包括在本项目内。本项目可以根据"短期借款""长期借款""库存现金""银行存款"等账户的记录分析填列。

（5）"分配股利、利润或偿付利息所支付的现金"项目：反映企业实际支付的现金股利，支付给其他投资单位的利润以及支付的借款利息等。本项目可以根据"应付股利""应付利息""利润分配""财务费用""在建工程""制造费用""研发支出""库存现金""银行存款"等账户的记录分析填列。

(6)"支付的其他与筹资活动有关的现金":反映企业除了上述各项外,支付的其他与筹资活动有关的现金流出,如捐赠现金支出、融资租入固定资产支付的租赁费等。本项目可以根据有关账户的记录分析填列。

4. 汇率变动对现金的影响

反映企业外币现金流量折算为人民币时,所采用的现金流量发生日的汇率或平均汇率折算的人民币金额与"现金及现金等价物净增加额"中的外币现金净增加额按期末汇率折算的人民币金额之间的差额。

【知识点应用】现金流量表中的经营活动,是指企业投资活动和筹资活动以外的所有交易或事项。销售商品或提供劳务、转让固定资产所有权、支付债券利息等产生的现金流量均属于经营活动产生的现金流量。

【解析】错误。转让固定资产所有权产生的现金流量属于投资活动产生的现金流量,支付债券利息属于筹资活动产生的现金流量。

### (三)现金流量表的列报方法

现金流量表的列报要以会计核算资料为依据,因为会计核算资料是以权责发生制为基础,而现金流量表是以收付实现制为基础,所以要对会计核算资料进行调整,即:将以权责发生制为基础编制的资产负债表和利润表资料按照收付实现制基础进行调整计算来编制现金流量表。调整计算方法通常有直接法和间接法两种。

直接法,是以利润表中的营业收入为起算点来调整计算经营活动产生的现金流量净额,即是指通过现金收入和现金支出的主要类别来列示企业经营活动现金流量的一种方法。例如:某企业某年度利润表中列示的营业收入为100万元,资产负债表中列示的应收账款年末金额为20万元、年初金额为15万元,假设不考虑其他因素影响,该企业当年度100万元的营业收入中有5万元尚未收到现金,即销售商品收到的现金为95万元。

间接法,是以净利润为起算点来调整计算经营活动产生的现金流量净额,即是指将净利润调整为经营活动现金流量的一种方法。例如:某企业某年度利润表中列示的净利润为10万元,资产负债表中列示的应收账款年末金额为20万元、年初金额为15万元,假设不考虑其他因素影响,该企业当年度10万元的净利润中有5万元尚未收到现金,即经营活动产生的现金流量净额为5万元。

以直接法编制的现金流量表便于分析经营活动产生的现金流量的来源和用途,以此预测企业现金流量的未来前景;而以间接法编制的现金流量表则便于将净利润与经营活动产生的现金流量净额进行比较,以此了解净利润与经营活动产生的现金流量差异的原因。二者可以相互验证和补充。

### 📄 ——— 职业法规

我国《企业会计准则》规定:企业应当采用直接法列示经营活动产生的现金流量。同时规定,企业应当在附注中披露将净利润调整为经营活动现金流量的信息。

运用直接法编制现金流量表可采用工作底稿法或 T 型账户法，也可以根据有关会计科目记录分析填列。

1. 工作底稿法

工作底稿法是以资产负债表和利润表数据为基础，分别对每一个项目进行分析并编制调整分录，进而编制现金流量表的一种方法。具体步骤和程序如下：

第 1 步，将资产负债表的期初数和期末数分别过入工作底稿的期初数栏和期末数栏。

第 2 步，对当期业务进行分析并编制调整分录。编制调整分录时，以利润表项目为基础，从"营业收入"项目开始，结合资产负债表项目逐一进行分析调整。将有关现金及现金等价物的流入流出，分别记入"经营活动产生的现金流量""投资活动产生的现金流量""筹资活动产生的现金流量"有关项目，借方表示现金流入，贷方表示现金流出，借方余额表示现金流入量净额，贷方余额表示 现金流出量净额。

第 3 步，将调整分录过入工作底稿中的相应部分。

第 4 步，核对工作底稿中各项目的借方、贷方合计数是否相等，若相等一般表明调整分录无误。资产负债表中各项目期初数额加减调整分录中的借贷金额后的金额应等于期末金额；工作底稿中调整分录借方金额合计应等于贷方金额合计。

第 5 步，根据工作底稿中的现金流量表项目部分编制正式的现金流量表。

2. T 型账户法

T 型账户法是以 T 型账户为手段，以资产负债表和利润表数据为基础，分别对每一项目进行分析并编制调整分录，进而编制现金流量表的一种方法。具体步骤和程序如下：

为所有非现金项目（包括资产负债表项目和利润表项目）分别开设 T 型账户，并将各项目的期末期初变动数额过入各相关账户。如果某项目的期末数大于期初数，则将其差额过入和该项目余额相同的方向；反之，过入相反的方向。对于资产项目而言，如果期末余额大于期初余额，过入相关资产项目的借方，表明报告期内某项资产项目增加引发现金流出量增加。反之，如果期末余额小于期初余额，过入相关资产项目的贷方，表明报告期内某项资产项目减少引发现金流入量增加。

3. 分析填列法

分析填列法是指直接根据利润表、资产负债表相关项目的数字和有关明细账的记录，分析计算出现金流量表各项目的金额，并据以编制现金流量表的一种方法。

【业务实操】典型经济业务举例

例 9-3　北京华美电器有限公司为增值税一般纳税人，增值税税率为 13%，企业所得税税率为 25%，该公司 2020 年 12 月现金日记账、银行存款日记账和其他货币资金明细账资料如表 9-15～表 9-19 所示。假设该企业无三个月到期的债券投资，期初现金及现金等价物余额为 4 627 251.35 元（业务资料来自曹玉敏，陈祥碧，王珠强．财务会计实务［M］．高等教育出版社，2021：341-344. 根据 2016 年全国职业院校技能大赛高职组会计赛项竞赛试题改编）。

表 9-15　现金日记账　　　　　　　　　　　　　　　　　　　　单位：元

| 日期 | 摘要 | 借方发生额 | 贷方发生额 | 余额 | 计入项目 |
|---|---|---|---|---|---|
| 1 | 承前页 | 655 662.50 | 626 862.50 | 38 800.00 | |
| 6 | 库存现金盘盈 | 305.00 | | 39 105.00 | 3 |
| 9 | 出差借款 | | 4 000.00 | 35 105.00 | 8 |
| 10 | 购买办公用品 | | 1 964.90 | 33 140.10 | 8 |
| 15 | 报销费用 | | 865.00 | 32 275.10 | 8 |
| 16 | 提取备用金 | 10 000.00 | | 42 275.10 | |
| 19 | 支付产品广告费 | | 3 180.00 | 39 095.10 | 8 |
| 20 | 收到员工违纪罚款 | 200.00 | | 39 295.10 | 3 |
| 22 | 支付垃圾清理费 | | 674.00 | 38 621.10 | 8 |
| 24 | 支付上月欠刘辉报销款 | | 200.00 | 38 421.10 | 8 |
| 30 | 车间购买办公用品 | | 334.80 | 38 086.30 | 5 |
| 31 | 支付固定资产清理费用 | | 75.00 | 38 011.30 | 20 |
| | 本月合计 | 10 505.00 | 11 293.70 | 38 011.30 | |
| | 本年累计 | 66 616.75 | 638 156.20 | 38 011.30 | |
| | 结转下年 | | | 38 011.30 | |

表 9-16　银行存款日记账——工商银行　　　　　　　　　　　　单位：元

| 日期 | 摘要 | 借方发生额 | 贷方发生额 | 余额 | 计入项目 |
|---|---|---|---|---|---|
| 1 | 承前页 | 5 285 719.57 | 4 291 759.10 | 3 234 344.06 | |
| 3 | 购买材料 | | 15 561.00 | 3 218 783.06 | 5 |
| 5 | 缴纳上月税费及工会经费 | | 47 839.04 | 3 170 944.02 | |
| | 其中：个人所得税 | | 681.90 | | 6 |
| | 工会经费 | | 2 630.42 | | 6 |
| | 其他税费 | | 44 526.72 | | 7 |
| 7 | 收到应收账款 | 350 330.00 | | 3 521 274.02 | 1 |
| 7 | 提取备用金 | | 10 000.00 | 3 511 274.02 | |
| 8 | 债务重组 | 28 000.00 | | 3 539 274.02 | 1 |
| 9 | 捐赠支出 | | 70 000.00 | 3 469 274.02 | 8 |

| 日期 | 摘要 | 借方发生额 | 贷方发生额 | 余额 | 计入项目 |
|---|---|---|---|---|---|
| 10 | 支付办公光纤网络服务费 | | 3 816.00 | 3 465 458.02 | 8 |
| 11 | 银行承兑汇票到期承兑 | 77 688.30 | | 3 543 146.32 | 1 |
| 12 | 支付上月工资 | | 104 685.14 | 3 438 461.18 | 6 |
| 12 | 缴纳本月社会保险费 | | 97 075.20 | 3 341 385.98 | 6 |
| 12 | 缴纳本月住房公积金 | | 50 560.00 | 3 290 825.98 | 6 |
| 14 | 支付职工培训费 | | 4 001.17 | 3 286 824.81 | 6 |
| 15 | 申请办理银行汇票 | | 60 000.00 | 3 226 824.81 | |
| 15 | 银行汇票手续费 | | 3.50 | 3 226 821.31 | 8 |
| 16 | 退回银行汇票多余款 | 3 840.00 | | 3 230 661.31 | |
| 17 | 支付新产品研究技术开发费用 | | 4 000.00 | 3 226 661.31 | 8 |
| 18 | 支付机器设备安装材料费用 | | 27 027.00 | 3 199 634.31 | 17 |
| 20 | 购买需要安装的机器设备 | | 83 070.00 | 3 116 564.31 | 17 |
| 21 | 支付设备安装劳务费 | | 1 170.00 | 3 115 394.31 | 17 |
| 21 | 收到银行利息 | 1 916.26 | | 3 117 310.57 | 3 |
| 21 | 支付本季度银行账户维护费 | | 135.00 | 3 117 175.57 | 8 |
| 25 | 支付职工餐费 | | 18 005.00 | 3 099 170.57 | 6 |
| 26 | 销售商品 | 474 380.00 | | 3 573 550.57 | 1 |
| 28 | 购入包装盒、未入库 | | 7 839.00 | 3 565 711.57 | 5 |
| 31 | 分配并支付本月水费——车间 | | 4 271.40 | 3 561 440.17 | 5 |
| 31 | 支付本月水费——管理部门 | | 949.20 | 3 560 490.97 | 8 |
| 31 | 支付本月电费——车间 | | 3 014.86 | 3 557 476.11 | 5 |
| 31 | 支付本月电费——管理部门 | | 177.84 | 3 557 298.27 | 8 |
| 31 | 预缴第四季度所得税 | | 26 094.07 | 3 531 204.20 | 7 |
| | 本月合计 | 936 154.56 | 687 133.46 | 3 531 204.20 | |
| | 本年累计 | 6 221 874.13 | 4 978 892.56 | 3 531 204.20 | |
| | 结转下年 | | | 3 531 204.20 | |

表 9-17　银行存款日记账——交通银行　　　　单位：元

| 日期 | 摘要 | 借方发生额 | 贷方发生额 | 余额 | 计入项目 |
|---|---|---|---|---|---|
| 1 | 承前页 | 129 280.04 | 86 251.68 | 74 107.29 | |
| 8 | 支付顾问费 | | 22 750.00 | 51 357.29 | 8 |
| 21 | 收到银行利息 | 65.64 | | 51 422.93 | 3 |
| 21 | 支付本季度银行账户维护费 | | 135.00 | 51 287.93 | 8 |
| | 本月合计 | 65.64 | 22 885.00 | 51 287.93 | |
| | 本年累计 | 129 345.68 | 109 136.68 | 51 287.93 | |
| | 结转下年 | | | 51 287.93 | |

表 9-18　其他货币资金明细账　　　　单位：元

| 日期 | 摘要 | 借方发生额 | 贷方发生额 | 余额 | 计入项目 |
|---|---|---|---|---|---|
| 1 | 承前页 | 1 280 000.00 | | 1 280 000.00 | |
| 15 | 申请办理银行汇票 | 60 000.00 | | 1 340 000.00 | |
| 16 | 银行汇票购买材料 | | 56 160.00 | 1 283 840.00 | 5 |
| 16 | 退回银行汇票多余款 | | 3 840.00 | 1 280 000.00 | |
| | 本月合计 | 60 000.00 | 60 000.00 | 1 280 000.00 | |

表 9-19　现金流量表

会企 03 表

编制单位：北京华美电器有限公司　　2020 年 12 月　　　　单位：元

| 项　目 | 行次 | 本期金额 | 上期金额 |
|---|---|---|---|
| 一、经营活动产生的现金流量： | | | |
| 销售商品，提供劳务收到的现金 | 1 | 930 398.30 | |
| 收到的税费返还 | 2 | | |
| 收到其他与经营活动有关的现金 | 3 | 2 486.90 | |
| 经营活动现金流入小计 | 4 | 932 885.20 | |
| 购买商品、接受劳务支付的现金 | 5 | 87 181.06 | |
| 支付给职工以及为职工支付的现金 | 6 | 277 638.83 | |
| 支付的各项税费 | 7 | 70 620.79 | |
| 支付其他与经营活动有关的现金 | 8 | 112 850.44 | |
| 经营活动现金流出小计 | 9 | 548 291.12 | |

续表

| 项　　目 | 行次 | 本期金额 | 上期金额 |
|---|---|---|---|
| 　经营动产生的现金流量净额 | 10 | 384 594.08 | |
| 二、投资活动产生的现金流量： | | | |
| 收回投资收到的现金 | 11 | | |
| 取得投资收益收到的现金 | 12 | | |
| 处置固定资产、无形资产和其他长期资产收回的现金净额 | 13 | | |
| 处置子公司及其他营业单位收到的现金净额 | 14 | | |
| 收到其他与投资活动有关的现金 | 15 | | |
| 　投资活动现金流入小计 | 16 | | |
| 购建固定资产、无形资产和其他长期资产支付的现金 | 17 | 111 267.00 | |
| 投资支付的现金 | 18 | | |
| 取得子公司及其他营业单位支付的现金净额 | 19 | | |
| 　支付其他与投资活动有关的现金 | 20 | 75.00 | |
| 　　投资活动现金流出小计 | 21 | 111 342.00 | |
| 　　　投资活动产生的现金流量净额 | 22 | −111 342.00 | |
| 三、筹资活动产生的现金流量： | | | |
| 吸收投资收到的现金 | 23 | | |
| 取得借款收到的现金 | 24 | | |
| 收到其他与筹资活动有关的现金 | 25 | | |
| 　筹资活动现金流入小计 | 26 | | |
| 偿还债务支付的现金 | 27 | | |
| 分配股利、利润或偿付利息支付的现金 | 28 | | |
| 　支付其他与筹资活动有关的现金 | 29 | | |
| 　　筹资活动现金流出小计 | 30 | | |
| 　　　筹资活动产生的现金流量净额 | 31 | | |
| 四、汇率变动对现金及现金等价物的影响 | 32 | | |
| 五、现金及现金等价物净增加额 | 33 | 273 252.08 | |
| 加：期初现金及现金等价物余额 | 34 | 4 627 251.35 | |
| 六、期末现金及现金等价物余额 | 35 | 4 900 503.43 | |

【解析】财务人员将上述的"库存现金日记账""银行存款日记账""其他货币资金明细账"资料整合到一张 EXCEL 表格中，并在 EXCEL 表格中对其发生额按照现金流量表项目进行归类，即资料中"计入项目"栏次，该栏次以现金流量表具体项目对应的行次来显示，然后利用数据透视表生成出现金流量表具体项目的合计数，再将生成的合计数分别对应填列到本期现金流量表具体项目中去。

【职业素养养成】

分小组对前导案例进行以下两个方面的分析、讨论。

（1）张晓月和苏丽雯的创业，谁更容易成功呢？

（2）作为财务人员，大家将给予张晓月和苏丽雯怎样的专业建议呢？

【专业能力测评】智慧职教平台知识点自测。